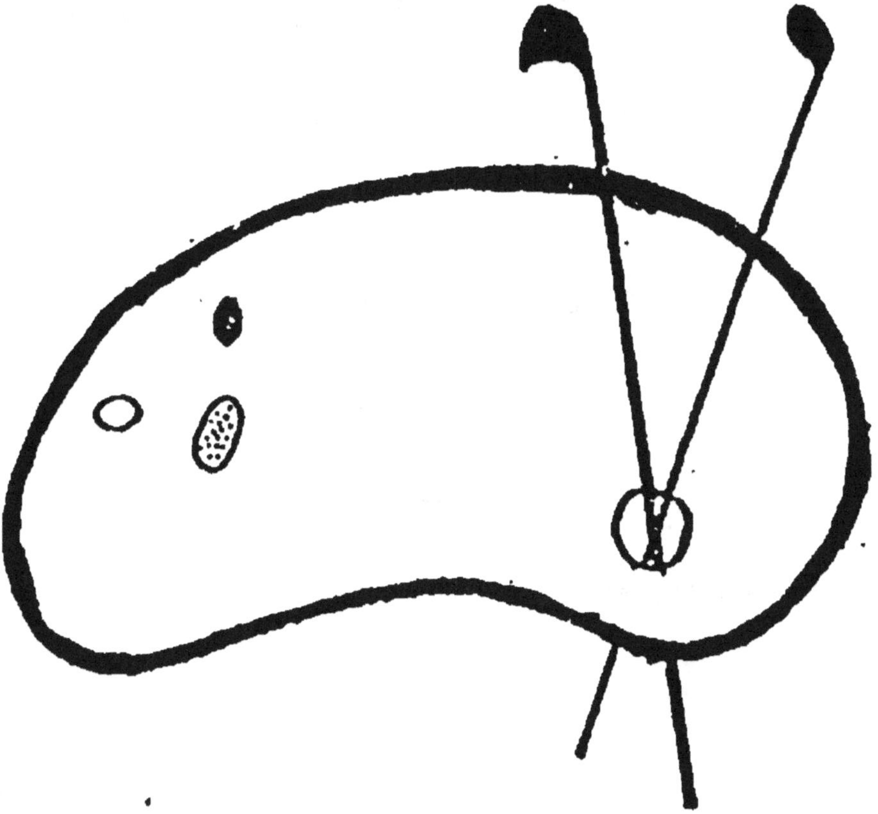

DEBUT D'UNE SERIE DE DOCUMENTS
EN COULEUR

L'INSTRUCTION PUBLIQUE

DANS LES

VILLES ET LES CAMPAGNES

DU COMTÉ NANTAIS AVANT 1789

PAR

Léon MAITRE

Archiviste de la Loire-Inférieure, Officier d'Académie,
Membre de la Société de l'École des Chartes.

Ouvrage publié avec le concours de la Société académique de la Loire-Inférieure.

NANTES,
Mme Vve CAMILLE MELLINET, IMPRIMEUR DE LA SOCIÉTÉ ACADÉMIQUE,
Place du Pilori, 5.

1882

PUBLICATIONS DU MÊME AUTEUR.

Histoire de la ville et du comté de Nantes, par G. Mellier, 1 vol. in-8°.

Inventaire des Archives départementales, série E, 1 vol. in-4°.

Histoire des anciens hôpitaux de Nantes, 1 vol. in-8°.

L'assistance publique dans la Loire-Inférieure avant 1789, 1 vol. in-8°.

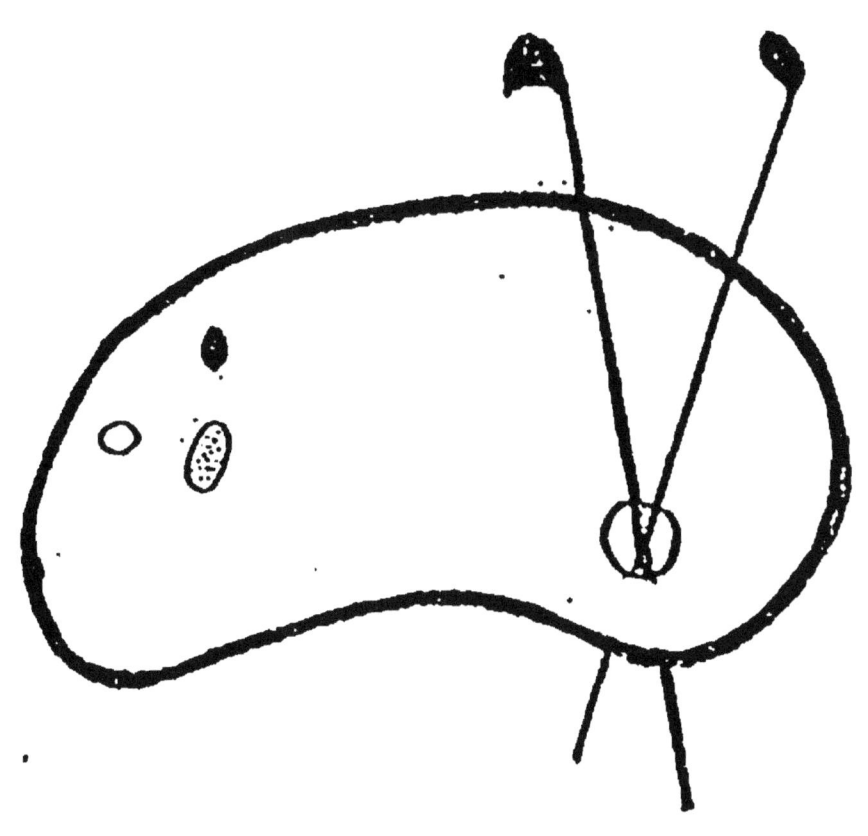

FIN D'UNE SERIE DE DOCUMENTS EN COULEUR

L'INSTRUCTION PUBLIQUE

DANS LES VILLES ET LES CAMPAGNES

DU COMTÉ NANTAIS AVANT 1789

L'INSTRUCTION PUBLIQUE

DANS LES

VILLES ET LES CAMPAGNES

DU COMTÉ NANTAIS AVANT 1789

PAR

Léon MAITRE

Archiviste de la Loire-Inférieure, Officier d'Académie,
Membre de la Société de l'Ecole des Chartes.

Ouvrage publié avec le concours de la Société académique de la Loire-Inférieure.

NANTES,
Mme Vve CAMILLE MELLINET, IMPRIMEUR DE LA SOCIÉTÉ ACADÉMIQUE,
Place du Pilori, 5.

1882

PREMIÈRE PARTIE.

LES PETITES ÉCOLES.

CONSIDÉRATIONS GÉNÉRALES

SUR L'ÉTAT

DE

L'INSTRUCTION PRIMAIRE AVANT 1789.

Pour traiter un sujet aussi vaste que celui de l'état de l'instruction primaire pendant les siècles qui ont précédé notre Révolution de 1789, il nous faudrait des collections de documents très complètes, et malheureusement nous habitons un pays où les destructions ont été nombreuses. Les archives de l'Evêché, des Chapitres, des monastères et des hôpitaux, si riches ailleurs en renseignements sur la question que j'aborde, ne contiennent ici que des citations sommaires, des feuilles détachées, des rapports sans suite avec lesquels il est impossible de représenter l'ensemble d'une époque déterminée ou de suivre les progrès continus d'une institution quelconque. Malgré les recherches les plus persévérantes dans les livres des visites pastorales, dans les délibérations des fabriques et des hôpitaux et dans les liasses des domaines nationaux, j'ai dû passer sans mot dire sur bien des paroisses autrefois pourvues d'écoles ; j'essaierai donc de suppléer aux lacunes de cette étude en débutant par quelques réflexions qui m'ont été suggérées par la lecture des pièces anciennes sur lesquelles mes yeux se promènent chaque jour.

De ce travail de compilation il m'est resté une conviction dans l'esprit : c'est que les populations du Comté Nantais ont toujours possédé, comme la plupart des provinces de France, des instituteurs tantôt laïques, tantôt ecclésiastiques, qui, suivant les ressources de chaque époque, ont livré une guerre acharnée à l'ignorance. Les obstacles qui s'opposaient à la diffusion des notions même élémentaires ne manquaient pas : les cultivateurs étaient au milieu de leurs terres loin du clocher, les routes mal entretenues, les impôts absorbés par les dépenses de la guerre, les livres très rares, les maîtres abandonnés aux inspirations de leur zèle ; d'un autre côté, nous le savons, les abbayes se peuplaient de moines avides d'étudier, les bibliothèques se remplissaient de manuscrits, les clercs se disputaient les bénéfices ecclésiastiques multipliés à l'infini par la piété des fidèles, les recteurs des paroisses étaient entourés d'un nombreux personnel de prêtres de chœur et les salles des Universités étaient trop étroites pour contenir la foule de leurs auditeurs ; les trouvères étaient applaudis dans les cours seigneuriales et les aspirants ne manquaient pas autour des charges publiques. Comment expliquer cette ascension continuelle des classes inférieures vers les sommets, et les carrières libérales, la persistance des goûts littéraires, le recrutement ininterrompu des officiers ministériels et des professeurs, si nous n'admettons pas que le feu sacré de la science était entretenu partout par une légion d'instituteurs publics ou privés, salariés ou désintéressés ? Il y aurait là un non sens qui nous condamnerait.

On commettrait une grande erreur, si on confondait dans un même jugement tous les siècles du Moyen-Age ; le niveau de l'instruction a subi chez nous de grandes oscillations. Il est descendu toutes les fois que les guerres ont semé l'inquiétude et aussi quand la discipline ecclésiastique a été atteinte par le relâchement ; il est au contraire remonté quand nos institutions civiles et religieuses ont été en pleine prospérité. Tel siècle a été abondamment pourvu de maîtres ; tel autre a vu ses écoles en ruine, ses fondations sans titulaires. De ce que nous voyons une paroisse privée de tout établissement scolaire au XVIIe siècle, il ne s'ensuit pas que les habitants ont toujours vécu dans l'ignorance antérieurement. Si le passé était sans voile, nous verrions que les dotations étaient sujettes à bien des causes d'anéantissement, soit de la part des titulaires, soit de la part des débiteurs. Les rentes s'éteignaient faute de renouvellement de titres, les maisons tombaient en ruine faute d'entretien, les terres étaient usurpées pendant les vacances, et quand l'autorité souveraine venait réveiller le zèle endormi, il fallait créer de nouvelles ressources. Toutefois, la nuit épaisse qui avait couvert la France aux approches de l'an mil, n'est jamais reparue : aux faiblesses des époques les plus désastreuses ont toujours succédé des efforts proportionnés aux nécessités du moment. Le désir d'apprendre et le désintéressement, ces deux grands mobiles du monde intellectuel, ne sont jamais morts chez nous, ils ont suppléé à l'insuffisance de nos moyens d'action. C'est là la gloire des anciens âges, c'est d'avoir remué de grandes choses à l'aide de petits leviers. Quand les maîtres étaient introuvables, les meuniers, les notaires, les artisans, les filles du Tiers-Ordre donnaient les premières leçons de lecture et d'écriture à leurs moments de loisir, et quand il y avait dans la contrée une école renommée, les enfants franchissaient au besoin plusieurs lieues pour s'y rendre (1).

M. Siméon Luce, qui a fait une étude approfondie du XIVe siècle, a été frappé du grand nombre de clercs qu'il a rencontrés dans les actes de ce temps et il n'hésite pas à croire que chaque village possédait alors une école (2). Ses citations sont empruntées surtout à la Normandie, c'est vrai, mais il est permis, ce semble, d'étendre ses inductions à la Bretagne, car les mœurs étaient autrefois empreintes d'une singulière uniformité. La situation qu'il nous signale dans une province voisine de la nôtre correspondait à un ensemble d'institutions qui devaient étendre leurs bienfaits sur toute la surface du pays.

Au XVe siècle, les documents parlent avec plus de certitude : nous voyons le duc Jean IV qui, en 1413, envie à la capitale du Royaume l'honneur de posséder une Université et entame des négociations avec la Cour de Rome pour fonder une institution de premier ordre dans son duché (3). Ses successeurs poursuivent la même entreprise, et l'idée se réalise enfin sous le règne de François II. Cette préoccupation n'est-elle pas une preuve irréfutable que l'ignorance était combattue, et que la Bretagne avait des élèves préparés à suivre les cours des Facultés de médecine, de droit et de théologie. Quand nous arrivons au XVIe siècle, nous nous trouvons en présence d'un si grand nombre d'érudits, d'écrivains, de juristes et de littérateurs, que toute démonstration devient superflue. C'est surtout l'époque des gens de plume : les notaires inon-

(1) Les filles du Tiers-Ordre étaient nombreuses dans le diocèse de Nantes. On les appelait *Menettes*. Ce nom leur est resté.

(2) *Histoire de Duguesclin*, p. 15.

(3) *Histoire de Nantes*, de Travers, p.

dent le Royaume en telle abondance, qu'il faut procéder contre eux comme on agit contre un fléau. Un commissaire du roi arrive dans une petite juridiction d'Avessac, qui n'a pas deux lieues carrées d'étendue ; il y rencontre « *un nombre effréné de notaires et de tabellions,* » il réduit l'effectif et pourtant il en subsiste encore trois après son départ (1).

Au XVIIe siècle, la somme d'efforts dépensés en faveur de l'instruction est incalculable. L'Église et la Royauté craignant que le Protestantisme n'augmente ses prosélytes à la faveur de l'ignorance et que la multitude des fainéants ne fomente de nouvelles guerres civiles, se liguent ensemble contre les ennemis de la société, et travaillent de concert à l'amélioration morale du peuple. Après avoir ouvert des hôpitaux généraux pour appliquer les pères et mères au travail continu, on pousse les enfants vers les écoles élémentaires et on invite les prêtres à multiplier l'enseignement du catéchisme ; on veut que les fils des journaliers et des mendiants soient arrachés aux dangers de l'oisiveté comme les autres, et l'idée d'ouvrir des écoles gratuites, bien des fois émise auparavant par de clairvoyants novateurs, est enfin adoptée comme le seul remède au mal de l'immoralité qui dévore les classes malheureuses. Toutes les âmes pieuses comprennent que le secours de l'aumône matérielle est insuffisant s'il n'est accompagné du pain qui nourrit et soutient les intelligences (2). Désormais les Filles de la Charité auront un double ministère à remplir : elles seront tout à la fois

---

(1) *Seigneurie de Trignac,* fonds du Pordor. (Arch. départ., E.)

(2) Les fondateurs de l'école de Bouaye disent : « Qu'on ne peut mieux » procurer la gloire de Dieu qu'en tirant ses créatures de l'ignorance des » mystères de la Foi et des bonnes mœurs. »

gardes malades et maîtresses d'école partout où elles seront appelées dans les campagnes. A la voix du chanoine Jean-Baptiste de la Salle (1684), se lèvent de nombreux missionnaires qui tendent la main pour les enfants du peuple et emploient les deniers de la charité à fonder de petites écoles gratuites, principalement dans les grands centres de population.

Nantes et le Croisic sont les seules villes du diocèse qui aient eu l'avantage de posséder des frères de Saint-Yon ; les bourgs qui ont eu des écoles charitables ont été desservis par des laïques ou par des religieuses. Les Ursulines étaient établies à Ancenis, à Châteaubriant, à Guérande et à Nantes ; les sœurs du Saint-Esprit de Plérin, à Blain et à Saint-Herblon ; les sœurs de la Sagesse à Derval et à Pont-Rousseau, et les dames de Saint-Charles à Nantes, à la Boissière et à la Bruffière.

L'exemple donné par ces congrégations porta ses fruits au XVIIIe siècle, et donna naissance à une foule d'institutions qui répandirent leurs bienfaits dans les campagnes jusqu'en 1790. On lira plus loin les noms de toutes les personnes généreuses qui voulurent attacher leur nom à la fondation d'une école gratuite. La trace n'en est pas effacée à Anetz, à Bourgneuf, à Bouaye, à Saint-Leger, à Couëron, à Clisson, à Derval, à Châteaubriant, à Guenrouet, à Legé, au Pellerin, au Port-Saint-Père, à Pornic, à Pontchâteau, à Rezé, à Saint-Aignan, à Saint-Jean-de-Boiseau, à Saint-Nazaire, à Saint-Sébastien et à Savenay. Les évêques de Nantes, notamment MM. Turpin de Crissé et Mauclerc de la Muzanchère, ont favorisé de tout leur pouvoir l'institution des écoles gratuites en accordant des réunions de bénéfices ecclésiastiques aux paroisses qui manquaient de revenus pour entretenir un maître clerc ou laïque. J'ai recueilli plus d'une preuve de ce fait afin de montrer qu'à l'occasion le clergé savait se dépouiller d'une partie de son patrimoine au profit des pauvres et des ignorants. Il faut convenir sans doute que la conversion des bénéfices vacants en dotations séculières aurait pu se faire sur une plus grande échelle et que bien des écoles auraient pu se fonder avec le superflu du clergé, mais il n'en est pas moins précieux de constater que les évêques ont prêté leur concours à cette utile mesure (¹).

D'ailleurs les prêtres témoignaient leur sympathie à la cause de l'instruction populaire de tant de manières, qu'il serait injuste de leur adresser le moindre reproche à ce sujet. A toutes les époques on a vu les presbytères transformés en maîtrises et les desservants accueillir les meilleurs enfants de chaque paroisse, notamment ceux qui pouvaient contribuer à la célébration des offices religieux ou ceux qui manifestaient l'intention d'entrer dans les séminaires. Si l'on admet, comme je l'espère, que tous ces élèves n'embrassaient pas l'état ecclésiastique, on voudra bien alors reconnaître que les curés étaient de fait, sinon d'office, les instituteurs primaires de leurs paroissiens. Il leur était d'autant plus facile de remplir ce ministère de l'enseignement qu'ils avaient autrefois de nombreux collaborateurs. Dans nos procès-verbaux de visites pastorales du XVIe siècle, par exemple, on voit que les moindres paroisses desservies aujourd'hui par deux prêtres, possédaient alors huit et dix prêtres, vicaires ou bénéficiers, il n'est donc pas supposable que la mission traditionnelle du clergé catholique soit tombée en désuétude entre les mains de tant de gardiens.

(¹) Les paroisses qui ont obtenu des réunions de bénéfices sont : Blain, Bourgneuf, Couëron, Guenrouet, Herbignac, Machecoul, Soudan et Vay, de 1730 à 1770.

D'autres considérations méritent aussi de fixer notre attention si nous voulons porter un jugement équitable sur le passé. Il est constant qu'il existait autrefois dans chaque paroisse un certain nombre d'habitants familiarisés avec l'écriture, la lecture et le calcul ; c'est un fait qu'atteste la nature des institutions qui régissaient nos pères. Ces notions élémentaires s'imposaient comme une nécessité à un certain noyau de population, à ceux que j'appellerai les notables, car le mauvais état des chemins leur enlevait la facilité de recourir, comme aujourd'hui, aux écrivains publics. Les innombrables seigneuries qui se partageaient le territoire du Comté Nantais, exigeaient, pour le recouvrement des impôts, la rédaction des actes et le jugement des causes sommaires, toute une armée de notaires, de feudistes, de collecteurs, de procureurs fiscaux, dont les fonctions étaient toujours remplies par des gens du pays. Il fallait bien que les frairies ou sections de paroisse eussent leurs scribes, puisqu'elles étaient assujetties solidairement à des rentes féodales dont elles faisaient elles-mêmes la répartition et la recette. Les rôles des impôts provinciaux et royaux ne se faisaient pas, comme aujourd'hui à la ville, loin des paroisses, mais par les contribuables eux-mêmes ; on peut donc dire, avec raison, que l'instruction primaire s'imposait comme une obligation impérieuse aux principaux habitants des paroisses.

Les intérêts communaux, civils et religieux, qui n'étaient ni moins nombreux, ni moins exposés aux contestations qu'aujourd'hui, se débattaient en conseil de fabrique, et le résultat des délibérations se consignait toujours sur un registre. Le curé n'avait pas besoin de tenir lui-même la plume, car le nombre des signatures qui se montrent sur toutes les pages, à la suite de chaque réunion, prouve que l'assemblée paroissiale avait plus d'un membre capable de faire l'office de greffier. On voit encore aujourd'hui, dans bon nombre d'archives communales, des registres de fabrique antérieurs à 1790, semblables à ceux dont je parle, et leur physionomie vaut souvent mieux que celle de nos registres modernes. Si quelqu'un m'accusait de voir le passé avec des yeux d'optimiste, je lui conseillerais de compulser les registres de baptême, de mariage et de sépulture, ainsi que les cahiers de doléances, rédigés dans chaque assemblée paroissiale en 1789 ; il pourrait se convaincre, par les signatures apposées sur ces documents, que je n'exagère pas en disant que l'instruction primaire n'était guère moins répandue en 1789 qu'en 1830.

Ceux qui accusent le clergé d'avoir accaparé l'enseignement, pour mieux entretenir le pays dans l'ignorance, ne savent pas avec quelle sollicitude il s'est au contraire employé à multiplier les foyers d'instruction et à contrôler le mérite et la moralité des maîtres. Non contents d'envoyer des mandements spéciaux aux curés, l'évêque chargeait ses archidiacres en tournées de prendre des notes sur l'état de l'instruction dans chaque paroisse. Le brevet remis par le recteur contenait un article spécial sur les petites écoles, et quand la froideur était trop criante, les enfants et les parents étaient admonestés du haut de la chaire. Loin d'user de son autorité omnipotente pour écarter les instituteurs non revêtus de l'habit ecclésiastique, l'évêché accueillait volontiers les maîtres laïques qui remplissaient les conditions d'usage ; sa censure ne s'exerçait qu'à l'encontre des infractions aux règlements établis. Il était admis qu'un fondateur ou bienfaiteur d'école pouvait se réserver, à lui et à ses descendants, le droit de présenter un candidat, quand un titulaire mourait ou résignait ses fonctions, et la collation ou investiture appartenait à l'évêque, à un des quatre chapitres du diocèse ou aux abbés réguliers, suivant le choix du fondateur.

Les écoles mixtes de filles et de garçons ont été frappées d'interdictions réitérées et pourtant l'usage l'a toujours emporté sur les prohibitions de l'autorité épiscopale (1). Il n'est pas d'ordonnance qui ne fulmine contre cette promiscuité des sexes :

« Il est ordonné, dit l'évêque Gabriel de Beauvau en
» 1650, que les maîtres des grandes et petites écoles
» feront profession de leur foi entre les mains de l'évêque
» ou de son grand vicaire, recevront une permission par
» écrit; et défense de réunir filles et garçons dans la
» même école. Défense de tenir école dans les églises,
» chapelles, porches ou entrées des églises (2). »

M. Turpin de Crissé, au siècle suivant, est obligé de renouveler les mêmes prescriptions :

« L'instruction de la jeunesse de l'un et l'autre sexe,
» dit-il, étant commise à nos soins et étant une des
» choses que nous ayons le plus à cœur, nous avons
» appris avec une extrême douleur que quelques maîtres
» et maîtresses d'école, au mépris des ordonnances, des
» édits du Roi et des arrêts du Parlement, s'ingèrent
» de recevoir dans la même école des enfants de différent
» sexe ou d'aller par les maisons, enseigner les maîtres,
» des filles et les maîtresses, des garçons (3). »

Les pouvoirs publics et les municipalités ne consacrant aucun fonds à la location des classes et au salaire du

---

(1) Les constitutions diocésaines permettaient aux maîtres de garder les filles jusqu'à 7 ans et aux maîtresses de garder les garçons jusqu'à la même limite.

(2) *Privilèges de la faculté des arts*, p. 48.

(3) *Recueils d'arrêts, ordonnances, règlements et délibérations de la mairie* de Mellier, t. V, p. 245.

personnel enseignant, les maîtres poussés par la détresse ne pouvaient s'empêcher de recevoir tous ceux qui se présentaient sans distinction, sous peine de mourir de faim. Le curé de Saint-Nicolas de Nantes consulté en 1780 sur la situation des écoles de sa paroisse, dit qu'elles sont très nombreuses. « Le seul abus que le recteur y
» connaît, sans avoir pu le faire cesser entièrement, c'est
» que dans plusieurs de ces écoles, plusieurs écoliers des
» deux sexes y sont mêlés sous prétexte que les garçons ou
» les filles sont trop jeunes pour qu'on puisse en appré-
» hender quelques inconvénients (1). »

Le recteur de Saint-Saturnin de Nantes remarque aussi que dans sa paroisse les maîtres et les maîtresses admettent indistinctement dans la même classe des enfants des deux sexes (2).

Les prescriptions qui obligeaient les maîtres à se pourvoir d'un *visa* de l'évêché ont été aussi violées fréquemment ; et pourtant les édits du Roi et les arrêts des Parlements étaient formels sur ce point :

« Les régents, précepteurs, maîtres et maîtresses d'école
» des petits villages seront approuvés par les curés des
» paroisses ou autres personnes ecclésiastiques qui ont
» droit de le faire. Et les archevêques, évêques ou archi-
» diacres dans le cours de leurs visites pourront les
» interroger, s'ils le jugent à propos, sur le catéchisme
» en cas qu'ils l'enseignent aux enfants du lieu, et ordonner
» que l'on en mette d'autres à leur place, s'ils ne sont pas
» satisfaits de leur doctrine ou de leurs mœurs (3). »

---

(1) Arch. départ., G 56.
(2) Ibidem.
(3) *Ordonnance d'avril* 1695, *art.* 25. (Recueil des anc. lois par Decrusy et Taillandier, t. XX, p. 251.)

On ne trouve pas dans la législation du Moyen-Age d'injonction analogue parce que la foi religieuse n'était exposée à aucune attaque. Après les troubles du Protestantisme, la Royauté pouvait craindre de nouveaux périls pour l'orthodoxie et il devenait nécessaire d'instituer un contrôle. Louis XIV, dans sa déclaration de décembre 1698, va plus loin. Non seulement il ne permet pas à l'hérésie de se propager, mais il veut qu'on en prévienne le retour en ouvrant des écoles chrétiennes dans tous les bourgs qui en sont privés. Il annonce qu'il autorisera les paroisses à s'imposer extraordinairement afin qu'elles puissent salarier les maîtres et les maîtresses. Aux premiers il accorde 150 livres par an et aux secondes 100 livres.

La déclaration de Louis XV, du 14 mai 1724, n'est qu'une réédition des ordonnances antérieures (1) :

« ART. V. — Voulons qu'il soit établi, autant que possible,
» des maîtres et des maîtresses d'école dans toutes les
» paroisses où il n'y en a point pour instruire tous les
» enfants de l'un et l'autre sexe, des principaux mystères
» et devoirs de la religion catholique, apostolique et
» romaine....., comme aussi pour y apprendre à lire et
» même écrire à ceux qui pourront en avoir besoin. »

Quand un maître avait obtenu des provisions de l'évêché ou du scholastique de Saint-Pierre de Nantes, il avait encore à faire montre de ses aptitudes devant le Maire exerçant les fonctions de juge de police de la ville. Voyez plutôt en quels termes est rédigée l'ordonnance du 13 juillet 1634 :

« Défenses de tenir en la ville de Nantes et faubourgs
» des petites écoles pour y enseigner à lire sans la permis-
» sion de MM. de Ville, leur ayant apporté attestation de

---

(1) *Ibidem*, t. XXI, p. 263 et 264.

» leur religion, bonnes vie et mœurs, fait paraître comme
» ils savent lire couramment et sans hésiter le latin et le
» français, tant des livres imprimés que dans les écritures
» faites à la main et qu'ils n'ont point de mauvais accent
» ou prononciation (1). »

Ainsi, nos officiers municipaux s'érigeaient en examinateurs du mérite des maîtres et ne leur accordaient un brevet d'autorisation qu'après une épreuve accomplie en leur présence. Il existe dans les cartons de la Mairie des requêtes de 1752 et de 1769 qui prouvent que les attributions de la police municipale n'ont pas changé au XVIIIe siècle (2). La permission d'enseigner la lecture et l'écriture ne conférait pas le droit de donner d'autres leçons d'un degré supérieur. Les principes de grammaire faisaient partie du programme des études du collège Saint-Jean et ne pouvaient être enseignés ailleurs sans usurpation toujours punie d'amende. Toutes les fois qu'il y avait conflit entre les diverses autorités que je viens d'énumérer, le débat se portait devant la juridiction souveraine du Parlement de Rennes qui prononçait en dernier ressort sur l'étendue des droits de chaque partie. Les Intendants des provinces, eux aussi, ont exercé une tutelle salutaire sur les écoles. Ils adressaient des questionnaires aux municipalités, stimulaient leur zèle et surveillaient l'emploi des fonds destinés spécialement à l'instruction de la jeunesse (3). Tels sont les faits généraux qui ressortent de l'exposé qui va suivre.

---

(1) *Privilèges de l'Université*, p. 10.
(2) Arch. de la mairie, GG.
(3) Arch. d'Ille-et-Vilaine, série C.

CHAPITRE I.

ANCENIS — MOUZEIL (¹)

Ancenis. — Dans la partie de cette étude relative aux collèges, je rapporterai comment Jean Davy, prêtre, laissa une maison aux habitants d'Ancenis en 1543, en exprimant le désir qu'elle servît au logement du régent prêtre ou laïque qui devait tenir les écoles de la ville. Cette institution, avant de devenir un collège fameux, resta longtemps dans une situation très modeste ; il est donc à présumer qu'elle renfermait, à l'origine, une classe élémentaire pour les enfants. Nous aurons plus d'une fois l'occasion de remarquer que les prêtres eux-mêmes, quoique portés par goût vers les leçons de latin, ne dédaignaient pas d'enseigner aussi la lecture, l'écriture et la grammaire dans les bourgs dépourvus de petites écoles. Les documents ne nous ont pas conservé un seul nom de maître, enseignant en dehors du collège ; nous sommes donc obligés d'admettre que la fondation Davy a suffi à tous les besoins.

Les filles ont eu leurs écoles régulières à l'arrivée des

(¹) Nous suivons l'ordre alphabétique des paroisses.

Ursulines, à Ancenis, c'est-à-dire à partir du 25 novembre 1642. Ogée s'est trompé dans son dictionnaire en avançant que ces religieuses ne s'étaient établies à la Davraie qu'en 1743 : il est avéré qu'elles possédaient cette propriété dès 1646 (¹).

Le premier sous-préfet d'Ancenis, M. Luneau, rappelle, dans un rapport de l'an IX, que les Ursulines recevaient dans leurs classes les filles pauvres d'Ancenis et des environs (²).

Anetz. — En l'année 1600, Arthur Mabit de la Rafardière fonda un bénéfice dont la dotation se composait d'un capital de 400 livres, de quelques pièces de terre en pré et en vignes. Le titulaire était tenu de célébrer quelques messes et d'instruire la jeunesse (³). Cette paroisse étant comprise dans le ressort féodal du marquisat de Château-Fromont, eut sa part dans les générosités du président de Cornulier. Ce grand seigneur appela, en 1733, des sœurs de l'ordre du Saint-Esprit de Plérin, les installa dans une maison à Saint-Herblon et leur donna pour mission de soigner les malades et de faire l'école aux enfants de la contrée. On a la certitude que son institution se soutint jusqu'en 1792, sans cesser de répandre des bienfaits tout autour de Saint-Herblon (⁴).

Auverné (le Grand). — Cette paroisse était dépourvue d'écoles en 1755 (⁵).

Batz. — Le maître d'école du bourg de Batz, en 1782, se nommait Jacques Le Huédé (⁶).

(¹) *Arch. départ.*, G 29.
(²) *Rapport de l'an IX.* (Arch. départ., série T.)
(³) *Registre de la fabrique.* (Arch. d'Anetz.)
(⁴) *Table du Secrétariat.* (Arch. départ., G 63.)
(⁵) *Brevet du recteur.* (Ibidem, G 56.)
(⁶) *Arch. départ.*, E 1436.

Belligné. — En 1683, un sous-diacre de la paroisse tenait l'école, bien qu'il ne fût pourvu d'aucun bénéfice (1).

Blain. — Les princes de Rohan qui, pendant quatre siècles, ont possédé la seigneurie de Blain, disposaient d'immenses ressources, et pourtant on ne voit pas qu'ils aient rien fait pour favoriser l'instruction de leurs vassaux. Le principal effort en ce sens s'est accompli, sans leur participation, au XVIII° siècle. En 1765, la D^{lle} Cocaud de la Poupais, l'une des bienfaitrices de l'hôpital de Blain, légua une somme de 1,500 livres à cet établissement, en y mettant pour condition qu'il entretiendrait un maître d'école. Ces premiers fonds n'étant pas suffisants, elle encouragea les administrateurs à solliciter le concours de l'évêché, et leur fournit 800 livres pour acquitter les frais que nécessiterait la réunion de quelques bénéfices ecclésiastiques à leur maison. Ceux-ci étaient trop stimulés pour hésiter dans la voie qu'on ouvrait devant eux : ils rédigèrent une requête pleine d'érudition dans laquelle ils citaient les conciles et les recueils d'ordonnances royales. « L'instruction de la » jeunesse, disaient-ils, a été, dans les temps les plus » éloignés, un des objets des soins de l'Eglise et de nos » Rois, pour les avantages que la Religion et l'Etat ne » pouvaient manquer de recevoir de la bonne éducation » d'enfants destinés à en être le soutien...... » Ils concluaient en demandant l'extinction des trois chapellenies de la Trinité, de Notre-Dame de Vertus et de la Madeleine, desservies à l'église paroissiale de Blain, le transfert du service des messes en la chapelle de l'hôpital et la réunion des revenus à ceux des pauvres. M. Mauclerc de la Muzanchère, qui gouvernait alors le diocèse, ratifia la proposition et l'étendit même au-delà des espérances des

---

(1) *Registres des visites de* 1686. (Ibidem, G 53.)

administrateurs, puisqu'il consentit aussi à comprendre dans l'extinction le bénéfice de Saint-Julien de Plessé. Le décret épiscopal, qui est du 14 février 1769, fut rendu aux conditions suivantes :

L'hôpital de Blain sera tenu d'acquitter les obligations attachées aux bénéfices supprimés.

Il entretiendra un prêtre ou un ecclésiastique dans les ordres sacrés, qui fera l'école aux garçons de la paroisse de Blain, enseignera le latin aux sujets qui montreront des aptitudes exceptionnelles, recevra gratuitement les pauvres et percevra sur les familles aisées 20, 30 ou 40 sous par mois, suivant les cas et les appréciations des directeurs de l'hôpital.

L'élection du régent aura lieu dans une assemblée des administrateurs à laquelle seront convoqués deux commissaires de la paroisse.

Si la vacance dure plus de six mois, la nomination se fera par le général de la paroisse. Quand le titulaire encourra la déchéance, la destitution sera prononcée par les mêmes électeurs, mais elle ne sera définitive que s'ils maintiennent leur décision à huit jours d'intervalle.

Le régent touchera comme émoluments les cinq sixièmes du revenu net des bénéfices, l'autre sixième sera pour l'hôpital.

Au bout de vingt ans d'exercice, le régent aura droit à une rente dont le montant ne dépassera pas le tiers des revenus nets des bénéfices réunis.

Tel est le résumé des dispositions qui furent prises par l'Evêché, en vue de sauvegarder tous les intérêts, et confirmées par lettres patentes du mois de décembre 1771 ([1]).

([1]) *Livre des insinuations ecclésiastiques de 1769.* (Arch. de l'évêché.) Arch. de l'hôpital de Blain. — Arch. départ., série D.

La Révolution étant arrivée avant la mort des titulaires des bénéfices de la Madeleine et de Saint-Julien, le régent de Blain n'eut jamais que la jouissance de deux bénéfices, c'est-à-dire les cinq sixièmes d'un revenu total de 436 livres. Des bienfaiteurs, dont le nom est resté inconnu, ajoutèrent à ces émoluments le produit d'un constitut de 75 livres de rente sur les Etats de Bretagne et d'un autre constitut de 800 livres de principal sur le clergé de France (1).

Les fonctions de maître d'école ont été remplies à Blain par un prêtre, jusqu'à l'époque où le serment d'adhésion à la Constitution civile du clergé fut imposé à tous les prêtres investis d'une charge publique. Aucun assermenté ne s'étant présenté, la municipalité fut obligée, en juillet 1791, de demander la permission d'employer un laïque (2).

Boiseau (Saint-Jean-de-). — Jeanne Bretagne, veuve de Jacques Peillac, écuyer, sieur de la Hibaudière, conseiller au Présidial de Nantes, voulut, à l'imitation des seigneurs de Bougon, devenir la patronne des écoles de Saint-Jean de Bouguenais et attacher son nom à une fondation qui répandrait l'instruction gratuite surtout parmi les plus humbles de ses vassaux. Par son testament, qui est du 7 juin 1715, elle légua à cette paroisse une maison avec jardin, située au bourg de Saint-Jean, bien connue dans le pays sous le nom de maison du Cadran ou de Saint-François, qui devint le logement de la maîtresse et la classe. La dotation qu'elle y ajouta se composait d'une rente foncière de 100 livres tournois assignée sur divers héritages. Il fut stipulé dans le même acte que les aspi-

---

(1) *Déclarations de temporel.* (Arch. départ., Q.)
(2) Carton de l'*Instruction publique.* (Arch. départ., série L.)

rantes aux fonctions d'institutrice ne seraient jamais installées dans leur charge sans l'agrément du prieur ou recteur et des marguilliers. Pour première régente, la dame de la Hibaudière institua une maîtresse de Nantes, nommée Marie Rivallan, qui lui avait témoigné le désir d'enseigner à Boiseau, et dont elle connaissait le mérite. Elle recommanda à ses héritiers de lui servir 180 livres de rente, de lui laisser la jouissance de la maison du Cadran, sa vie durant, et de s'en tenir aux termes du testament, à l'égard des autres personnes qui lui succéderaient (¹).

En 1749, l'école de Saint-Jean-de-Boiseau était passée aux mains de Louise-Jeanne Daumasse (²). La D^{lle} Droudun, qui fut pourvue de la succession en 1761, suivant les formes prescrites par la fondation, souleva des plaintes contre elle par sa négligence et son incapacité. Elle n'apprenait rien aux enfants et laissait la classe fermée pendant de longs mois. Sommée de se retirer, elle persistait à garder sa charge malgré toutes les remontrances et pourtant, son acte de réception portait qu'au cas où elle manquerait à ses devoirs, elle serait destituée sans ministère de justice. Quand le prieur de la paroisse l'invita à quitter la place et à vider la maison d'école, elle répondit par une assignation en justice. Son opiniâtreté fut égale devant les lettres de l'Evêché qui révoquaient ses pouvoirs, elle entendit la publication de sa déchéance sans sourciller, se flattant toujours d'obtenir une sentence de confirmation. Le Présidial, devant lequel elle porta sa cause, la condamna sans doute, puisqu'en 1770 les enfants n'étaient plus sous

_____

(¹) Arch. départ., série D. La fondatrice indique bien que la maîtresse dirigera des petites écoles *charitables*.
(²) Ibidem.

sa férule. Anne Forget dirigeait à cette date les petites écoles charitables de Saint-Jean-de-Boiseau (¹).

Boissière (la). — Mlle de la Bourdonnaie, en fondant la maison des écoles gratuites de Saint-Charles, à Nantes, avait réservé 120 livres pour l'entretien d'une maîtresse à la Boissière. Le zèle des dames de Saint-Charles pour la diffusion de l'instruction nous garantit que sa volonté a été respectée.

Bonnœuvre. — Le vicaire de la paroisse enseignait les enfants, en 1755, sans percevoir aucun salaire (²).

Bouaye et Saint-Léger. — La fondation des écoles charitables de Bouaye et de Saint-Léger est le fait de deux paroissiens animés de sentiments chrétiens, qui, pour propager la connaissance des préceptes de l'Evangile et combattre l'immoralité dont ils étaient témoins, abandonnèrent une partie de leur patrimoine à la fabrique de leur paroisse. Bernardin Brelet, marchand, et sa femme Françoise Leroy, sieur et dame de Boiston, en Saint-Léger, dans le préambule de l'acte de donation, déclarent « qu'on » ne peut mieux prouver la gloire de Dieu qu'en tirant ses » créatures de l'ignorance des mystères de la Foi et des » bonnes mœurs » et leur intention est d'assurer ces avantages aux paroisses de Bouaye et de Saint-Léger. Pour atteindre ce but, ils donnent au bourg de Bouaye un grand logis, avec cour et jardins, comprenant une boulangerie, un pressoir, un cellier et une écurie, 10 hommées et un canton de vigne, et 6 bauches de pré dans la prairie de Taublet, au Pellerin, dont le revenu servira à l'entretien d'une école de filles, à la condition que la maîtresse enseignera la lecture, le catéchisme et l'écriture, et ne fera

---

(¹) Ibidem.
(²) *Brevet du recteur.*

payer ses leçons qu'aux familles aisées (¹). L'acte, qui est du 23 novembre 1691, stipule que l'évêque du diocèse préposera la personne qu'il jugera convenable. Bernardin Brelet recommande au prélat sa fille Françoise, comme une personne capable de remplir cet emploi, et le prie de vouloir bien l'agréer pour première maîtresse et de la maintenir sa vie durant. Défense est faite de recevoir aucun garçon, si jeune qu'il soit.

Six années après (1697), Bernardin Brelet, craignant que la maîtresse d'école ne pût pas tirer des biens-fonds affectés à son entretien la somme de revenus qu'il entendait lui constituer, changea l'assiette de la dotation. Sa dernière donation, qui est de janvier 1697, comprend un canton de pré aux vallées de la Bichinière, en la paroisse du Pellerin, une portion des marais de la Salle, en la paroisse de Saint-Mars-de-Coutais, et les 6 bauches de pré de la prairie Taublet (²). Le fondateur exprime ici le vœu qu'après la mort de sa fille, sa remplaçante soit choisie de préférence parmi les personnes de sa famille.

Des écoles de garçons, il n'en est pas fait mention : elles sont livrées à Bouaye, comme ailleurs, au bon vouloir des bénéficiers et des prêtres qui résident dans la paroisse. Les bienfaiteurs pensent plutôt aux filles parce qu'elles sont généralement plus oubliées que les garçons et qu'elles ne peuvent être admises dans les presbytères.

Pour Saint-Léger, il est certain qu'au milieu du XVIIᵉ siècle, la classe était dirigée par un chapelain, nommé l'abbé Hégron. Le curé de Bouaye l'ayant assigné devant l'official du diocèse, sous prétexte qu'il s'arrogeait des

---

(¹) La fondation est transcrite au volume des baptêmes, mariages et décès de 1738, f° 12. (Arch. de la mairie.)

(²) Cet acte est également transcrit dans le volume de 1738, f° 12.

droits excessifs, il se justifia en répondant qu'il instruisait les enfants avec l'autorisation de l'évêché, que ses pensionnaires payaient des annuités raisonnables, que les autres témoignaient leur reconnaissance au moyen de quelques libéralités quand il visitait les villages, et qu'il n'exigeait rien des pauvres (1). C'est ainsi que le plus souvent les petits bénéficiers des campagnes comprenaient leur mission et utilisaient les loisirs de leurs sinécures.

Bouguenais. — Les seigneurs de Bougon ou de l'Esperonnière, ont mis tant de soin à affirmer leur droit de nommer et de révoquer le maître d'école de leur paroisse, dans toutes les déclarations féodales aux ducs et aux Rois, que nous sommes obligés de les regarder comme les fondateurs et les bienfaiteurs des écoles de Bouguenais. Dès le XVe siècle, nous les voyons revendiquer cette prérogative, et au XVIIe, la dame de Bougon répète encore, dans son aveu aux commissaires du papier terrier, « qu'elle peut » mettre et instituer régents et maîtres d'école tels que bon » luy semble pour endoctriner et instruire aux bonnes » lettres les enfants qui s'y voudront trouver (2). » Nous aurions voulu surprendre ces seigneurs dans l'exercice de leur droit et relever sur quelques vieux titres les noms des instituteurs qui obtinrent leurs lettres d'assentiment, malheureusement nos recherches sont restées infructueuses.

Bourgneuf. — Le premier document qui atteste l'existence de l'école de Bourgneuf se trouve au registre des délibérations du général de la paroisse, de 1648. On y voit que, le 9 mai de cette année, Julien Cocquelin fut élu

---

(1) *Registre de l'officialité*, G, p. 54. (Arch. dép., G 68.)
(2) *Aveux de la Chambre des comptes*, sénéchaussée de Nantes. — *Réformation du papier terrier de 1679*, vol. X, fo 270.

régent des écoles au lieu de M. Motilland, démissionnaire(¹). Les successeurs nous sont inconnus.

En l'année 1711, apparaît la pensée de mettre l'instruction à la portée des enfants pauvres. Julienne Barbot de la Perrinière, par son testament du 24 mars 1711, légua 900 livres à l'hôpital de Bourgneuf, à la condition qu'il y aurait dans l'établissement une personne chargée de tenir une école charitable de filles. Le don était trop minime pour fournir aux directeurs les moyens de donner une suite immédiate au vœu exprimé, cependant il fut convenu avec les héritiers qu'en attendant le jour où l'hôpital serait en mesure d'avoir une école gratuite, il paierait 25 livres par an à la maîtresse ordinaire, pour procurer l'entrée de la classe à huit pauvres filles (²).

En 1719, un anonyme remit aux mains de l'un des administrateurs une somme de 800 livres à placer en constitut, dont le produit serait partagé, par moitié, entre le régent des écoles charitables de garçons et la maîtresse des écoles charitables de filles, unies à l'hôpital (³).

Il est à présumer que ces écoles gratuites n'étaient alors que projetées et que ces libéralités avaient pour but de hâter le moment où elles seraient ouvertes. Faute de ressources, les efforts tentés vers 1720, pour créer une classe, n'aboutirent à rien de stable. Dans un procès-verbal d'enquête de 1749, il est relaté que les enfants sont privés d'instruction depuis plus de 20 ans (⁴), et cependant, 10 ans auparavant, l'évêque avait réuni au temporel de l'hôpital les biens des bénéfices des Ruaux et des Olivier Brisson, à

(¹) *Délibérations*. (Arch. de la fabrique.)
(²) *Délibérations*, f° 15. (Arch. de l'hôpital.)
(³) *Délibérations*, f° 29. (Ibidem.)
(⁴) *Bénéfices*. (Arch. de l'hôpital.)

la charge de payer une rente de 40 livres au régent des écoles (¹). Comme les revenus n'étaient pas encore assez importants pour subvenir à l'entretien d'un maître, l'évêque ajouta aux annexions précédentes les revenus des chapellenies de Sainte-Catherine et de Saint-Nicolas (1749), en renouvelant l'obligation d'entretenir un prêtre dans les fonctions de régent (²). Il lui était permis de prélever 20 sous par mois sur les écoliers qui voulaient apprendre le latin, mais la classe de lecture et d'écriture devait être gratuite.

La dotation fut accrue de nouveau, en 1760, par la réunion des bénéfices des Gicqueau, des Tailleboeuf et des Guibert, en vue d'attirer un régent à Bourgneuf, et cependant personne ne se présentait pour en remplir les fonctions (³).

Il n'en était pas de même pour les filles : celles-ci trouvaient dans le personnel des dames hospitalières des institutrices toutes prêtes à leur faire la classe. L'aumônier, qu'on cherchait depuis longtemps, se présenta à l'hôpital, en 1770. L'abbé Corbineau, qui d'abord avait eu l'intention de fonder un collège à Bourgneuf, renonça à son projet pour s'entendre avec les administrateurs de l'hôpital, qui le retinrent en lui offrant un traitement de 500 livres, le blanchissage, la lumière, le chauffage, un logement meublé et une table de classe (⁴). Dès que l'assemblée générale des habitants sut que la ville allait enfin être dotée d'une école élémentaire, elle s'empressa de transmettre son avis sur les conditions qu'il convenait de dicter au futur régent.

(¹) *Décret du 5 mars 1739.* (Ibidem.)
(²) *Décret du 18 décembre 1749.* (Ibidem.)
(³) *Décret épiscopal de septembre 1760.* (Ibidem.)
(⁴) *Délibérations du bureau de l'hôpital*, fᵒˢ 186 à 192. (Arch. de l'hôpital.)

On les trouve ainsi formulées dans le livre des délibérations :

« 1° Que M. Corbineau ne tiendra point icy la place de
» vicaire, ni n'en remplira aucune des fonctions que dans
» le cas où M. le recteur et son vicaire seraient hors
» d'état, par maladie seulement, d'administrer aux parois-
» siens les secours spirituels, afin qu'il ne soit détourné,
» par aucuns soins étrangers, de ceux qu'il doit par
» état aux pauvres de cet hôpital et à l'éducation de la
» jeunesse.

» 2° Qu'il ouvrira sa classe à 8 heures du matin en été,
» et la fermera à onze pour la rouvrir à 2 heures après
» midy et la finir à 4 heures 1/2, et en hiver elle ouvrira
» et finira une demi-heure plus tard le matin, pour recom-
» mencer et finir une demi-heure plus tôt l'après-midi.

» 3° Qu'il assistera et se tiendra lui-même à sa classe,
» parce que personne n'ignore que la présence du principal
» en impose et contient davantage les écoliers qui, par
» conséquent, étudient avec plus d'application et de fruit,
» sans néanmoins lui interdire par cette clause la liberté
» de se faire aider d'un second, et dans le cas où il en au-
» rait un, ils partageront entre eux le genre d'étude qu'il
» continuera sans changer, afin que les écoliers ne soient
» pas exposés au danger d'être enseignés tantôt par l'un et
» tantôt par l'autre, à moins de l'absence de l'un d'eux.

» 4° Qu'il prendra lui-même la peine de donner le devoir
» à ceux qui apprendront le latin et de le corriger, ou tout
» au moins le faire corriger en sa présence.

» 5° Qu'il recevra tous les jours, sur la liste qui lui en
» sera remise, les 8 pauvres que la paroisse a choisis pour
» être instruits *gratuitement* et qu'il y donnera les soins
» dont il est capable pour leur apprendre à lire et à
» écrire.

» 6° Qu'aux fins de la délibération du général, par
» laquelle M. Corbineau a été agréé, il ne pourra exiger
» plus de 15 sols par mois pour les enfants qui sont à
» l'alphabet et aux petites heures, vingt sols par mois
» pour ceux qui liront en français et dans le psautier,
» trente sols pour ceux qui apprendront à lire, à écrire et
» chiffrer, et trois livres pour le latin, de quelque classe
» que ce soit ; sans que néanmoins les pères et mères
» soient obligés de s'en tenir à cette fixation, attendu que
» le général n'a pas qualité de faire un tel règlement.

» 7° Que les mois seront payés à leurs échéances et non
» point d'avance.

» 8° Il ne pourra donner qu'un jour de congé par chaque
» semaine, en sorte que lorsqu'il se trouvera une feste, la
» classe tiendra tous les autres jours, soir et matin.

» 9° Qu'il aura soin de veiller à ce qu'on fasse réciter
» la prière aux enfants pendant la première demi-heure
» du matin et la dernière du soir (1). »

Au bout de trois années, il fallut chercher un remplaçant à l'abbé Corbineau. Un laïque, M. Mercier, prit sa succession, en 1778, moyennant 300 livres de gages et le logement. Celui-ci se démit de ses fonctions, en 1781, et, à défaut de sujet ecclésiastique, les directeurs acceptèrent encore un laïque, Yves Saudrais Le Corre, professeur chez M. Mabille, à Nantes, qui ne resta pas plus d'un an (2). Sébastien Gallet, de Nantes, devint régent de Bourgneuf, en 1782, aux mêmes conditions que les précédents, et son séjour ne fut guère plus long que celui de ses prédécesseurs. Le sieur Tréhoux, qui tenait l'école en 1790, l'abandonna aussi, pour devenir maître d'écriture

(1) *Délibérations du 11 juillet 1770, f° 191.*
(2) *Ibidem, f° 220.*

et d'arithmétique, à Nantes, pendant la période révolutionnaire.

Boussay. — Un laïque enseignait, en 1683. Le livre des visites qui relate le fait n'en dit pas davantage (1).

Brains. — L'abbé Chevas, mort curé de Bouguenais, tint l'école de Brains, pendant qu'il était vicaire, vers 1786 (2).

Bruffière (la). — Cette paroisse, autrefois comprise dans les limites du diocèse de Nantes, sur les marches du Poitou, est une de celles qui fut inscrite sur la liste des générosités de Mlle Bras de la Bourdonnaie. Sur son testament du 25 mars 1708, elle porta une somme de 2,066 livres à l'intention des petites écoles de garçons qu'elle voulait fonder à la Bruffière, en indiquant expressément que le maître serait à la nomination des prêtres de la communauté de Saint-Clément de Nantes (3). Les fonds furent employés à l'extinction de deux constitutions de rentes dont les habitants voulaient se libérer promptement. Par délibération du 29 septembre 1715, la paroisse s'imposa une somme égale en vue de reconstituer le capital et la plaça à constitut le 19 juillet 1716 sur la dame de Marbeuf. Quand celle-ci remboursa son emprunt, la paroisse se servit encore des fonds pour solder un arriéré d'impôt et consacra le reste à la construction de l'aile droite de l'église.

On avait bien arrêté, le 25 novembre 1720, que les 2,066 livres de la fondation seraient levées sur les feux de la paroisse, mais on ne se hâtait pas de dresser ce rôle spécial. En 1748, l'Évêque, s'étant fait rendre compte des

---

(1) *Livre des visites du climat de Clisson.* (Arch. départ., G 52.)
(2) *Notes des recteurs de Bouaye et de Brains.*
(3) *Minutes du notaire royal* Lebreton, *de 1708.*

écoles et reconnaissant qu'elles avaient été absolument négligées, s'en plaignit vivement et obligea les paroissiens à prendre une décision. Les héritiers de Mlle de la Bourdonnaie, eux aussi, avaient le droit d'élever la voix et ils se disposaient à poursuivre la restitution de la somme léguée. Pressés de tous les côtés et convaincus, d'ailleurs, des avantages que les enfants auraient à retirer de la création d'une école, les habitants de la Bruffière résolurent, le 9 mai 1751, de recourir immédiatement à la levée d'une cotisation. Un arrêt du Conseil du 7 septembre 1751 les autorisa à percevoir cet impôt, et les enfants de la Bruffière purent enfin jouir d'une façon régulière des leçons que Mlle de la Bourdonnaie avait voulu leur assurer (1).

Campbon. — Les chanoines de Saint-Pierre de Nantes étaient curés primitifs de la paroisse de Campbon, c'est-à-dire qu'ils jouissaient de la plus grande partie des dîmes. Quand ils affermaient leurs revenus au vicaire perpétuel auquel ils déléguaient leurs pouvoirs spirituels, ils avaient soin de lui imposer l'obligation d'instruire les enfants par lui-même ou de faire tenir l'école. Le fait est parfaitement établi par le bail passé en 1581 (2). Jean Guillier, qui exerçait les fonctions de régent en 1623, avait eu des prédécesseurs dont on rappelle l'existence à propos des plaintes qu'excitèrent son inconduite et sa négligence. Les prêtres et les habitants de Campbon adressèrent au Chapitre de Saint-Pierre une requête, dans laquelle ils demandaient sa destitution et offraient d'élire à sa place un sujet dont la capacité serait éprouvée par les chanoines eux-mêmes (3). Sa charge était d'autant plus im-

---

(1) Arch. d'Ille-et-Vilaine, C 1317.
(2) Arch. dép., G 78.
(3) Ibidem, G 198.

portante que l'école de Campbon accueillait les enfants des paroisses circonvoisines. A défaut de local convenable, on employait le plus ordinairement la chapelle de Saint-Victor pour faire la classe. Les enfants y venaient avec assiduité, car il est constaté qu'en 1742 la seule frairie de la Fouaie comptait 185 personnes capables de signer une reconnaissance (1).

Au XVIIIe siècle, l'emploi de maître d'école à Campbon était très lucratif. Ses émoluments se composaient d'un constitut de 210 livres recueilli, vers 1746, sur la succession de M. du Cambout de Coislin, évêque de Metz (2), du fermage d'un pré valant 120 livres par an et du produit des légats de Guillaume Beugnent, Jean Bigot et Perrine Leguerré (3). Le régent qui jouissait de ces avantages en 1758, était, de plus, autorisé à prélever 30 sous par mois sur chaque élève. C'était un homme marié dont la femme instruisait les filles pendant qu'il tenait la classe des garçons. Son successeur, l'abbé Plissonneau, ne demandait aucun salaire aux enfants; il demeura régent jusqu'au jour où la constitution civile du clergé vint jeter la discorde dans l'Église catholique.

Carquefou. — Le registre des visites épiscopales de 1686 dit qu'il n'existait aucune école à cette date (4).

Chantenay. — La première sœur qui tint la maison des Incurables, à l'Hermitage, en 1756, faisait l'école aux petits enfants (5).

---

(1) Arch. dép., E 405.

(2) Le testament olographe, en date du 1er mai 1731, fut déposé chez Jourdain, notaire à Paris, et contrôlé le 29 novembre 1732.

(3) *Carton instruction.* (Arch. dép., L.) On ignore l'époque de la réunion de ces bénéfices à l'école.

(4) *Livre des visites de 1686.* (Ach. dép., G 53.)

(5) *Récit d'une supérieure,* 1790. (Arch. des Incurables.)

Chapelle-Glain (la). — En 1755, un notaire et deux demoiselles tenaient les écoles (1).

Chapelle-Heulin (la). — Une femme instruisait les enfants des deux sexes en 1683 (2).

Châteaubriant. — Les petites écoles de Châteaubriant sont nommées dans un acte très ancien : un accord de 1222 conclu, selon toute vraisemblance, par l'entremise de l'évêque du diocèse de Nantes, nous apprend que le prieur de Béré et le curé de Saint-Jean de Châteaubriant, se disputaient le droit d'instituer en fonctions les maîtres des écoles de cette ville. Après avoir entendu diverses dépositions, l'arbitre du différend déclara que les deux rivaux étant fondés dans leurs prétentions, jouiraient en commun de la collation qu'ils revendiquaient et décida que dans le cas où il y aurait désaccord sur le choix du maître, ils nommeraient à tour de rôle un titulaire pour deux années (3). Il ne peut pas y avoir de doute sur la nature de ces écoles ; il s'agit bien ici des écoles rudimentaires d'alphabet, de grammaire et de catéchisme que le clergé établissait partout et dans lesquelles il recrutait non seulement des clercs pour la célébration des offices, mais encore des aspirants au sacerdoce. Quel a été le sort de l'instruction, à Châteaubriant, dans les siècles suivants ? Nous l'ignorons, seulement il y a un fait qui demeure. Si, dès le XIII° siècle, le personnel enseignant faisait naître des

---

(1) *Brevet du recteur.* (Ibidem, G 56.)
(2) *Livre des visites.* (G 52.)
(3) Item cum inter priorem de Bereio et personam S. Joannis de castro Briencii super collatione scholarum ejusdem castri contentio mota esset........ taliter esse ordinavimus quod prior de Bereio persone idonee regimini scholarum ad duos annos conferre poterit dictam scholam et persona S. Joannis eidem persone vel alteri ad duos alios annos. (*Hist. de Châteaubriant*, de l'abbé Goudé, p. 425 et 426.)

conflits opiniâtres, nous pouvons bien croire que les âges postérieurs ont assisté à des luttes du même genre, ont vu des supérieurs jaloux de leur autorité, ou des maîtres empressés à se dérober à leur surveillance. Les besoins qui ont amené la création des écoles au XIIIe siècle ne se sont pas éteints subitement, ils se sont perpétués dans le cours du Moyen-Age et ont fourni un aliment aux institutions scolaires. A Châteaubriant, comme ailleurs, le clergé comptait beaucoup plus de membres qu'il n'en fallait pour le service religieux des paroisses, il est donc naturel de penser que les enfants en général, et les enfants des familles aisées en particulier, n'ont jamais manqué d'instituteurs.

Il y a, du reste, une autre démonstration qui ressort de l'existence du collège dont nous parlerons plus loin et qui paraît avoir été fondé au XVIe siècle. Nous verrons que plusieurs habitants généreux ont pensé à pourvoir la ville de régents, qu'ils ont offert de quoi les loger et les entretenir. Toutes les donations que nous rencontrons sont faites en faveur des écoles secondaires et non pour les écoles primaires, et pourtant celles-ci servent d'introduction nécessaire à celles-là ; nous sommes donc forcés d'admettre que les unes appellent les autres et qu'elles sont contemporaines.

Il y a une institution qui a longtemps fait défaut à Châteaubriant, c'est l'école gratuite : la première fut fondée pour les filles par les Ursulines lorsqu'elles s'établirent dans la maison du Palierne, (la cure actuelle) en 1643. Leur déplacement au couvent de Saint-Sauveur de Béré, eut lieu en 1655 et elles y demeurèrent jusqu'en 1780 (1). Le bien qu'elles ont fait dans le pays est resté

---

(1) *Hist. de Châteaubriant*, p. 448, 449.

ignoré, mais nous connaissons parfaitement les services que rendit l'œuvre fondée par l'abbé Louis-Alexis Legrand. Ce vénérable prêtre, ancien régent du collége, aidé par l'abbé Olivier, missionnaire de Nantes, et quelques personnes charitables, entreprit d'ouvrir une maison de secours dont les gardiennes devaient être en même temps des institutrices pour les filles et des assistantes pour les malades (1). Le 20 octobre 1716 il acquit, comme procureur de l'abbé Olivier, une maison avec jardin, sise près la Porte-Neuve, et désigna de suite pour propriétaires Anne Amelin et Marie Besnier, deux filles de dévoûment qui avaient fait leurs preuves. Il est stipulé au contrat qu'elles ne sortiront que de leur consentement et qu'après leur décès, le choix de leurs remplaçantes appartiendra au doyen de Châteaubriant et aux deux plus anciens prêtres de la ville (2). Les plus incrédules furent bientôt convaincus que l'œuvre nouvelle avait beaucoup de chances de succès. Voici ce qu'en disait le syndic des habitants aux échevins et bourgeois assemblés le 28 juillet 1720 :

« Toute la ville, dit-il, regardait comme téméraire son
» entreprise d'établir une école charitable pour les filles.
» Cependant en fournissant seulement une petite subsis-
» tance à deux pauvres dévotes, il a fait instruire et con-
» tinue encore d'instruire, avec grande édification, tantôt
» trente, tantôt quarante pauvres enfants, de leurs prières,
» de leur catéchisme, à filer et à brocher.
» Ces pénibles exercices n'empêchaient pas ces filles, con-

(1) Pierre Bodier, prêtre missionnaire de l'évêché de Rennes, Élisabeth Dannai, de Nantes, doivent aussi être comptés parmi les coopérateurs de l'œuvre.

(2) *Carton des écoles.* (Arch. dép., D.) *Acte au rapport de M. Lourmel, notaire.*

» sacrées au service des pauvres, d'aller à l'ordre du sieur
» Legrand, secourir les malades de la ville, des faubourgs
» et des campagnes.....
» L'on a regardé comme un prodige que dans ces der-
» niers temps de calamités et de misères, la seule idée
» d'une école charitable ait pu empêcher deux à trois
» cents personnes de mourir de faim (1). »

L'abbé Legrand voyant avec quelle générosité il avait été secondé dans l'exécution de ses desseins, et confiant dans l'avenir, s'imagina de suite qu'il trouverait à Châteaubriant assez de ressources pour faire subsister une école charitable de garçons. Bien qu'il n'eut pas même de quoi payer les frais de contrat, il acheta près de la porte de Couëré, une maison où il espérait loger un maître et des enfants (2). La mort, qui vint le surprendre à Nantes, pendant ses prédications (1720), ne lui laissa pas le temps de parachever ce qu'il avait si bien conçu ; cependant, les personnes pieuses qui admiraient sa foi et son zèle tentèrent un effort pour donner la vie à son projet. Elles offrirent à la municipalité la somme nécessaire au paiement de la maison et du jardin voisin, c'est-à-dire 1,000 livres, à la condition que l'immeuble servirait à fonder une école gratuite de garçons. La proposition méritait d'être examinée attentivement, car on ne voyait pas comment le nouveau maître serait payé et il était à craindre que la charité publique, trop de fois mise à l'épreuve, ne refusât les secours qu'on attendait d'elle. La prudence commandait de bien assurer l'avenir de l'école charitable des filles, si utile aux malheureux, et de lui consacrer même la dernière offrande, jusqu'au jour où l'on aurait tous les revenus qu'exigeait

---

(1) *Délibérations de la ville de 1720.* (Arch. municipales, BB.)
(2) *Hist. de Châteaubriant*, p. 491.

l'entretien d'une école de garçons. Cet avis prévalut au Conseil des bourgeois (1).

En acceptant le don de 1,000 livres des amis de l'abbé Legrand, la Ville arrêta que les directrices de l'école charitable percevraient le loyer de la maison des garçons, que tous les dons faits à l'école des filles seraient soumis à l'agrément de la municipalité, que l'asile supporterait sa part des impôts publics, et qu'en cas de suppression ou de déchéance, les fonds de ces écoles tomberaient au profit des pauvres de l'hôpital. Ces conditions rigoureuses ne cachaient pas de malveillance, ainsi qu'on pourrait le croire au premier abord.

Pour ceux qui connaissent les difficultés au milieu desquelles fut créé l'hôpital de Châteaubriant et avec quels expédients on parvenait à le soutenir, il est évident que les bourgeois se tenaient simplement en garde contre les concurrents qui vivaient d'aumônes. Les charges qu'ils avaient à supporter leur paraissaient si lourdes, qu'ils n'étaient pas disposés à en accepter de nouvelles. L'abbé Legrand avait trop présumé des forces de cette ville : le supplément de secours dont il avait besoin pour assurer l'existence de l'école charitable des garçons ne vint jamais et les filles seules recueillirent le fruit de sa généreuse initiative.

Les premières directrices de l'école charitable des filles furent les demoiselles d'Oultremer, issues d'une famille noble et honorablement connue dans le pays par sa bienfaisance. Elles furent remplacées, en 1720, par Marie Leray de la Mataudais, une sainte femme dont l'unique ambition fut de porter le titre de mère des pauvres et de passer sa vie au milieu des infirmités humaines (2). Après avoir gou-

(1) *Hist. de Châteaubriant*, p. 493.
(2) *Hist. de Châteaubriant*, p. 494.

verné la maison toute seule pendant 44 ans, sans épargner son propre bien, elle s'adjoignit une compagne, Madeleine Preau, fille de dévoûment, qui, depuis 9 années, portait des secours aux malheureux de Fercé et des environs (1764). Mlle Marthe-Louise du Boispéan de la Minière prit la succession, en 1789, et pour que l'institution ne perdît pas son caractère privé, elle s'empressa de faire acte de propriété sur les meubles, puis sur les édifices. Elle acquit une petite maison voisine de l'école, mit le tout par terre et fit élever sur l'emplacement une construction vaste et plus commode que l'ancienne [1]. Les demoiselles Preau et de Fermont, qui remplissaient les fonctions de servantes des pauvres, sous sa direction, s'entretenaient à leurs dépens et ne réclamaient pas même un logement, bien qu'elles y eussent droit. On ne comptait pas moins de 60 pauvres filles dans leur classe ; l'enseignement se faisait deux fois par jour et comprenait même les ouvrages à l'aiguille. Les malades de la ville ou de la campagne, qui appelaient ces dames, étaient sûrs de les voir accourir à leur chevet les mains chargées de remèdes et d'aliments réconfortants. Leur principale ressource consistait en deux constituts, valant 235 livres de rente, sur les Etats de Bretagne, dont les capitaux avaient été légués, en 1785, par Marguerite Guinement, veuve Goyon de Beaucorps, et en une part de loyer de 25 livres sur une maison sise à la Haute-Barre [2].

Les bienfaits qu'elles semaient partout autour d'elles leur avaient conquis de nombreuses sympathies dans le peuple ; aussi quand vint le moment d'exécuter les décrets de confiscation contre les communautés religieuses, un

---

[1] Carton *instruction*. (Arch. dép., L.)
[2] *Minutes du notaire Lorette.*

grand émoi se manifesta en ville. Le 20 août 1790, les administrateurs du district de Châteaubriant se dirigeant vers l'école charitable, pour dresser leur procès-verbal, rencontrèrent sur leur passage de forts attroupements de femmes qui les suppliaient de respecter l'institution de Mlle du Boispéan (¹). On ne tint pas compte de ce témoignage public d'attachement et de reconnaissance. Les directrices, malgré leurs protestations, furent assimilées aux fonctionnaires et invitées à prêter le serment civique, le 12 juillet 1791. Saisissant leur refus comme un acte d'hostilité déclarée, la municipalité ordonna, le 6 septembre 1791, à la demoiselle Preau de sortir de la ville, dans les vingt-quatre heures, et ne put vaincre sa résistance qu'en employant la force armée. Son expulsion de l'école eut lieu en octobre 1792 (²). Le mobilier fut vendu ou dissipé et la maison avec ses revenus fut annexée à l'hôpital. Dans le rapport des commissaires, il est constaté que les enfants avaient entre les mains différents livres dont voici les titres :

Les principes de la langue et de l'orthographe.
Le sage entretien.
Le Magasin des pauvres, par Mme Le Prince de Beaumont.
L'Ancien Testament.
Le premier et le second Catéchisme de Nantes.

En dehors de l'école charitable, les filles pouvaient prendre des leçons, en 1760, dans une autre classe tenue par deux demoiselles, dont je n'ai pas les noms, et en 1790, les parents avaient le choix entre trois maîtresses : Marie Briand, au haut de la Grand'Rue, Anne Bouëtel, rue de

---

(¹) Carton *instruction.* (Arch. départ., L.)
(²) Mlle du Boispéan émigra à Guernesey, où elle mourut, et Mlle Preau se retira à Redon, où elle devint supérieure de l'hôpital. (*Hist. de Châteaubriant,* f° 495.)

Couëré, et Jeanne Luce, qui prêta le serment civique avec la précédente (1). Le brevet rédigé en 1760, par le doyen Guérin, fait mention également de trois petites écoles de garçons, et les titres de 1790 en indiquent encore deux en dehors du collège : l'une, tenue par Pierre Errien, et l'autre, par Pierre Midard, dans la Grand'Rue ; leurs noms nous sont révélés par les actes de leur prestation de serment (2). Etant donné ce personnel, on est surpris que l'instruction primaire n'ait pas progressé dans le peuple. La Municipalité, interrogée sur les écoles, répond, en 1792, au Ministre qu'il n'y a pas de villes où les artisans soient aussi ignorants. Le Directoire fait la même remarque au sujet des officiers municipaux (3).

Cette série de documents est interrompue par un intervalle immense : elle nous transporte du XIIIe siècle, sans transition, au XVIIIe, toutefois on conviendra qu'elle a son éloquence. Si deux époques aussi éloignées l'une de l'autre se répondent par des analogies frappantes ; s'il y a, dans les secrets du passé, des révélations aussi inattendues, la prudence nous défend de médire des générations qui restent enveloppées dans le mystère, car, elles aussi, elles pourraient bien un jour rompre le silence et infliger un démenti à leurs détracteurs.

Château-Thébaud. — Michel Sailland tenait une école au bourg, en 1540 (4).

Chevrolière (la). — En 1686, le visiteur envoyé par l'Evêché ne trouva aucune école (5).

---

(1) *Brevet de 1760*, cité par M. l'abbé Goudé dans son *Hist. de Châteaubriant*, p. 483.
(2) Carton *Instruction*. (Arch. départ., L.)
(3) *Hist. de Châteaubriant*, p. 485.
(4) *Archives de la Bourdinière*. Note de M. Marionneau.
(5) *Livre des visites épiscopales*. (Arch. dép., G.)

Clisson. — Le maître d'école de Clisson, au XVe siècle, était dans la dépendance entière du seigneur, comme l'atteste la mention suivante, inscrite dans un livre d'inventaire : « Institution de maître d'école, en la ville de » Clisson, pour l'exercice tant qu'il plaira au Duc (1). » On parle du duc ici parce que nous sommes en 1461, et qu'à cette date le duc François II de Bretagne possédait la terre de Clisson, comme fils de Richard de Bretagne. Une autre indication que j'emprunte aux livres de la Chancellerie de Bretagne, nous apprend que le titulaire, maître Guillaume Marquier, fatigué de ses fonctions, résigna son office de maître d'école en faveur de maître Pierre Dubois, et que ce dernier reçut l'investiture du duc, comme son prédécesseur (2). Au XVIe siècle, il est question, non seulement en ville, mais dans les faubourgs, de plusieurs écoles qui sont sous une direction unique. Le vicaire général de l'Evêché apprenant que le dignitaire régent ne remplit pas toutes les obligations de sa charge, lui rappelle, en 1554, qu'une messe a été fondée à la collégiale de Notre-Dame, pour les écoliers, et qu'il est d'usage de les y conduire (3).

Au moment de la grande enquête instruite par l'Evêché, dans le diocèse, en 1683, il fut noté que Clisson possédait trois maîtres, dont un était diacre, les autres laïques et trois maîtresses. Dans la seule paroisse de la Trinité, la mieux partagée, on voyait Jean Blandin, qui montrait à lire en français et en latin, les demoiselles Françoise Domet et Jacquette Leflebvre, qui enseignaient les filles, pendant que le diacre Grégoire Simon donnait

(1) *Inventaire ms. des livres de la Chancellerie de 1461*, fo 115. (Arch. dép.)
(2) *Livre de la Chancellerie de 1467*, fo 164. (Ibidem.)
(3) Injungitur primario et regenti scolarum presentis oppidi et suburbiorum ducere pueros quolibet die sabbati. (*Cahier de visites*, Arch. dép., G 42.)

des leçons de latin (¹). La paroisse de La Madeleine, dépourvue de ressources, avait laissé tomber son presbytère et son école en ruines, dit le visiteur (²).

Le personnel enseignant n'étant pas suffisant, le grand vicaire du diocèse écrivit aux directeurs de l'hôpital que le bien public exigeait d'eux des sacrifices, et leur représenta qu'en admettant dans leur établissement une fille dotée, capable de faire la classe, ils feraient une œuvre méritoire. Mlle Goguet se présenta de sa part, en offrant de s'entretenir et de payer 100 livres de pension (³). Elle fut acceptée, le 10 février 1717, mais on ignore si elle conserva longtemps ses fonctions. La seule fondation qui ait eu en vue la création de l'école charitable est de 1760; elle émane de Françoise-Marie Duclos. Cette demoiselle, voulant stimuler le zèle des pères des pauvres, fit savoir qu'elle donnerait 500 livres, si l'hôpital voulait prendre une fille qui partagerait son temps entre le service des malades et l'instruction des enfants. Elle compta 500 livres et promit de payer une rente de 45 livres, de son vivant, et d'assurer, après son décès, une rente de 60 livres, puis d'ajouter un don de 300 livres, dès qu'on aurait trouvé un logement convenable pour l'ouverture d'une école. Charlotte-Claude Loiseau, fille de 26 ans, entraînée par cet exemple, qui prit les fonctions de maîtresse en 1761, fut aussi une bienfaitrice (⁴). Dans le traité qu'elle passa avec l'Administration, on voit qu'elle se dépouille entièrement de son mobilier et qu'elle partage un capital de 800 livres par moitié entre l'hôpital et l'école. Ces deux

---

(¹) *Livre des visites du climat de Clisson*, f° 452.
(²) *Ibidem*, f° 420.
(³) *Livre des délibérations de l'hôpital*, f° 118.
(⁴) *Délibérations de l'hôpital.*

demoiselles sont donc vraiment les fondatrices de l'école charitable de Clisson. J'aurais voulu joindre à leurs noms celui du bienfaiteur qui laissa des fonds pour nourrir et habiller les plus pauvres filles, je n'ai pu le découvrir. La déclaration de 1790 porte seulement que l'hôpital est chargé de distribuer aux écolières 20 livres de pain par semaine et d'habiller chaque année celles qui sont le plus dignes de pitié (1).

Couëron. — Les droits de prééminence spirituelle de la paroisse de Couëron faisaient partie de la prébende du doyenné de Saint-Pierre de Nantes; il en résultait que le titulaire de cette dignité avait la haute main sur les principales charges. Joseph de Plédran, qui était doyen au XVIe siècle, prétendit que son titre lui conférait le privilège d'instituer le maître d'école de Couëron, et en 1512, il obtint des lettres de maintenue contre un rival qui n'est pas nommé (2). Ses successeurs furent tous des hommes de science, il est donc à présumer qu'ils ont eu souci d'encourager l'instruction dans la région confiée à leur sollicitude. L'Évêché témoigna son bon vouloir en ratifiant la réunion du bénéfice des Goyaux à l'office de la maîtrise, et de son côté la communauté des habitants de Couëron vota une contribution importante afin que le salaire du régent atteignît le chiffre de 600 livres (3). Il fut convenu en retour que l'instruction serait gratuite. On établit la classe dans une chapelle ayant 20 pieds de long sur 17 de large. Le maître d'école, en 1789, était un laïque, du nom de Fourrage, qui était capable d'enseigner le latin.

(1) *Déclarations de temporel du clergé et des hôpitaux, district de Clisson.* (Arch. dép., Q.)

(2) *Registre de la Chancellerie de Bretagne de* 1512, f° 8. (Arch. dép., B.)

(3) *Carton de l'Instruction.* (Arch. dép., L.)

M. Spal, dans sa notice sur Couëron, dit avoir rencontré dans les archives la mention d'un maître de pension qui s'appelait Bernier et vivait à la fin du XVIIIe siècle (¹).

Croisic (le). — En 1690 et en 1700 la ville du Croisic avait un prêtre pour régenter son école (²). Le conseil des bourgeois exprimait dans ses délibérations de 1732 le vœu que les pauvres fussent instruits gratuitement, mais il votait des ressources qui ne permettaient pas d'étendre ce bienfait à un grand nombre d'enfants. Le maître laïque, qui faisait la classe élémentaire à cette dernière date, prenait 10 sous par mois pour les leçons de lecture et 20 sous pour les leçons d'écriture. Il n'y avait alors personne au Croisic qui fût capable de former des jeunes gens aux cours supérieurs et de répondre aux désirs des familles qui voulaient pousser leurs enfants vers les carrières du commerce ou de la navigation. A l'instigation de l'intendant de Bretagne, M. de Pontcarré de Viarmes, son subdélégué au Croisic, M. David de Dresigné fit des ouvertures à l'institut de Saint-Yon, et en 1737 il eut la bonne fortune d'attirer au Croisic deux frères. La ville accorda d'abord à chacun d'eux une allocation annuelle de 100 livres qu'elle augmenta de 50 livres en 1754, sans vouloir dépasser ce chiffre ; et pourtant il était de notoriété publique qu'ils rendaient les plus grands services à la jeunesse. Ces maîtres dirigeaient leur classe avec tant d'habileté que leurs élèves pouvaient, en sortant de leurs bancs, suivre immédiatement les cours d'hydrographie (³). Pendant 22 ans ils attendirent en vain que

(¹) *Bull. de la Soc. archéol. de Nantes*, t. VI, p. 250.
(²) *Délibérations du corps de ville*. — La ville du Croisic possède beaucoup d'archives antérieures à 1790.
(³) Lettre de 1775. Le Croisic. (Arch. dép., C.)

leurs efforts fussent récompensés par une rétribution convenable. La détresse seule les força de quitter la ville en 1758, et quand ils furent partis, on se lamenta plus d'une fois sur la difficulté de les remplacer. « Nous
» regretterons toujours, dit le subdélégué, les deux frères
» de l'école chrétienne que j'amenai ici, il y a 30 ans, par
» ordre de M. de Pontcarré de Viarmes, et qui ont reçu
» plus de 20 ans et formé de grands sujets pour la mer
» et le commerce. En sortant de leur école, qui était de
» 8 heures par jour, ils entraient en celle des MM. Bouguer
» si recommandables par leur talent (1). »

Le sieur de La Place, qui vint ensuite enseigner au Croisic, demeura près de 15 ans aux gages de 150 livres par an ; quand il se retira, il laissa la ville dans le plus grand embarras. Il y avait alors une telle pénurie de sujets capables de remplir les fonctions d'instituteur qu'on fut obligé d'écrire jusqu'à Saint-Malo pour rencontrer celui qu'on installa en 1773. Amable Petit, ancien sergent-major au régiment de Bourbon et maître d'école, fut appelé de cette ville par la lettre suivante :

« Je vous donne avis que la communauté du Croisic
» vous a nommé pour maître d'école de cette ville aux
» appointements de 150 livres et tant que vous lui serez
» agréable. Vous aurez en outre 10 sous par écolier, par
» mois, pour apprendre à lire, et 1 livre pour apprendre
» à écrire et l'arithmétique. Vous serez tenu d'enseigner
» douze pauvres *gratis*. Voilà les charges et les conditions
» de votre prédécesseur. J'ai envoyé la délibération à M.
» l'Intendant. Sitôt qu'il l'aura approuvée, je vous en
» informerai (2). »

---

(1) Ibidem.
(2) *Lettre du maire du Croisic* de 1773. (Arch. dép., C.)

En 1775, ce régent se plaint de n'avoir pas d'écoliers, par la raison qu'il existe deux maîtres qui tiennent école ; que d'autres enseignent en ville, et enfin, que plusieurs femmes montrent à lire et font le tout au-dessous du prix accordé au suppliant. Cependant ses concurrents ne sont pas munis des autorisations et brevets nécessaires. Il demande à l'Intendant qu'on lui donne les moyens d'élever sa famille, en l'instituant seul maître d'école de la paroisse du Croisic (¹).

En transmettant la lettre, le subdélégué Benoit donne les explications suivantes :

Le sieur Petit n'est pas propre à cette place : il tombe du mal caduc, il est d'un caractère trop vif, ne donne qu'environ deux heures de classe le matin et deux heures le soir ; il a plusieurs élèves en ville. Il est commis chez un négociant ; ses élèves faisant peu de progrès, les parents préfèrent les autres maîtres. Petit serait bien en état d'enseigner, mais il ne veut pas s'en donner la peine.

Le maire David de Drésigné, de son côté, commente la requête en disant : si l'école de Petit est déserte, il ne doit s'en prendre qu'à lui-même. La ville n'a jamais eu l'intention de lui accorder un privilège exclusif, ce qui ne serait même pas en son pouvoir. « Ce serait, en effet,
» un grand abus, on pourrait même dire une tyrannie,
» de vouloir obliger les pères et mères d'envoyer leurs
» enfants à l'école chez un maître qui ne leur serait peut-
» être pas agréable par différents motifs. »

Plus d'exactitude et de douceur lui procureraient des écoliers, mais les pauvres mêmes, qu'il enseignait *gratis* l'ont quitté. Le même concluait en souhaitant qu'on le remplaçât (²).

(¹) Liasse du Croisic. (Ibidem).
(²) Ibidem... Le vœu de l'évêque et des habitants, en 1775, était d'avoir

Dans sa réponse, l'Intendant pense qu'il est à propos de laisser la place vacante, vu la situation des ressources de la ville, et d'aviser le sieur Petit qu'on cesse de lui servir des appointements. En conséquence, à partir de 1776, les gages du maître d'école sont rayés de l'état de prévision des dépenses municipales du Croisic.

Crossac. — Le maître des écoles de cette paroisse n'était pas absolument sans ressources. Un bienfaiteur, dont le nom est resté ignoré jusqu'ici, donna un morceau de terre qui, dans les actes, est appelé le *pré de l'école* (1).

On a la preuve que la classe était très fréquentée au XVIIIe siècle. Quand la compagnie de Bray se présenta pour opérer le dessèchement des marais de Donges, en 1773, on trouva, dans le pays, cent trente-sept habitants capables de signer une protestation contre cette entreprise. (Arch. dép., G 384.)

Derval. — Ogée commet une erreur quand il avance, dans son *Dictionnaire de Bretagne*, que M. Lemaître de la Gârelaie établit les filles du Saint-Esprit à Derval, en 1774, pour traiter les malades et instruire les enfants. C'est à M. Moulin de la Bourdonnaie que revient l'honneur de cette fondation, qui se composait des revenus d'un constitut de 3,100 livres et d'une maison. Les sœurs appelées à Derval par ce bienfaiteur portaient des robes grises, ce qui fait penser qu'elles appartenaient à l'ordre de Saint-Laurent-sur-Sèvre (2).

Donges. — Le maître qui faisait l'école à Donges, au XVIIe siècle, se nommait le *scholastique* ; il est ainsi désigné

---

un maître ès-arts pour élever quelques enfants aux humanités. La ville n'eut jamais cette bonne fortune.

(1) *Estimations des biens de main-morte*, n° 314. (Arch. départ., série Q.)
(2) Arch. départ., série X.

dans le terrier général des domaines royaux, en 1680 (¹). Ce titre, tout à fait spécial, nous rappelle l'office institué près de chaque cathédrale et semble indiquer que ces fonctions avaient été créées et dotées pour un ecclésiastique placé sous la dépendance du prieur de Donges. Il est relaté ailleurs que les petites écoles avaient été l'objet d'une fondation, mais rien n'annonce ni sa date, ni sa valeur (²).

Escoublac. — Le prieuré, qui dépendait de l'abbaye de Saint-Florent, était obligé de distribuer des aumônes et de fournir un maître d'école, dit le visiteur du climat de la Mée, en 1665 (³).

Fay. — Une somme de 60 livres de rente avait été léguée à la paroisse par N. Billy, sieur du Chastel, pour la personne qui se chargerait d'instruire la jeunesse. Le fondateur imposa en retour aux écoliers l'obligation de répondre à la messe, célébrée le dernier samedi de chaque mois, sur sa demande, et de réciter un *libera,* avant de sortir de l'école (⁴).

Frossay. — D'après un procès-verbal de visite épiscopale de 1564, cité par Ogée, dans son dictionnaire, le prieur de Frossay devait salarier un maître d'école pour l'instruction des enfants. Comment cet ecclésiastique s'est-il acquitté de cette charge ? Nous l'ignorons.

Gétigné. — Cette paroisse ne possédait aucune école en 1683, mais les enfants pouvaient se rendre à Cugand ou à Clisson (⁵).

(¹) *Terrier de la réformation,* vol. VI, p. 344. (Arch. départ., B.)

(²) Arch. départ., Q.

(³) Arch. départ., série G.

(⁴) *Livre de visites du climat de la Mée,* 1638. (Arch. du chapitre de Saint-Pierre.)

(⁵) *Livre des visites du climat de Clisson.* (Arch. départ., G 52.)

Goulaine (Basse-). — Mathurin Jauneau est le nom du maître qui tenait l'école de ce bourg en 1788 (¹).

Goulaine (Haute-). — Une maison avait été donnée à la paroisse, au profit de celui qui voudrait apprendre à lire et à écrire aux enfants (²). Le fait nous est appris incidemment par une délibération du directoire du département qui vise une requête présentée par le maître d'école Jauneau, le même sans doute que nous avons rencontré à l'article précédent. Celui-ci ayant fait l'acquisition de la maison d'école, quand elle fut mise en vente par le district de Clisson, représenta que la commune de Haute-Goulaine étant tenue de le loger, il avait droit de réclamer une indemnité. Sa pétition fut renvoyée aux officiers municipaux.

Guenrouët. — La décision épiscopale qui fonda l'école des garçons de Guenrouët est du 22 octobre 1751 (³). Le légat Raoul de la Haie, dont l'annexion fut accordée par l'Évêché et ratifiée par arrêt du Parlement du 16 octobre 1752, se composait d'une maison de quatre pièces avec cave et grenier et d'une pièce de terre en labour. A cette occasion, le marquis de Coislin donna 10 journaux de terre, afin de constituer un traitement convenable au régent (⁴). Tous ces fonds réunis ne formaient pas une dotation suffisante. Alors les paroissiens déclarèrent que chaque écolier paierait une rétribution honnête. La délibération relative à cet établissement porte que, suivant les termes de l'arrêt de la Cour, le titulaire sera prêtre, qu'il sera présenté par les habitants, de concert avec le

---

(¹) Arch. départ., E.
(²) *Arrêtés du Directoire*, vol. II, p. 178. (Ibidem, Q.)
(³) *Table des actes du secrétariat.* (Arch. départ., G 63.)
(⁴) *Registre des délibérations de 1751.* (Arch. communales.)

recteur, et que le consentement de l'évêque sera nécessaire pour le révoquer. Un état dressé après 1790 nous apprend que l'instruction devait être gratuite (1).

Guérande. — Claude Noize, officier en retraite, lorrain d'origine, faisait l'école aux garçons vers 1787, avec le titre de maître de pension. Il avait succédé à M. Laurent, aussi officier retraité. Les Ursulines, appelées par les chanoines de Saint-Aubin, avaient fondé, en 1646, une école de filles qui prospérait encore en 1789. Ces religieuses avaient à cette époque au moins une centaine de filles pauvres et une quinzaine de pensionnaires appartenant à la noblesse et à la bourgeoisie du pays (2).

Herbignac. — Une table des actes enregistrés au secrétariat de l'évêché indique que l'érection des petites écoles de cette paroisse eut lieu le 1er avril 1752, sans en dire davantage (3).

Héric. — La réponse du recteur, en 1755, est négative (4).

Indre. — Un rapport de 1795 relate que le sieur Beaufeu était depuis longtemps maître d'école à Indre; nous pouvons donc supposer sans témérité qu'il exerçait avant la révolution (5).

Joué-sur-Erdre. — Il est certain qu'en 1683, la paroisse était pourvue d'une école ouverte aux garçons (6).

Legé. — Renée-Thérèse Rousseau de la Retière, ne laissant point d'héritiers directs et considérant avec peine

(1) Carton *instruction*. (Arch. départ., L.)
(2) *Registres paroissiaux*. (Arch. de Guérande.) Notes de M. l'abbé Gallard.
(3) *Table des bénéfices*. (Arch. départ., G 63.)
(4) *Brevet des recteurs*. (Ibidem, G 56.)
(5) Carton *instruction*. (Ibidem, L.)
(6) *Livre des visites du climat d'Ancenis*. (Ibidem, G 53.)

l'ignorance extrême dans laquelle vivaient la plupart des habitants de la campagne, avait formé le pieux dessein d'établir une école de charité en leur faveur. Le 13 novembre 1743, elle fonda une école de charité pour l'instruction des enfants, avec recommandation expresse de célébrer trente messes dans la chapelle qu'elle devait élever dans sa maison de la Retière. Afin d'assurer l'exécution de ses volontés, la fondatrice léguait une rente foncière de 300 livres, à prendre sur la maison du Paradis qu'elle possédait à Nantes, rue du Moulin. Dans le même acte, la D^{lle} Rousseau désignait le sieur Jarry, prêtre, pour remplir les fonctions de maître ou faire tenir l'école, en exprimant le désir qu'après la mort de ce prêtre, on prélevât une somme de 60 livres, sur la dotation de 300 livres, pour entretenir une maîtresse au bourg et une école gratuite de filles, enfin qu'on employât 30 livres pour acquitter les honoraires des messes. L'achèvement des travaux, l'entretien de la chapelle et la fourniture des ornements d'église restaient à la charge des héritiers [1].

Ceux-ci étaient très nombreux. Quand leur parente fut décédée, ils se liguèrent ensemble afin d'anéantir l'effet de ses dernières volontés et soulevèrent mille difficultés, dans l'espérance de s'approprier la rente de 300 livres. On plaida en Poitou, en Bretagne et jusqu'au Conseil, et pourtant les habitants avaient fait plusieurs tentatives d'accommodement. Au lieu de placer l'école au village de la Retière, on voulait la transférer au bourg, parce qu'on supposait avec raison que le titulaire, appelé à la diriger, ne consentirait pas facilement à se loger dans un endroit

---

[1] La minute du testament était déposée en l'étude de Me Mainguet, notaire royal, à Legé : Legé était dans le diocèse de Luçon et dans le Poitou.

écarté. Certains héritiers adoptaient cette opinion, d'autres cherchaient des moyens dilatoires et ajournaient leur réponse. Il fallait en venir à l'action. Le 2 mai 1766, les paroissiens de Legé firent dénoncer à leurs adversaires la fondation de la D{elle} Rousseau et les assignèrent devant la Cour pour se voir condamner à remplir les clauses du testament. L'abbé Jarry, pendant toutes ces contestations, était resté dans l'inaction, attendant qu'on lui livrât une chapelle terminée et un logement ; il n'avait donc droit à aucune pension et les héritiers étaient fondés à retenir la rente de 300 livres. Ce dernier obstacle fut levé par une sentence qui le destitua de sa place de régent et permit aux marguilliers de pourvoir à son remplacement. L'abbé Jarry, le 18 janvier 1768, accepta cette décision.

On pensait à Legé, que les récalcitrants s'inclineraient devant l'arrêt de mai 1768 et achèveraient la chapelle commencée à la Retière; on se trompait. Pour se mettre à l'abri de tout reproche, les habitants nommèrent alors une régente au bourg et désignèrent un régent ; mais celui-ci déclina toute offre, sous prétexte que la chapelle n'était pas en état de servir. A bout d'expédients, ils remirent leurs pouvoirs aux héritiers, en les priant de s'adresser à l'évêque de Luçon et de lui demander un régent capable. Ce procédé enlevait aux adversaires tout prétexte d'opposition. Le 21 novembre 1770, ils consentirent à signer un traité dans lequel ils reconnaissent que le village de la Retière n'est pas un emplacement convenable et qu'il y a lieu de transférer l'école au bourg de Legé. En retour, les habitants réduisent leurs prétentions à la somme de 4,000 livres. L'accord fut homologué par arrêt du Conseil supérieur de Poitiers, en date du 15 décembre 1772, et les paroissiens alors nantis de la plus grande partie de la dotation, c'est-à-dire de la somme de 3,846 livres, ouvrirent aussitôt une école au bourg.

Il leur restait encore à vaincre la résistance d'un vingt-quatrième héritier, celle du sieur Fleury de Logerie, qui avait refusé d'adhérer à la transaction. L'assignation qui lui fut adressée est du 19 juin 1773, et cependant en juillet 1785, ce dernier incident n'était pas encore vidé. Il y a au dossier un supplément de mémoire qui porte cette date et dans lequel on voit que cet entêté plaideur n'avait pas capitulé après 12 ans de chicanes (1).

Ligné. — Vers 1680, les enfants de la paroisse étaient instruits par une veuve et un laïque (2).

Limouzinière (la). — Le *Livre des visites* de 1686 porte que la paroisse n'avait pas une école (3).

Loroux-Bottereau (le). — Il y a dans la vie de M. de la Chapelle, devenu prêtre après avoir été officier du régiment d'Autichamp, un trait que nous voulons relever, parce qu'il nous peint bien le zèle avec lequel on combattait l'ignorance au XVIIe siècle. Ce personnage, animé d'une affection particulière pour les pauvres et les petits, exerça d'abord sa charité dans les fonctions de directeur de l'hôpital général d'Angers, puis, se sentant fatigué, il rentra au Loroux, son pays natal, pour y finir ses jours. Au lieu de jouir du repos, il se plaisait, nous dit son biographe, à faire l'école aux petits enfants (4).

Machecoul. — Dans les aveux de la baronnie de Retz, on trouve la preuve que dès le XVe siècle la ville de

---

(1) Arch. des hospices de Nantes, B 49.
(2) *Livre des visites du climat d'Ancenis.*
(3) *Livre des visites du climat de Clisson.*
(4) *Vie des Saints de Bretagne*, par l'abbé Tresvaux, t. V, p. 307.

Machecoul possédait une école ; voici ce texte : « Courtil
» qui fut à Asseline qu'est l'osche de l'escole (1). »

Les sires de Retz, qui en étaient les fondateurs, craignant que cette institution ne fût négligée, l'avaient placée sous le patronage du recteur de la paroisse de la Trinité. Ce prêtre, par l'acte d'établissement de sa cure, était tenu d'entretenir un régent pour enseigner les enfants. Dans un aveu de 1675, le seigneur de Machecoul déclare qu'il peut saisir le temporel du curé de la Trinité, s'il manque à ce devoir (2).

Quand l'archidiacre fit la visite des paroisses du climat d'outre-Loire, il constata, en 1686, l'existence de 4 maîtres d'école et de 4 maîtresses (3). Les filles sans parents avaient une protectrice qui prenait soin de leur enfance, depuis que Catherine de Gondi, duchesse de Retz, avait fondé le Petit-Calvaire, en face du couvent des Bénédictines. Voici comment cette dame s'exprime dans son testament, en date du 11 février 1676 :

« Ordonne que la fondation nécessaire pour l'éducation
» de quatre petites orphelines soit établie dans la maison
» qu'elle leur a destinée, devant le Calvaire, avec la subsis-
» tance, comme on leur donne présentement, et que l'on
» y applique un fonds ; que la gouvernante venant à
» mourir, il y soit pourvu avec l'avis de M. le Doyen et
» d'une personne commise de la part de sa fille ou de ses
» successeurs (4). » Ainsi le curé de la Trinité devint le protecteur de cette nouvelle maison. Les enfants n'étaient pas reçus au Petit-Calvaire avant six ans, et y demeu-

(1) *Aveu de la bar. de Retz* 1473, f° 9 ; *autre aveu de* 1477, f° 20. (Arch. dép., B.)
(2) *Déclaration du sire de Retz de* 1675. (Ibidem.)
(3) *Livre des visites.* (Arch. dép., G 54.)
(4) *Histoire de la maison de Gondi*, Corbinelli, t. II, p. 634.

raient jusqu'à leur dix-septième année, puis s'en allaient en apprentissage. La dotation jugée nécessaire à l'entretien de la maison fut fixée à 650 livres de rente (¹).

Mme de Lesdiguières augmenta sans doute le fonds de dotation de cette maison de charité, car son testament, en date du 4 septembre 1714, est cité dans un mémoire qui relate aussi que la rente servie par les seigneurs du duché de Retz s'élevait à 1,100 livres (²). L'institution tomba, en 1787, par la négligence de ses patrons, sans que personne élevât la voix. Ce n'est qu'en 1792 que les amis de la Constitution adressèrent une pétition au Directoire du département, pour demander que M. de Brie-Serrant fût contraint de rétablir la fondation. Le séquestre étant mis sur ses biens, il fallut renoncer à l'instance.

Lorsque l'Evêché ratifia la réunion de deux bénéfices au temporel du collège, vers 1730, il fit cette réserve que sur la rente de 500 livres, qui en proviendrait, le maître des petites écoles recevrait 120 livres, à titre d'indemnité de logement. Le nom du dernier maître d'école nous est parvenu, c'est Pierre Dupin. En 1790, il prélevait 25 sous par mois sur les élèves de sa classe (³).

Marne (la). — En 1686, le vicaire de la paroisse était tout disposé, dit le procès-verbal de l'archidiacre, à instruire la jeunesse, mais aucun enfant ne se présentait (⁴).

A la fin du XVIIIe siècle, la cure était entre les mains d'un prêtre qui avait le goût de l'enseignement. L'abbé Barthélemy Juguet, fils d'un maître de pension de Nantes,

---

(¹) *Titres du duché de Retz.* (Arch. dép., E 486.)
(²) *Pétition du 8 février 1792.* (Arch. dép., L.)
(³) Carton *Instruction publique.* Ibidem.
(⁴) *Livre des visites du climat de Retz.* (Arch. dép., G 54.)

eut toujours des écoliers dans son presbytère, de 1775 à 1790 (1).

Maumusson. — En 1686, le vicaire de la paroisse était disposé à enseigner ; il avait tout préparé pour faire la classe et aucun enfant ne se présenta (2).

Au siècle suivant, l'abbé Cosneau (Joseph), né à Maumusson, en 1745, vint se fixer dans sa paroisse natale, vers 1770 et réussit à former des élèves. Il est à présumer que ses leçons étaient gratuites, car il jouissait du bénéfice de la Chevalerie, d'une maison au bourg, du champ du Vivier et d'un pré. Son biographe dit qu'il était aussi savant en mathématiques qu'habile en horlogerie. Arrêté à la fin de 1794, il fut attaché à la queue d'un cheval, emmené à Ancenis, et noyé dans la Loire (3).

Thérèse Gérardière, sœur du Tiers-Ordre, appelée par l'abbé Bouvier, habita Maumusson, de 1755 à 1819, en se livrant au double ministère de sœur de charité et de maîtresse d'école (4).

Mésanger. — Une laïque, la dame de la Tour, et la sœur Morière donnaient des leçons aux enfants, en 1683 (5).

Missillac. — René Espert, recteur de Missillac, par acte du 23 décembre 1692, abandonna aux paroissiens la propriété de plusieurs contrats de constitution de rentes, dont le capital s'élevait à 1,948 livres, et d'un pré qu'on affermait 25 livres, en exprimant le vœu que ces revenus fussent consacrés à l'entretien d'une école élémentaire. Le brevet du recteur, rédigé en 1787, nous apprend que depuis plusieurs années les écoles restaient fermées, mais il n'in-

---

(1) *Registre paroissial.* (Arch. de la cure.)
(2) *Visites de la Chrétienté.* (Arch. départ., G 53.)
(3) *Vie de l'abbé Souffrant,* 1 vol. in-8°, Nantes, 1872.
(4) *Ibidem,* p. 44.
(5) *Visites de la Chrétienté.*

dique pas que les marguilliers aient fait des efforts pour se procurer un maître. Pendant la vacance de la charge, le trésorier de la fabrique jouissait des revenus de cette fondation (1). J'ai lu dans la vie de Julien Verger que M. l'abbé Roux, chapelain de la frairie de Sainte-Reine, enseignait le latin à quelques enfants, de 1743 à 1765. Parmi les élèves qu'il forma, nous trouvons les noms de M. Chaussun, desservant à Sainte-Reine, des abbés Couvrand et Bertho, curés de Besné (2).

Montoir. — Les petites écoles de Montoir avaient une dotation qui comprenait, en deux lots, 4 arpents un tiers de terre, dont le revenu ne dépassait pas 48 livres, en 1790. Le titulaire qui en jouissait nous est inconnu, parce qu'il cumulait peut-être ses fonctions avec celle de prêtre de chœur (3).

Moûtiers (les). — Le notaire Jean Giboulaud était en même temps maître d'école, en 1683. Ce cumul n'est pas surprenant et s'est produit, sans doute, bien des fois dans nos campagnes (4).

Mouzeil. — Le maître qui enseignait, en 1683, était un laïque (5).

---

(1) Brevet de 1787. (Arch. communales.)
(2) *Vie de Julien Verger, curé de Sainte-Reine*, br. in-12, Nantes, 1878.
(3) Domaines nationaux. Ventes. (Arch. dép., Q.)
(4) *Notes sur l'arrondissement de Paimbœuf*, par Chevas, p. 354.
(5) *Livre des vis. du clim. d'Ancenis.*

CHAPITRE II.

LES PETITES ÉCOLES DE NANTES.

Pour faire l'histoire complète de l'instruction primaire à Nantes, il faudrait posséder assez de documents pour remonter jusqu'à l'origine de la constitution du Chapitre épiscopal et à l'organisation des solennités du culte. Dès que les évêques ont voulu régler l'ordre et l'harmonie dans la célébration des offices de leur église, ils ont été amenés à s'occuper de l'éducation des jeunes choristes destinés à mêler leur voix à celle des chanoines et des clercs. Une cathédrale sans école de chant et de lecture eût été regardée comme un édifice incomplet.

La dignité de chantre, toujours conférée à un chanoine, n'avait dans ses attributions que la haute surveillance du chœur : les fonctions de maître de chapelle et d'écolâtre étaient laissées à son inférieur le sous-chantre (succentor) dont l'office, suivant un acte de 1469, était l'un des plus anciens qui eussent été institués près de l'église Saint-Pierre [1]. Dans l'école confiée à sa direction, il enseignait,

---

[1] Officium succentoris de prioribus et antiquioribus ejusdem ecclesie officiis per ipsius ecclesie prelatos fundatum ac auctoritate apostolica confirmatum. (*Concordat de* 1469. Arch. dép., G 144.)

moyennant salaire, le chant, la musique, l'alphabet, la lecture, les matines et le psautier, et aucun des maîtres de grammaire de la ville ne pouvait lui faire concurrence dans ces sciences élémentaires, sans s'exposer à la réprimande. Son privilège était si exclusif, qu'il pouvait contraindre les enfants de tous les quartiers à se réunir sous sa férule et confisquer les livres partout où il y avait contravention.

Il ne faut pas confondre cette classe élémentaire publique avec la psallette, fondée en 1412, par l'évêque Henri le Barbu : la création de ce prélat, uniquement inspirée par le désir d'assurer le recrutement des enfants de chœur de la cathédrale, était une sorte de petit collège auquel il avait constitué un patrimoine suffisant pour entretenir six écoliers, sous la conduite d'un maître de chant et d'un maître de grammaire (1).

Il existait dans le chapitre de Saint-Pierre un troisième dignitaire, nommé le scholastique qui, lui aussi, exerçait des fonctions pédagogiques. Sa charge lui conférait un droit de haute juridiction sur toutes les écoles de grammaire, il visitait les classes, examinait les livres, interrogeait les maîtres et corrigeait les abus. Le chanoine qui remplissait cet office, en 1351, Eon de Rougé, s'intitulait « mestre-escole » (2). Pierre Briend se nomme, en 1396, *rector scholarum grammaticalium* (3), et Raoul Moreau, qui vivait en 1450, reprend le titre de « mestre-escole » (4).

Les écoles de grammaire de Nantes sont nommées tant de fois dans les actes du XVe siècle qu'on est forcé d'ad-

---

(1) La collégiale de Notre-Dame avait aussi sa psallette. (Arch. dép., G 144.)

(2) Ibidem, E 954.

(3) *Histoire de Nantes*, de l'abbé Travers, t. I, 457.

(4) *Titres du Chapitre*. (Ibid., série G.)

mettre, qu'à cette époque au moins, malgré les troubles de la guerre de Cent ans, elles n'ont pas subi d'éclipse. Geoffroy de Callac, dans son testament de l'année 1400, exprime le vœu que le jour de la célébration de son anniversaire, les *maîtres de grammaire* et de chant soient convoqués avec leurs enfants pour prier sur sa tombe et il leur alloue à chacun 5 sous d'indemnité (¹); Jean de la Rive, chanoine de la Collégiale en 1410, veut aussi qu'on distribue 20 sous aux maîtres de grammaire et de chant, afin qu'ils fassent prier leurs écoliers le jour de sa sépulture (²). Le sous-chantre, en 1469, représente dans un débat que son école est distincte des écoles de grammaire (³) et Guillemin Delaunay, en 1471, laissa un don important pour fonder une nouvelle école du même genre (⁴).

La création de l'Université de Nantes, contre l'attente générale, dérangea l'ordre établi depuis des siècles. Les docteurs régents de cette corporation, quoique chargés spécialement de distribuer l'enseignement supérieur, voulurent étendre la main jusque sur les petites écoles et, sans respect pour les prérogatives du sous-chantre, ils autorisèrent plusieurs maîtres, entre autres Guillaume Ramende, à donner des leçons de chant, de musique, de lecture et de psautier (⁵). Le sous-chantre, lésé dans ses intérêts autant que dans ses privilèges, porta plainte naturellement à qui de droit, et appela ses concurrents devant

---

(¹) Arch. dép., G 117.

(²) Fonds de la collégiale de Notre-Dame. *Legs la Rive.* (Arch. dép., G.)

(³) Scolam ab aliis scolis grammaticalibus distinctam. (*Concordat de 1469.* Arch. dép., G 144.)

(⁴) Arch. dép., série D.

(⁵) *Concordat de 1469.* (Arch. dép., G 144.)

la juridiction de l'officialité pour répondre sur le grief d'usurpation. Le procès eut sans doute traîné en longueur si le Chapitre de Saint-Pierre, saisi du débat, ne s'était prononcé en faveur d'une transaction. Le 27 décembre 1467, en présence du procureur général de l'Université et des délégués de chaque Faculté, il fut convenu que dorénavant il n'y aurait à Nantes qu'une seule école élémentaire dans laquelle on enseignerait avec le chant et la musique le psautier, les matines et l'alphabet ; qu'elle serait dirigée par deux maîtres dont l'un serait à la nomination du sous-chantre et l'autre institué par l'Université, et que tous deux seraient révocables par les mêmes autorités. L'acte portait également que le recteur de l'Université et le chantre de la cathédrale seraient les arbitres de tous les différends et que l'accord serait soumis à la double approbation de l'Évêque et du Pape (1).

Ce que nous savons sur la tenue des petites écoles au XVIe siècle, se réduit à très peu de chose : les délibérations du conseil des bourgeois attestent seulement que la Ville versait des aumônes aux religieuses de Sainte-Claire, à la condition qu'elles recevraient, dans leurs maisons, les jeunes filles de la ville et des faubourgs, comme de coutume, afin « de les endoctriner et leur apprendre leurs créances et heures (2). »

Au siècle suivant, les filles eurent certainement des maîtresses nombreuses à leur disposition, car les femmes de dévoûment n'ont pas manqué à cette époque ; outre l'école gratuite ouverte dès 1630 (3), au couvent des Ursulines, on cite la demoiselle Boufart. Son biographe

(1) Arch. dép., G 144.
(2) Arch. de la mairie, BB 3.
(3) Fonds du Chapitre, G.

raconte qu'avant d'entrer au couvent des Visitandines, c'est-à-dire dans la période comprise entre 1634 et 1664, elle se livrait avec bonheur à l'instruction des petites filles avec l'assistance de l'une de ses nièces (1). Quant aux garçons, je puis citer un de leurs professeurs qui avait beaucoup plus de connaissances qu'il n'en fallait pour tenir une école primaire : c'est M. de la Noue, maître ès-arts, auteur de deux traités, l'un sur l'arithmétique, l'autre sur l'art de découvrir les faux en écriture (2). A défaut de documents explicites sur cette époque, nous invoquerons l'ordonnance de police de 1634, qui rappelle aux instituteurs de la jeunesse les conditions auxquelles ils sont obligés de satisfaire avant d'enseigner le programme de leurs leçons ; il est évident que si le maire a pris soin de publier des défenses, c'est qu'on voyait poindre des écoles nouvelles dans divers quartiers (3).

Au XVIIIe siècle, les renseignements abondent et nous montrent toutes les paroisses pourvues d'écoles. De toutes les maisons fondées alors, celle qui rendit le plus de services à la cause de l'instruction populaire, ce fut l'établissement créé par Mlle de la Bourdonnaie de Bras. C'est elle qui eut la première pensée de l'association des dames de Saint-Charles, qui en posa les bases et qui en assura l'existence par un don de 12,000 livres. Son but était de recueillir des jeunes filles orphelines ou pauvres, de leur

---

(1) *Vie des Saints de Bretagne*, de l'abbé Trévaux, t. V, 302.

(2) *L'art de vérifier où sont enseignés les véritables moyens de découvrir les faussetés des écritures et la manière d'en faire de bons rapports par la théorie pratique et circonstance*, par M. de la Noue, maître ès-arts et d'écriture, auteur de l'arithmétique nouvellement abrégée et vérificateur ordinaire des écritures suspectes. Nantes, 1681, P. Querro, 1 vol. in-32. Ce petit volume rarissime est dans la bibliothèque de M. Boismen, architecte.

(3) *Privilèges de l'Université*, p. 10.

montrer à lire et à écrire gratuitement, ou à travailler à l'aiguille, d'instruire les nouvelles converties et de former des gardes malades pour les campagnes. Dès que l'Évêque et le Gouverneur eurent connaissance de ses projets, ils s'empressèrent d'y applaudir ; les officiers municipaux lui accordèrent aussi, en 1704, l'autorisation nécessaire, à la condition que la nouvelle école serait établie dans les faubourgs (1). Le procureur du Roi au siège présidial seul, souleva des difficultés en invoquant les défenses de la déclaration de 1666, et son opposition ne cessa que devant un ordre du Roi. Le ministre de Torcy, le 9 mai 1712, lui fit connaître les volontés royales dans les termes suivants :

« La supérieure des écoles de charité de la ville de
» Nantes a demandé qu'il plust au Roi de faire cesser le
» trouble que vous lui faisiez, qui retardoit le fruit que le
» public reçoit de cet établissement. Sur le compte que
» j'en ai rendu à Sa Majesté, elle m'a ordonné de vous
» écrire que ce qui se faisoit à Nantes, pour l'éducation
» des jeunes filles, ne devant point être regardé comme
» un établissement de communauté, il n'y avoit rien de
» contraire à la déclaration de 1666 et que son intention
» étoit que vous fissiez cesser les poursuites que vous
» aviez commencées (2). » En effet, l'association des dames charitables de Saint-Charles se composait de personnes de bonne volonté qui n'étaient liées par aucun vœu et qui, par conséquent, ne pouvaient être assimilées aux membres d'une communauté religieuse.

L'année 1704, que j'ai citée plus haut, n'est pas celle des débuts de l'œuvre entreprise par Mlle de la Bourdon-

---

(1) *Délibérations du 17 février 1704.* (Arch. de la mairie, BB.)
(2) *Liasse Saint-Charles.* (Arch. dép., D.)

naie, comme on pourrait le croire ; il est dit dans un avis du gouverneur de Bretagne, daté de 1747, que les écoles charitables existent depuis 60 ans ; il faut donc supposer que cette institution n'est pas de beaucoup postérieure à la révocation de l'Edit de Nantes, qui est d'octobre 1685. Les filles des nouveaux convertis ont été sans doute les premières élèves qu'on s'est proposé d'instruire.

Après avoir débuté modestement, les dames de Saint-Charles achetèrent, en 1729, la tenue de Bloinville, située près le bourg de Saint-Donatien, dans l'emplacement qu'occupe aujourd'hui le Grand Séminaire. La ruelle de Saint-Charles marque toujours leur résidence dans ce quartier. En 1755, la maison étant insuffisante pour contenir les pensionnaires et les externes ainsi que les demoiselles gouvernantes, on fit l'acquisition de la tenue voisine, dépendante de la chapellenie du Puy-Percé (¹). Les vendeurs constatent, dans les considérants du contrat, que « l'éta- » blissement fait de grands progrès par la bonne éduca- » tion et les saintes instructions que les jeunes filles, de » tout âge et de toute condition, y reçoivent. »

Le zèle de ces institutrices s'étendait bien au-delà des quartiers de Saint-Clément et de Saint-Donatien. Les dames de charité de la paroisse de Saint-Nicolas, voyant avec quel succès elles gouvernaient les enfants, les attirèrent de leur côté en leur donnant la somme de 2,276 livres, à la condition qu'elles entretiendraient deux écoles et qu'elles auraient au moins trente filles pauvres. L'acte est du 2 décembre 1729. La même année, au 20 décembre, la dame Le Guay, veuve Brodu, leur laissa aussi une somme de 3,000 livres pour favoriser ce projet et doter aussi une fille de famille qui voudrait se consacrer à l'en-

---

(¹) *Liasse Saint-Charles,* série D. (Arch. dép.)

seignement dans leur maison (1). Telle est l'origine des écoles charitables de Sainte-Marie établies près de la place Bretagne, qui, pendant plus de 50 ans, furent l'asile des filles du peuple dans la paroisse Saint-Nicolas. En 1787, par un motif qui nous est inconnu, les dames de Saint-Charles résilièrent leur traité avec le général de cette paroisse, et comme elles étaient dans l'impossibilité de restituer les capitaux versés entre leurs mains, elles souscrivirent l'engagement de servir une rente de 263 livres. Le recteur de Saint-Nicolas les remplaça par la demoiselle Corbaux, supérieure de la maison de convalescence fondée sur la motte Saint-Nicolas, en faveur des filles qui sortaient de l'Hôtel-Dieu. Elle fut installée le 26 octobre 1788 avec l'assentiment des marguilliers, qui se réservaient un droit d'inspection sur cette école (2).

En se retirant des écoles de Sainte-Marie, les dames de Saint-Charles n'avaient sans doute qu'un but : celui de se consacrer plus spécialement à la prospérité de leur maison centrale de Saint-Donatien. Dans les lettres patentes de confirmation, que le Roi leur octroya au mois de février 1782, on lit : qu'elles donnaient leurs leçons à plus de 400 jeunes filles et soulageaient aussi les malades (3). Ce chiffre est certainement exagéré, il est réduit de moitié dans un autre document, néanmoins il est encore considérable. Lorsque la supérieure, Mlle Letort, répondit en 1792 au questionnaire adressé par le district de Nantes, elle déclara que l'école contenait seulement 70 filles. « Il » y en aurait plus de 200, ajoute-t-elle, si des menées » qui vous sont connues ne détournaient des parents trop

---

(1) *Liasse Saint-Charles.* (Arch. dép., D.)
(2) *Registre de la maison de convalescence.* (Arch. de l'Hôtel-Dieu.)
(3) *Livre des mandements* LVIII, f° 40. (Arch. dép., B.)

» simples d'envoyer leurs enfants prendre les leçons de
» personnes qui se sont fait connaître par leur attache-
» ment à la Constitution (¹). » Le personnel enseignant
se composait, à la même époque, d'une assistante et de
onze sœurs.

Chez les Ursulines, outre le pensionnat de 70 élèves
réservé pour les familles riches, il existait un local
spécial dans lequel les sœurs recevaient ordinairement de
120 à 150 jeunes filles, et qu'on nommait l'école gratuite :
c'est un fait consigné dans la déclaration de la supérieure,
que les commissaires de la Nation insérèrent dans leur
procès-verbal de 1790 (²). Chaque quartier comptait alors
deux et trois écoles de filles, quelquefois plus, comme la
paroisse Saint-Saturnin, qui en déclare *cinq* en 1780.
Nous pourrions les citer toutes si les brevets des recteurs
du temps nous étaient parvenus ; la collection de ces
documents est malheureusement incomplète ; ce qui est
rapporté par quelques recteurs nous permettra cependant
de suppléer par induction à ce qui nous manque et de
dresser, à peu de chose près, la statistique des maîtres de
cette époque. « A l'égard des petites écoles de garçons
» et de filles, il y en a en si grand nombre, dit le curé
» de Saint-Nicolas en 1780, qu'il serait comme impossible
» d'en faire ici le détail exact. Dans plusieurs de ces
» écoles, plusieurs écoliers des deux sexes y sont mêlés
» sous prétexte que les garçons ou les filles sont encore
» trop jeunes pour qu'on puisse en appréhender quelques
» inconvénients (³). »

(¹) Carton *instruction*. (Arch. dép., L.) *Inventaires de titres.* (Série Q, ibidem).

(²) *Inventaires de meubles et de titres.* (Ibid., série Q.)

(³) *Brevets des recteurs.* (Arch. dép., G 56.)

Dans la petite paroisse Saint-Vincent, Louise-Marie Janlain, était institutrice des filles, dans celle de Sainte-Radégonde, c'était la D^lle Colin, dans celle de Saint-Similien, c'était les D^lles Melet et Loyan. Il est à présumer que les paroisses de Saint-Clément, de Saint-Donatien, de Sainte-Croix, de Saint-Denis, de Saint-Jean et de Saint-Léonard, avaient au moins chacune leur école de filles : en admettant un minimum de douze écoles de filles pour la ville de Nantes, on ne dépassera certainement pas les limites de la vraisemblance (¹).

A l'égard des écoles de garçons, je suis parvenu à recueillir quelques détails assez précis. Au commencement du XVIIIe siècle l'institut du frère Jean-Baptiste de la Salle n'était connu à Nantes que par la renommée des services qu'il rendait dans les villes de Reims, de Paris et de Rouen, et pourtant les enfants du peuple qui se dépravaient dans l'oisiveté n'étaient pas moins nombreux dans notre ville que dans les autres. La municipalité qui s'était empressée de proscrire la mendicité et le vagabondage en renfermant les fainéants valides dans un hôpital général, où ils étaient forcés de travailler, bornait son action à un rôle répressif, et ne faisait pas le moindre effort pour élever la moralité des indigents en leur offrant des écoles gratuites. Pour les garçons, comme pour les filles, ce fut l'initiative particulière qui prit les mesures commandées par les circonstances et fixa le choix des instituteurs dont la population avait besoin. Un magistrat de la Chambre des Comptes de Bretagne, M. de Barberé, fort de l'appui de quelques amis généreux, acheta, le 27 juillet 1720, une petite maison composée de deux chambres basses, et située près de la chapelle Saint-André, il y installa deux

---

(¹) Ibidem.

frères des écoles chrétiennes qu'il fit venir de la communauté de Saint-Yon, vers 1722 (1). Il leur procura également, dans l'intérieur de la ville, deux locaux pour tenir la classe, l'un dans la paroisse Saint-Léonard, peuplée d'ouvriers, et l'autre dans la paroisse Saint-Nicolas, où ils se rendaient tous les matins (2). Lorsque la nouvelle institution fut en plein exercice, ses patrons crurent qu'ils pouvaient la recommander à l'attention du maire et des échevins, avec des chances de succès. La maison de la rue Saint-André étant très caduque, réclamait des réparations dispendieuses. M. de Barberé saisit l'occasion pour demander un secours. La municipalité répondit à sa requête en accordant une gratification de 300 livres, qu'elle renouvela plusieurs fois, à titre éventuel, sans se lier par aucun engagement. Elle considérait l'institut des Frères comme une communauté ecclésiastique ordinaire qui aurait l'ambition d'acquérir de nombreux immeubles dans l'intérieur de la ville ; elle ne voulait pas favoriser son développement, de peur de nuire aux intérêts du commerce. La population était si compacte à Nantes, qu'on était réduit alors à contrarier la naissance des créations les plus utiles dans la crainte de manquer d'espace. On était d'ailleurs persuadé, au conseil des bourgeois, que les maîtres des écoles charitables ne manquaient de rien ; qu'ils recevaient de toutes mains, et que leurs protecteurs avaient soin de pourvoir à tous leurs besoins. La subvention fut votée de nouveau en décembre 1737, avec cette réserve habituelle « sans tirer à conséquence. »

Les Frères, qui avaient nourri l'espoir de conserver cette ressource pendant de longues années, rédigèrent une sup-

---

(1) *Minute de Pelotot, notaire.*
(2) Arch. de la mairie, GG.

plique dans laquelle ils représentèrent que l'appui de la ville leur était plus nécessaire que jamais, puisqu'ils étaient six instituteurs au lieu de deux. Le supérieur n'obtenant aucune réponse porta plainte devant l'Intendant et jusque devant le ministre Saint-Florentin avec l'insistance d'un créancier lésé par un débiteur récalcitrant. Instruit de ce qui se passait à Nantes, le Roi fit écrire à la mairie qu'il était surpris de son mauvais vouloir et qu'il lui ordonnait de payer.

Après avoir rétabli le crédit pendant les années 1739 et 1740, les officiers municipaux refusèrent de nouveau leur concours avec la résolution d'attendre encore un ordre de la Cour pour s'exécuter. Le curé de Saint-Nicolas, qui s'était engagé à verser une somme de 150 livres par an, en reconnaissance des leçons données à 250 enfants de sa paroisse, se mettait lui-même en retard, il devait aux Frères les arrérages de 6 années en 1742. Poussé par la détresse, le supérieur exposa sa situation à l'Intendant et au Gouverneur de la province, en demandant qu'on obligeât la ville à continuer ses charités. Le ministre Saint-Florentin intervint en 1745, comme en 1739, demanda des explications et le maire trouva cette fois de si bonnes raisons pour s'excuser, qu'il vit cesser toute tentative de pression (1).

Les officiers municipaux ne pardonnèrent pas facilement aux Frères les instances qu'ils avaient faites pour leur forcer la main, et la contrainte à laquelle ils avaient eu recours pour obtenir leur allocation. Quand ceux-ci sollicitèrent la permission de chercher un logement dans l'enceinte de la ville, pour se rapprocher de leurs écoles,

---

(1) *Registre des délibérations.* (Arch. de la mairie, BB.) — Voir aussi Ecoles, série GG (Arch. d'Ille-et-Vilaine, C 1317.)

de Saint-Léonard et de Saint-Nicolas, ils firent la sourde oreille et demeurèrent inflexibles. Sans l'appui de l'évêque d'alors, M. Turpin de Crissé, les Frères auraient sans doute cédé au découragement, tant était grande la difficulté de trouver alors un local convenable. Le quartier de la Ville-Neuve, en la paroisse Saint-Similien, était le seul où il fut possible de s'établir à proximité des quartiers populeux. On supplia l'Intendant de la province d'intervenir auprès du Roi et du Conseil pour avoir la concession d'un emplacement de ce côté, et après bien des démarches un arrentement de 45 cordes de terrain dans les fossés Mercœur, entre l'enclos des dames du Calvaire et le cimetière des Protestants, fut obtenu le 26 juin 1742 (1).

Pour parer aux frais des édifices à construire, les fonds de secours ne manquèrent pas : dans tous les temps les habitants de Nantes se sont portés avec empressement au devant des œuvres charitables et utiles aux classes laborieuses. Dès 1735, M. de Barberé, le premier protecteur des écoles chrétiennes, avait donné l'exemple de la générosité en leur abandonnant la petite maison de la rue Saint-André (2). Sa donation portait que, dans le cas où les écoles charitables seraient fermées, les revenus de l'immeuble passeraient au profit du bureau de charité de la paroisse Saint-Clément. A l'aide de diverses collectes faites en plusieurs occasions, on avait pu recueillir 3,000 livres qu'on avait envoyées à la maison-mère de Saint-Yon et, malgré cela, on rencontra encore plusieurs personnes disposées à faire des offrandes importantes (3).

---

(1) *Titre de l'évêché.* (Arch. dép., G 4.)
(2) *Minutes de l'étude Forget*, 1735.
(3) Voyez le concordat de 1752, G 4.

Par son testament en date du 26 mars 1746 (¹), l'évêque Turpin de Crissé fit un legs de 2,000 livres, un anonyme remit aux curés de Saint-Jean et de Sainte-Radégonde une somme de 1,000 livres, la marquise de Coëtmadeuc laissa 2,000 livres, la veuve Marchand, Claire Lebreton, légua, le 27 février 1747, 1,000 livres (²), enfin, en 1749, une personne pieuse, restée inconnue, s'engagea par testament à verser 200 livres de rente pour l'entretien de l'un des maîtres des écoles charitables (³).

Quoique ces legs fussent destinés à favoriser la création d'écoles dans les paroisses de Sainte-Croix et de Saint-Clément, le produit en fut réuni en un seul fonds, qui servit à parfaire les constructions de la rue Mercœur ou à constituer un avoir à l'établissement nouveau. M. Turpin de Crissé n'eut pas la joie d'assister à l'inauguration de la maison dont il avait posé la première pierre; ce fut M. Mauclerc de la Musanchère, son successeur et son exécuteur testamentaire, qui installa les Frères dans la demeure édifiée par les aumônes de leurs patrons. La prise de possession eut lieu par mandement épiscopal du 9 février 1751. Il était indispensable de conclure un traité avec l'association des Frères. L'évêque en prépara les bases et le fit rédiger par devant notaires, le 7 juillet 1752 (⁴). En voici les principales clauses : il est stipulé que les Frères jouiront de la maison de la rue Saint-André, que la charité publique leur offre 1,600 livres de rentes constituées, provenant de divers dons anonymes, et qu'en

---

(¹) *Minutes de l'étude Lelou*, 1746.

(²) Ibidem.

(³) Tous ces dons sont énumérés dans le concordat passé avec la communauté de Saint-Yon. (Arch. dép., G 4.)

(⁴) *Minutes des notaires Lelou et Gouais*, 1752. — Voir aussi Arch. dép., G 4.

échange, ils entretiendront, sous la surveillance de l'Evêché, six classes gratuites, deux dans la paroisse Saint-Clément, deux dans la paroisse Sainte-Croix, et deux dans la maison de la rue Mercœur. Ces engagements ne furent pas tenus rigoureusement. Après avoir enseigné dans les trois paroisses indiquées, pendant quelques années, les instituteurs du peuple se renfermèrent dans leur établissement principal. D'après la notice de Brun, de 1765, ils continuaient d'instruire gratuitement, mais ils ne dirigeaient pas d'autres classes que celles de la rue Mercœur (¹). Cette dérogation au traité de 1752 ne déplut pas à l'Evêché, puisqu'en 1774 M. Mauclerc de la Musanchère, pour les récompenser de leur zèle et de la bonne éducation qu'ils donnaient à la jeunesse, déclara qu'il leur abandonnait la propriété de l'immeuble qu'ils occupaient (²). Le même prélat leur avait également concédé la permission de quêter pour les mettre à l'abri du besoin.

Les ressources que ce casuel leur apportait n'étant pas abondantes, ils se virent obligés de donner une grande extension à leur pensionnat et mirent tout en œuvre pour attirer chez eux des élèves payants. « C'est une pension
» plutôt qu'une école gratuite, dit un mémoire contem-
» porain, ils ne reçoivent gratuitement qu'un nombre très
» limité d'écoliers : il faut se précautionner de bonne heure
» et employer des protections pour y avoir place. Les
» augmentations qu'ils ont faites, en différents temps, à
» leur maison, ont toujours eu pour objet de fournir de
» nouveaux logements pour des pensionnaires et nulle-
» ment de rendre leur école gratuite plus vaste ; au

(¹) *Nantes ancien*, par Dugast-Matifeux, p. 323.
(²) *Titres de l'évêché*. (Arch. dép., G 4.)

» contraire, elle s'est resserrée de plus en plus et se res-
» serre tous les jours (1). »

L'opinion qui dominait alors au Parlement de Rennes n'était pas favorable au développement des établissements de main-morte : vers 1775, le procureur général avertit les Frères qu'ils devaient renoncer à tout accroissement de domaine (2). Ceux-ci prirent leur revanche en élevant la portée de leurs leçons et en soignant d'une façon particulière le cours de mathématiques, afin de préparer des jeunes gens aux examens de capitaines de navires. Cet envahissement sur le domaine du cours d'hydrographie leur causa de nouveaux désagréments : le professeur officiel prétendant qu'il était seul en droit d'enseigner, en vertu d'un arrêt de 1767. L'opposition à leur tentative réussit : le 15 octobre 1782, un nouvel arrêt du Parlement défendit aux Frères, comme à tous les maîtres, d'enseigner, en public ou en particulier, l'hydrographie, attendu que ce cours était du ressort exclusif du professeur institué par l'Amiral de France (3).

L'état de situation remis au district, en 1792, par le frère Josaphat, directeur, est un tableau qui nous représente fidèlement les efforts déployés par la communauté pour édifier un établissement convenable. A l'aide des charité de leurs protecteurs et des bénéfices du pensionnat, ils étaient parvenus à construire une maison de 17 pièces, avec une chapelle, une infirmerie, des caves et greniers. Le réfectoire pouvait contenir 80 personnes, les cinq dortoirs 70 petits lits, et les classes gratuites renfermaient

---

(1) *Liasse des écoles*. (Arch. dép., C.)
(2) Voyez le plan d'éducation nationale, par Caradeuc de la Chalotais : les frères en sont éliminés.
(3) *Liasse des écoles*. (Arch. dép., C.)

230 jeunes gens de différents âges. L'enseignement, qui comprenait la lecture, l'écriture et les matières commerciales, était donné par six professeurs assistés de trois Frères novices. « La maison n'a aucune espèce de revenus, » dit le rapport, elle se soutient et s'entretient sur les » économies qu'elle peut faire sur son pensionnat (1). » Le prix de la pension était de 400 livres.

Après l'école gratuite de garçons de la rue Mercœur, nous ne pouvons en citer qu'une autre à Nantes, celle que le curé de la paroisse Saint-Clément était chargé d'entretenir en vertu d'un legs, dont le donateur n'est pas connu (2). « Il devrait exister encore beaucoup d'autres » écoles charitables à Nantes, très bien fondées et rentées, » dit Brun, par d'anciennes familles, mais les fonds font » actuellement partie de plusieurs bénéfices (3). »

Dans les paroisses dont nous possédons la statistique religieuse, on signale, en 1780, un bon nombre d'écoles de garçons, dont les maîtres vivaient de leur profession. En la paroisse Saint-Vincent, Joseph Kerhervé, maître ès-arts, tenait école à l'hôtel de Briord ; Antoine de Pannard, maître ès-arts, en l'Université de Caen, rue de Verdun (4). Le brevet de Saint-Saturnin cite cinq écoles de garçons dans cette paroisse, ouvertes rue des Halles, rue de la Barillerie, rue de la Casserie et rue des Carmes, par un prêtre, un sacriste et trois laïques (5). Au quartier de Saint-Similien, les abbés Brice Le Prévost et Nicolas Fortin instruisaient aussi les garçons, en concurrence avec le sieur Le Pré. Si nous comptons 9 écoles de garçons, en

---

(1) Carton *instruction*. (Arch. dép., L.)
(2) *Déclarations* de 1790. (Arch. dép., Q.)
(3) Notice de 1765. — *Nantes ancien*, par Dugast-Matifeux, p. 323.
(4) *Brevet de Saint-Vincent*. (Arch. dép., G 56.)
(5) *Brevet de Saint-Saturnin*. (Ibidem.)

trois paroisses, on nous accordera bien sans difficulté qu'il en existait au moins autant dans les huit autres paroisses de la ville et des faubourgs : c'est donc à un minimum de 18 écoles qu'il faut porter le chiffre des établissements ouverts aux garçons. Il serait intéressant de déterminer à peu près la quantité d'écoliers contenue dans chaque classe, et de savoir, en somme, dans quelles proportions les notions élémentaires étaient répandues, chaque année, dans la population des bourgeois et des ouvriers. Sur ce point, comme sur tant d'autres, nous sommes livrés aux conjectures : c'est-à-dire qu'en fixant à 50 le chiffre des enfants reçus dans chaque école, nous arrivons, en comprenant ceux des Frères, à un total de 1,950 garçons pour une ville contenant 80,000 habitants, en 1790.

CHAPITRE III.

NORT. – VUE.

Nort. — Le bourg de Nort possédait, dès la première moitié du XVIIe siècle, un logis qui avait été donné aux paroissiens pour y installer une école. Le fait nous est révélé accidentellement par une plainte portée contre messire Julien Bourguellais, « maistre d'escole », en 1638, qui s'était permis, pour augmenter ses revenus, d'affermer une partie de la maison. Resserrés dans un espace trop étroit, les enfants se plaignirent, ainsi que les parents, et l'Évêché donna ordre de renvoyer le locataire [1].

Sur le personnel enseignant du XVIIIe siècle, les renseignements sont peu nombreux. Les archives ne nous ont conservé que le nom du dernier maître, Jean-Baptiste Minguet, qui, malgré son attachement aux idées nouvelles, n'eût pas le bonheur de se maintenir dans sa place. Il dit, dans une requête de 1793, qu'il s'efforçait de propager les principes de la Révolution, dans la paroisse, et que néanmoins il a été destitué [2]. Il était l'homme d'affaires du

---

[1] *Livre des visites de 1638.* (Arch. dép., G 47.)
[2] Carton *instruction.* (Arch. dép., L.)

citoyen Lecomte, dans le temps même où il était instituteur.

Nozay. — Louis Le Martre, recteur de Nozay, dota les écoles de Nozay de 400 livres de revenu, sur lesquelles la maîtresse des filles recevait un traitement de 60 livres. L'acte d'approbation est du 3 mai 1710 (1). Il est certain qu'en 1790, cette paroisse, grâce à cette donation, possédait un instituteur qui jouissait d'une maison avec cour et jardin, et de deux prés, contenant 2 arpents 61 perches (2).

Paimbœuf. — Vers l'année 1700, l'école des garçons était tenue par un sieur Daniel Lemée, et l'école des filles par Mlle Mespot (3). A la fin du même siècle, on ne comptait pas moins de quatre maîtres et deux maîtresses (4). Ce personnel n'était pas trop nombreux pour une ville aussi considérable que Paimbœuf. Sa population atteignait, en 1781, près de 9,000 habitants.

Pallet (le). — « Les écoles appartiennent au prieur de » Saint-Etienne, dit le terrier de 1680, car il peut nommer » les régents. » Si nous possédions le titre de fondation du prieuré, nous verrions, sans doute, que l'enseignement de la jeunesse était l'une des charges imposées au titulaire appelé à jouir de ce bénéfice, qui relevait de l'abbaye de Saint-Jouin de Marnes. Les prieurs ayant cessé de résider au XVIe siècle, nous avons lieu de craindre que les écoles n'aient été très négligées par leurs fermiers (5). En 1780, le brevet du recteur annonce qu'il n'y a pas d'école.

(1) *Table des reg. du secrét. de l'Evêché*. (Arch. dép., G.)
(2) *Carton instruction*. (Arch. dép., L.) — Voir aussi *Déclarations de temporel*. (Série Q, ibidem.)
(3) *Brevet du recteur*. (Arch. dép., G 56.)
(4) Notes de M. Flandrin de Saint-Père-en-Retz.
(5) *Terrier de la réformation*, vol. V, fo 485. (Arch. dép., B.)

Pannecé. — Un laïque et les sœurs du Tiers-Ordre instruisaient les enfants, en 1683 (¹).

Paulx. — Un séculier, en 1686, enseignait à lire et à écrire, moyennant un salaire de 5 sous par mois (²). Il était capable de donner des leçons de latin.

Pellerin (le). — Pierre Bon fils, prêtre de la congrégation de l'Oratoire, voulait que le bourg du Pellerin eût l'avantage de posséder une école charitable de garçons tenue par les frères de Saint-Yon. A cet effet, il laissa un legs important, d'une valeur de 400 livres de revenu au moins, par son testament du 17 octobre 1726. Sa donation comprenait quatre maisons entourées de jardins, sises au bourg et affermées ensemble 229 livres, deux rentes foncières montant à 68 livres et le tiers de la vendange sur 37 hommées de vigne (³). La communauté des Frères n'ayant pas jugé la fondation suffisante pour entretenir deux maîtres et renoncé à l'offre qui lui était faite, le général de la paroisse appela un régent laïque. Il y a un arrêté des habitants du 27 décembre 1739 qui établit la moitié de l'école au bourg, sans nous faire connaître dans quel village se trouvait la succursale ; il y est stipulé que le maître sera révocable au premier mécontentement. Louis Blot est peut-être celui qui enseigna le plus longtemps au Pellerin. Il fut admis sur le certificat du curé et sur le vu d'un mandement de l'évêque, en 1768, et au bout de quatre ans, quand on voulut le destituer sans raison valable, il obtint du Présidial de Nantes un arrêt de maintenue le 23 juin 1773. Pour répondre à l'appel de M. Rosset de Fleury, abbé commendataire de l'abbaye de Buzay et le

---

(¹) *Livre des visites du climat d'Ancenis.*
(²) *Livre des visites du climat de Retz.*
(³) Carton *instruction*. (Arch. départ., L.)

bienfaiteur du pays, il alla s'établir quelque temps après au village de Launay, afin d'instruire les enfants de Rouans et ceux du Pellerin qui étaient trop éloignés du bourg. Il y demeura aux gages de ce prélat, c'est-à-dire avec un traitement de 200 livres par an jusqu'en 1780, époque de la mort de M. de Rosset. Le *Brevet du recteur* de 1781 nous apprend que l'école du bourg subsistait en même temps que celle de Buzay (1). Les filles, elles aussi, avaient deux maîtresses zélées qui les instruisaient au centre de la paroisse, et les jeunes gens qui se destinaient aux études supérieures prenaient des leçons de latin chez un maître habile qu'on ne nomme pas.

Louis Blot rentra à l'école du bourg le 22 mai 1785 avec l'agrément des habitants et s'y maintint sans reproches jusqu'aux troubles causés par la constitution civile du clergé. Comme il refusait d'assister à la messe du clergé assermenté, la municipalité le révoqua le 6 novembre 1791, bien qu'il eût prêté serment de fidélité à la Constitution et qu'il fut âgé de 54 ans (2). Un laboureur, nommé Jean-Louis Gauthier, le remplaça.

Petit-Mars. — En 1683, le vicaire était disposé à enseigner, mais aucun enfant ne se présentait (3).

Pierric. — Le *Brevet du recteur* de 1783 porte que la paroisse n'avait pas d'école (4).

Plaine (la). — Il y avait une école pour les garçons, en 1781 (5).

Plessé. — Il existe un procès-verbal d'assemblée des habitants de la paroisse, de 1482, au bas duquel figurent

(1) *Brevet du recteur de 1781.* (Arch. départ., G.)
(2) *Carton Instruction.* (Arch. départ., L.)
(3) *Livre des visites du climat d'Ancenis.*
(4) Arch. départ., G 56.
(5) Ibidem.

32 signatures de la plus belle main, qui font le plus grand honneur au maître G. Strabon qui, lui aussi, a signé l'acte avec son titre de régent des écoles de la paroisse. Au XVIIIe siècle, en 1783 du moins, Plessé n'avait plus de maître (1).

Pontchâteau. — Comme Ancenis, Châteaubriant, Guérande et Nantes, la paroisse de Pontchâteau aurait voulu posséder un couvent d'Ursulines où l'instruction chrétienne fût offerte gratuitement aux filles. Elle exprima ce vœu dans une assemblée tenue en 1686, et fut assez heureuse pour obtenir quelques religieuses de cet ordre (2). L'établissement ne prit pas de racines dans le pays, il lui fallait, pour se soutenir, plus de ressources que n'en contenait la petite ville de Pontchâteau. M. du Cambout, évêque de Metz, duc de Coislin, effaça le souvenir de cet insuccès en affectant une part de ses largesses posthumes à une institution de même nature. L'intention de ce prélat était de favoriser surtout les écoles de filles ; mais quand ses dispositions testamentaires furent soumises à l'Évêché, il fut convenu que son legs de 4,000 livres serait partagé par moitié au profit des garçons. L'ordonnance interprétative du vicaire général est du 13 novembre 1755, et pourtant le testament porte la date du 1er mai 1731 (3). On ne rencontra pas de suite un prétendant capable de remplir les fonctions de régent. Charles Giraud, qui se présenta le 30 octobre 1757, fut agréé par le général des habitants et eut l'assurance qu'une somme de 260 livres lui serait comptée chaque année pour ses gages. De plus,

---

(1) Arch. dép., E 340. — *Brevets*, série G.
(2) *Délibérations* de 1686, f° 8. (Arch. de la mairie.)
(3) *Délibérations du général* de 1757 à 1766, f°s 16 et 20. (Arch. de la mairie.)

l'assemblée paroissiale l'autorisa à prélever trois sortes de taxes sur ses élèves : 6 sous par mois sur les enfants apprenant simplement à lire, 12 sous sur ceux qui liraient en latin et en français, et 18 sous sur ceux qui prendraient des leçons de latin. En retour de ces avantages, il s'obligeait à instruire gratuitement les enfants mâles des familles non inscrites au rôle de capitation (1).

Le fermier des droits de contrôle et d'amortissement ayant adressé à la paroisse une contrainte en paiement de 866 livres, à raison de cet établissement d'école, les habitants répondirent que la fondation n'avait pas d'assiette fixe, qu'elle dépendait de leur zèle pour le bien public et que la rétribution votée était destinée à procurer l'instruction gratuite aux pauvres, suivant le vœu exprimé par le Roi dans sa déclaration de 1724.

La dotation réservée à l'école des filles se composait d'un capital de 2,000 livres, soit 100 livres de rente ; cette somme n'était pas suffisante pour faire vivre les deux maîtresses qu'on se proposait d'appeler à Pontchâteau. Par une délibération du 4 décembre 1763, le général de la paroisse décida que les personnes chargées de l'instruction des filles recevraient ensemble 178 livres par an. Perrine Riot et Françoise Geoffroy furent les premières admises à remplir ces fonctions. Comme elles se nommaient « maîtresses des petites écoles de charité des filles, » il y a lieu de croire que la majeure partie de leurs élèves appartenaient à la classe indigente (2).

Perrine Riot fut remplacée vers 1770 par Anne et Jeanne Orain (3).

(1) Ibidem.
(2) *Délibérations de 1757 à 1766*, f° 77.
(3) *Délibérations de 1767 à 1779.*

Pont-Saint-Martin. — En 1689, le vicaire de la paroisse se chargeait d'instruire les garçons (1).

Pornic. — Il faut parcourir les registres des délibérations du bureau de l'hôpital de Pornic, pour trouver les commencements des petites écoles de cette ville. On y voit qu'une D^{lle} Louise Drouet, domiciliée à Versailles, mais originaire du pays, sans doute, laissa une somme de 1,500 livres pour la dotation des petites écoles charitables de Pornic (2). L'hôpital étant chargé de dettes, la Cour du Parlement autorisa les administrateurs, par arrêt du 10 septembre 1748, à revendiquer le montant de ce legs, par préférence à tous autres. On entra en négociations avec les héritiers de la donatrice, et après liquidation, le legs se trouva réduit à la somme de 1,304 livres, qui fut prise à constitut par le receveur de l'hôpital, moyennant une rente de 65 livres 4 sous. La première maîtresse élue fut la D^{lle} Olivier qui, pendant longtemps, fit la classe dans une maison fournie par l'assemblée paroissiale. Lorsqu'elle devint sourde, en 1783, les sœurs de l'hôpital lui offrirent un logement près d'elles et se chargèrent de la direction de son école. En retour, les paroissiens renoncèrent à la jouissance de l'immeuble où ils avaient installé la classe (3).

Port-Saint-Père. — Les paroissiens donnèrent au XVIIe siècle une petite maison avec jardin pour loger le maître d'école, à la condition que les écoliers chanteraient l'antienne de la Vierge à l'église. Les pauvres étaient reçus gratuitement, en 1686. Faute de ressources, l'école restait fermée en 1761 (4).

(1) *Livre des visites pastorales.* (Arch. départ., G 54.)
(2) On associe aussi à cette bonne œuvre le nom de Marie Laubier. (*Délibérations de 1749, f°s 37, 40 et 41.*)
(3) *Délibérations de 1783, f° 13.* — Comptes de 1787.
(4) *Livre des visites du climat de Retz, G 54.* — *Brevets des recteurs, G 56.*

Pouillé. — Un prêtre de chœur était disposé à enseigner, en 1683, mais aucun enfant ne se présentait. Le recteur Thobye, qui demeura dans la paroisse de 1760 à 1791, faisait des clercs. Il avait quatre écoliers chez lui en 1770 (1).

Remaudière (la). — Une maîtresse enseignait en 1780 (2).

Rezé. — Au XVII° siècle, les filles et les garçons de Rezé étaient rassemblés dans la même classe pour assister aux leçons du sieur Robardeau, maître d'école. Une ordonnance de l'archidiacre Binet le contraignit de cesser et de prendre deux locaux séparés (3). Madeleine Fruneau de la Simonnière, veuve Belordeau, voyant que les filles pauvres étaient laissées dans l'ignorance, leur consacra une partie de sa succession. Elle légua, en 1763, un constitut de 2,873 livres sur les chanoines de la collégiale de Notre-Dame de Nantes qui rapportait 105 livres de rente (4). Le général de la paroisse de Rezé s'étant réuni en 1770, pour prendre connaissance de cette fondation, l'accepta et nomma de suite une maîtresse qui prit la direction de l'école de charité (5). Un *Brevet du recteur de 1781* ne mentionne pas moins de quatre écoles entretenues à cette époque dans la paroisse de Rezé. Les garçons pouvaient aller, soit à Pont-Rousseau, soit à Trentemoult, et les filles avaient le choix entre la maîtresse de Trentemoult et celle du bourg de Rezé (6).

Rouans. — Louis Blot recevait de l'abbé de Buzay,

---

(1) *Livre des visites du climat d'Ancenis*, G 53. — *Registre paroissial*, f° 49.
(2) *Brevets des recteurs*, G 57.
(3) *Visites du climat de Retz.* (Arch. départ., G 51.)
(4) *Brevet de visite de 1763.* (Ibidem.)
(5) *Registre de la fabrique de 1770.* (Arch. de Rezé.)
(6) *Brevet de visite de 1781.* (Arch. départ., G 57.)

Rosset de Fleury, 200 livres pour tenir une école au village de Launay. Il exerça son zèle de 1773 à 1785. On sait qu'à Buzay même il y avait un maître, en 1789, qui se nommait Jean Gontière, et on croit qu'il était aux gages des religieux (¹).

Rouxière (la). — Cette paroisse est une de celles qui reçurent les visites et les soins des sœurs de Plérin, appelées en juillet 1733 par le président de Cornulier, pour tenir les écoles et soigner les malades sur les terres de son marquisat de Château-Fromont (²).

Ruffigné. — Les cordeliers de Teillay tenaient des écoles dans cette paroisse. Ils parcouraient les campagnes, dit l'abbé Goudé, et faisaient lire les enfants (³).

Saffré. — Nicolas Brossaud, prêtre, est qualifié *magister* de Saffré, en 1531, dans deux actes de reconnaissance de rente. Bertrand Géraud, sieur du Houssay, déclare qu'il lui doit une rente de 20 sous à lui et à ses successeurs ; et les enfants de Macé de Losche, la même année, viennent s'engager à lui payer aussi, chaque année, une rente de 25 sous. Ces deux rentes avaient été léguées au maître d'école de Saffré, par le recteur Jean Cochetel, quelques années auparavant (⁴). La classe se faisait au bout des jardins de la cure, dans une maison de laquelle dépendait un pré de 2 journaux. Elle fut transférée plus tard, par voie d'échange, dans une maison située dans la rue ès-Belon. On a la preuve que la paroisse avait une école

---

(¹) Carton *instruction*. (Arch. départ., L, dossier du Pellerin.) V. aussi *Brevets des recteurs*, G 57.

(²) *Table du reg. du secrét.* (Ibidem, G 63.)

(³) *Histoire de Châteaubriant.*

(⁴) *Inventaire des titres du château de Saffré*, 1780. (Cabinet de M. Bretaud-Billou.)

ouverte, en 1654 et en 1726 (¹). L'évêque de Nantes, voulant assurer un traitement convenable au titulaire, accorda la réunion du bénéfice de Sainte-Marguerite, dont le temporel valait environ 350 livres ; cependant on ne trouva pas de suite un maître pressé de jouir de cette rétribution. Le prêtre qui prit alors la direction de l'école n'arriva qu'en 1752 et les filles n'avaient pas encore de maîtresse, en 1755 (²).

Saint-Aignan. — La première dotation établie en faveur des écoles de Saint-Aignan est antérieure à l'année 1680, elle était de 150 livres de rente. L'archidiacre visiteur, qui passa dans cette paroisse, en 1686, relate que deux instituteurs instruisaient alors la jeunesse, et il omet de remonter à l'origine de l'institution (³). Nous sommes mieux éclairés sur la fondation de l'abbé Georges Couet, recteur de Saint-Aignan. Ce prêtre légua, vers 1707, une maison, avec jardin, sise au lieu des Agots, et deux journaux 178 cordes de terre, aux environs, pour l'entretien de l'école charitable des garçons de cette paroisse (⁴). L'acte ne fut confirmé à l'Evêché que le 6 novembre 1723, et pourtant on voit dans les registres de délibérations que, dès 1717, les habitants étaient en possession de leur école gratuite (⁵). Les deux derniers maîtres nous sont connus : l'abbé Etienne Soret, qui enseignait au milieu du XVIIIe siècle, quitta la paroisse de Saint-Aignan, vers 1766, pour aller remplir les fonctions de vicaire au Pont-Saint-Martin (⁶). Comme l'abbé Coudrain, alors recteur de

---

(¹) Arch. de la cure de Saffré.
(²) *Brevets des recteurs.* (Arch. dép., G 57.)
(³) *Livre des visites du climat de Retz.*
(⁴) *Livre des délibérations du général.* (Arch. de la fabrique.)
(⁵) *Table des reg. du secrét de l'Evêché.* (Arch. dép., G.)
(⁶) *Délibérations du général*, f⁰ 8.

la paroisse, ne se pressait pas de pourvoir à son remplacement, les paroissiens, réunis en assemblée, lui rappelèrent que le droit de nommer le régent de l'école leur appartenait et qu'il y avait urgence de donner un maître aux enfants. Sébastien Sencié, laïque, fut agréé par le recteur et les habitants, en avril 1768, et vécut en bonne intelligence avec son curé, pendant 13 ans. Il lui fut moins facile de s'entendre avec l'abbé Bertaud, qui avait des principes très absolus en pédagogie et n'admettait pas qu'on se dérobât à sa tutelle. Loin de céder, il brava la persécution en s'appuyant sur l'assemblée des paroissiens qui toujours le défendit à l'Evêché. Trois fois, il obtint la confirmation de sa charge sans apaiser l'irritation de l'abbé Bertaud. Celui-ci, ne pouvant le destituer de ses fonctions, essaya de le discréditer en le tournant en ridicule. Il fit une chanson que tout le monde chanta, répéta partout qu'il était ignorant et se fit lui-même instituteur de la jeunesse, pour détourner les enfants de sa classe. Découragé par une guerre aussi opiniâtre, le sieur Sencié offrit ses services au recteur de Saint-Sébastien. Quand l'abbé Bertaud vit que son adversaire allait s'éloigner, il changea de tactique et l'abusa en demandant aux paroissiens de ne pas le laisser partir sans récompense, puis il revint à ses anciens procédés et le tracassa de nouveau, à propos de l'administration du temporel de l'école. Sur ce dernier point, au moins, le curé avait raison. Entre ses mains, les héritages laissés par le fondateur Couet avaient perdu une grande partie de leur valeur. Après avoir rapporté 450 livres de rente, en 1768, ils ne produisaient pas plus de 200 livres, en 1791, par suite de sa négligence. Ce reproche est nettement formulé dans le mémoire que les officiers municipaux de Saint-Aignan adressèrent à l'administration centrale (1).

(1) Carton *de l'instruction*. (Arch. dép., L.)

Saint-Colombin. — En 1685, le vicaire et une fille remplissaient les fonctions d'instituteur et d'institutrice (1).

Saint-Etienne-de-Mont-Luc. — Pierre Michel, prêtre de Saint-Etienne, dit, dans sa déclaration de 1790, qu'il était chargé, depuis 45 ans et plus, des petites écoles de la paroisse et qu'il recevait, à titre d'émoluments, des religieux de Buzay, la somme de 200 livres (2).

Saint-Géréon. — Les filles de la paroisse n'avaient pas une grande distance à franchir pour se rendre chez les Ursulines de la Davraie, bien qu'elles fussent aux portes d'Ancenis.

Saint-Herblon. — Cette paroisse est une des trois qui furent desservies par les religieuses du Saint-Esprit de Plérin, appelées par le président de Cornulier, marquis de Château-Fromont, en juillet 1733 (3).

Saint-Julien-de-Vouvantes. — Julien Rouger, prêtre de chœur de la paroisse, était chargé par la fabrique de tenir l'école des petits garçons, et recevait pour honoraires la somme de 30 livres. Son salaire est inscrit sur le registre de comptes de 1610 (4). La fabrique reçut d'un bienfaiteur inconnu une maison avec jardin, qui devait uniquement servir au logement du *magister* des garçons, et qu'on nommait dans le pays le Collège. En 1724, le vicaire Gabriel Foucher fut mis en possession de cette fondation, à la condition d'y faire la classe (5). Il y demeura 25 années, et, quand il vit que la paroisse négligeait d'entretenir la maison, il l'abandonna, pour se loger ailleurs. Dans leur réunion du 11 février 1753, les mar-

(1) *Livre des visites du climat de Retz.* (Arch. dép., G 54.)
(2) *Liasse des bénéficiers.* (Arch. dép., I. clergé.)
(3) *Table du secrét. de l'Evêché.* (Ibidem, G 63.)
(4) Arch. de la fabrique. Ce maître mourut en 1657.
(5) *Registre paroissial de la cure*, 1724.

guilliers se plaignent que ledit abbé retient les clefs depuis 8 ans; ils constatent que la maison est en danger de tomber et qu'il est nécessaire de prendre des mesures pour « faire
» le bien commun de la jeunesse (1). »

Saint-Léger. — Voir Bouaye.

Saint-Lumine-de-Clisson. — La paroisse n'avait aucune école, en 1680 (2).

Saint-Lumine-de-Coutais. — Un laïque instruisait les garçons, en 1680 (3).

Saint-Mars-du-Désert. — Le vicaire tenait l'école, en 1683 (4).

Saint-Mars-de-Coutais. — En 1686, deux instituteurs laïques instruisaient les enfants (5).

Saint-Même. — Le vicaire remplissait les fonctions de maître d'école, en 1689 (6).

Saint-Nazaire. — La paroisse de Saint-Nazaire eut la bonne fortune de rencontrer, au commencement du XVIIe siècle, deux généreux paroissiens qui voulurent ouvrir les petites écoles du pays aux enfants des plus pauvres familles. François Bertrand et Marguerite Verdeau ne fondent pas une institution nouvelle, ils augmentent seulement les honoraires des régents, afin qu'ils réservent des places gratuites sur leurs bancs. Voici les termes dont ils se servent, dans l'acte du 8 mai 1627, par lequel ils constituent, dès leur vivant, une rente de 50 livres à cet effet :
« Pour le désir qu'ils ont de l'avancement de l'instruction des
» enfants et jeunesse de la paroisse de Saint-Nazaire aux

---

(1) *Livre des délibérations de 1739-1755, fo 71.*
(2) *Livre des visites du climat de Clisson.*
(3) *Livre des visites du climat de Retz.*
(4) *Livre des visites du climat d'Ancenis.*
(5) *Livre des visites du climat de Retz.*
(6) *Ibidem.*

» bonnes lettres, ils donnent à jamais, sur leurs héritages, la
» somme de 50 livres tournois de rente annuelle au régent
» ou aux régents qui *tiendront l'escolle* et enseigneront
» les enfants et jeunesse, et *spéciallement les pauvres,* au
» lieu et paroisse de Saint-Nazaire, pour aider à les sala-
» riser (1). » L'abbé Jean Mottais, qui remplissait alors les
fonctions de régent, fut agréé par les époux Bertrand, dès
l'année 1628 ; il reçut d'eux le produit de la fondation,
avec l'assurance que les annuités suivantes lui seraient
également comptées. Il fut convenu que son remplaçant,
en cas de décès ou de démission, serait élu par le recteur,
d'accord avec « douze des plus notables et apparants de la
paroisse » et les héritiers desdits bienfaiteurs. Les charges
imposées étaient les suivantes : une messe basse tous les
vendredis, un salut chanté en l'honneur de la Vierge, chaque
jour de l'année, avec une antienne et un *libera.*

Au XVIIIe siècle, l'enseignement se soutint à un degré
honorable. On voit, par exemple, en 1782, un curé qui,
non content des écoles du bourg, voulait encore entretenir
des maîtres dans les villages. Il demanda à son évêque un
septième prêtre pour régenter la jeunesse dans l'une des
frairies de sa paroisse. Au village de Saint-Sébastien, l'abbé
Jacques Breny, originaire d'Escoublac, remplissait les
doubles fonctions de chapelain et de maître d'école, en 1782.
Dans le bourg de Saint-Nazaire, les garçons avaient deux
maîtres : les sieurs Pierrot et Durand (2). Ce dernier était
seul, en 1787. Dans le même temps, l'école des filles était
dirigée par une femme, nommée la Pomelin. Tels sont les
noms que j'ai pu recueillir dans les archives de Saint-
Nazaire.

(1) *Registre paroissial.* (Arch. de la fabrique.)
(2) *Brevets* de 1782, 1784 et 1787.

Sainte-Opportune, près Saint-Père-en-Retz.
— Sur la paroisse Sainte-Opportune, j'ai une citation instructive du XVIᵉ siècle : « Natalis Baconnais et le maître des écoles, dit un procès-verbal de 1554, se sont frappés (1). » Cette querelle, quoique peu édifiante, est un fait heureux, car sans elle nous ne connaîtrions peut-être pas les écoles de ce pays. Si le visiteur de l'Evêché a pris la peine de la noter sur son cahier, il faut en conclure que le délit relevait de l'officialité, et, par conséquent, que le maître était dans les Ordres.

L'abbé Pondavi, recteur de la même paroisse, vers 1710, a eu soin de consigner dans le registre de la fabrique qu'il réunissait le plus d'enfants qu'il pouvait autour de lui, pour leur faire la classe. Il leur apprenait à lire, à écrire, et les appliquait surtout à la traduction du latin. Ses notes engagent ses successeurs à l'imiter. Il donnait parfois à manger à ses écoliers, attention, dit-il, qui touche beaucoup les parents (2). Vers 1785, les enfants avaient pour instituteur un sieur Debucan, originaire de Paris (3).

Saint-Philbert-de-Grand-Lieu. — Le livre des visites de 1689 relate que le régent de la paroisse faisait tenir les petites écoles de Saint-Philbert, par un laïque, nommé Mathurin Deschamps, qui se logeait dans une maison fournie par les habitants (4). Il avait de nombreux rivaux qui lui enlevaient la plupart de ses élèves. Il s'en plaint à l'archidiacre ; il déclare qu'il a peu d'écoliers et qu'il ne peut en faire de bons « attendu le nombre de gens

---

(1) *Cahier des visites de 1554.* (Arch. dép., G.)
(2) *Registre de la fabrique de 1710.* (Arch. du presbytère.)
(3) Arch. dép., série G.
(4) *Livre des visites du climat de Retz*, fº 175. (Arch. dép., G 54.)

« qui se mesloient de tenir des écoles quoiqu'incapables
» et sans autorisation du seigneur évêque (1). » Les écoles
de filles sont mentionnées dans le même livre sans indication de qualité sur la maîtresse.

En 1761, plusieurs femmes, dit le brevet du curé, se livraient à l'instruction des filles, et dans le même temps on voyait dans les villages écartés des filles qui apprenaient à lire à leurs sœurs et à leurs compagnes. En 1777, la paroisse n'avait, pour tout maître d'école, que le sacristain, pendant que deux demoiselles faisaient la classe (2).

Saint-Sébastien. — Marie Van den Busche, par testament du 15 janvier 1751, légua le tiers de ses biens aux recteurs et aux paroissiens de Saint-Sébastien, à la charge d'entretenir une école gratuite de filles. L'acceptation est du 3 octobre 1763. Il fut convenu que les parents de la fondatrice seraient priés de désigner un trésorier et une maîtresse. Les fonds montant à 7,200 livres furent placés entre les mains des religieux de l'abbaye de Saint-Gildas, qui, le 3 février 1779, souscrivirent un constitut de 288 livres au nom de la « nouvelle école de charité (3). » Cet établissement n'était pas cependant très récent, car il est question ailleurs, dans les liquidations de créances des corporations, d'une autre rente de 24 livres 15 sous pour laquelle un titre nouveau fut passé le 29 décembre 1769, au profit de la même école, devant maître Rendu, notaire à Paris. Dans les délibérations du district, ces écoles sont nommées les *petites écoles de charité* du faubourg de Biesse, ce qui ferait croire qu'elles étaient sur le territoire de la ville de Nantes (4).

(1) Ibidem.
(2) *Brevets du recteur de 1761 et de 1777.* (Arch. dép., G.)
(3) *Minutes du notaire Fresnel, 1779.* (Etude de Me Guiton, à Nantes.)
(4) *Registre des arrêtés de 1791*, vol. 1, fo 61. (Arch. dép., Q.)

On ne peut pas confondre celles-ci avec la maison que les Sœurs de la Sagesse fondèrent, rue Dosdane au faubourg de Pirmil, en 1773. Cette dernière est parfaitement distincte de la précédente (1).

Sautron. — Le sieur Pignot, instituteur laïque, instruisait les enfants en 1779, leur donnait le bon exemple, dit le recteur, et faisait habilement la classe (2). Il avait des pensionnaires et des externes, tant il inspirait de confiance aux parents. Quand il fut inquiété, en 1793, il déclara que sa pension, toujours nombreuse, était établie depuis 18 ans (3).

Savenay. — On a la certitude que l'enseignement élémentaire existait à Savenay au milieu du XVe siècle. Cette conviction s'appuie sur l'acte de fondation de l'aumônerie de Saint-Armel de Savenay, qui est de l'année 1450, et dans lequel Jean de Château-Giron, le fondateur, règle les obligations de l'administrateur de la maison (4). Ce bienfaiteur, après avoir demandé une messe annuelle dans la chapelle de Saint-Armel, exprime le désir que cette cérémonie soit relevée par la présence du maître d'école et de ses écoliers. Les enfants, dit-il, se rendront de l'école à l'église, deux par deux, et chanteront en allant et en revenant, des cantiques, comme les jours de procession solennelle. Ils assisteront à la messe et chanteront l'office ; les plus habiles recevront 6 deniers et les autres auront seulement 2 deniers. Jean de Château-Giron, recteur de Savenay, était bien informé ; il n'est donc pas admissible qu'il

---

(1) *Inventaires de titres et de mobilier des communautés de femmes,* 1792. (Arch. départ., Q.)

(2) *Brevets de visites.* (Arch. départ., G 57.)

(3) Arch. dép., série L.

(4) *L'assistance publique dans la Loire-Inférieure,* par Léon Maître, 1 vol. in-8º, p. 215.

ait établi ces prescriptions avant que sa paroisse ait été pourvue d'une école.

Ne peut-on pas fonder les mêmes inductions sur l'existence du collège qui fut créé, en 1601, par le chanoine Julien Pageot, recteur de Savenay. On se demande comment ce prêtre, si dévoué aux progrès intellectuels de ses paroissiens, a pu penser à leur procurer l'instruction supérieure, si les leçons élémentaires leur manquaient. Son projet de créer un collège implique que les enfants étaient formés par un maître d'école, à la lecture et à l'écriture. On ne donne pas le superflu à ceux qui manquent du nécessaire.

Pour l'école des filles, nous avons des documents positifs et irrécusables. René de Lopriac, marquis de Coëtmadeuc, baron de La Roche en Savenay et vicomte de Donges, en augmentant la dotation de l'aumônerie de Saint-Armel, eut soin de stipuler qu'il réservait une rente de 150 livres en faveur d'une fille hospitalière, à la condition qu'elle consacrerait une partie de son temps à l'instruction des filles. Sa donation est du 2 avril 1699. Mlle de Linne fut la première gouvernante chargée de l'exécution de ses volontés et elle s'acquitta si bien de sa mission, qu'en 1705 elle mérita une augmentation d'honoraires. Nous ignorons les services que rendirent les personnes qui lui succédèrent ; Mlle Génaudau, qui vivait en 1758, s'est surtout distinguée par son esprit d'indépendance [1]. En 1778, trois filles se présentèrent pour remplir les fonctions d'hospitalières sans réclamer d'autre pension que la rente de 150 livres léguée par R. de Lopriac, promettant de travailler pour vivre si le loge-

---

[1] *L'assistance publique dans la Loire-Inférieure*, 1 vol. in-8°, p. 201, 202.

ment leur était fourni. Quand leurs propositions furent acceptées, l'une d'elles remplit les fonctions de maîtresse d'école. Le goût de l'enseignement n'était pas rare à Savenay ; plusieurs personnes se mêlaient de faire la classe aux enfants sans s'être munies d'une autorisation de l'Évêché. C'est le curé lui-même qui le déclare dans son brevet de 1783.

Soudan. — Le dénombrement des habitants de Soudan, dressé en 1716, indique qu'à cette date il existait au bourg une école de filles, tenue par une demoiselle nommée Marie Aubin, âgée de 30 ans. Du maître d'école, il n'en est pas fait mention, parce que la paroisse n'avait sans doute pas les ressources nécessaires pour ouvrir une école de garçons. Aucun bienfaiteur n'étant venu offrir le concours de ses générosités, les habitants, réunis en assemblée générale, le 18 mars 1770, convinrent qu'il était urgent de combattre l'ignorance et chargèrent deux procureurs d'adresser une requête à l'Évêché pour obtenir la réunion d'un bénéfice ecclésiastique. La chapellenie des Beucherons, desservie dans l'église de Soudan, était vacante par suite du décès du sieur Gasnier, prêtre, titulaire. Les marguilliers s'empressèrent de demander que les revenus fussent appliqués à l'entretien d'un maître d'école et leurs vœux furent exaucés. M. Mauclerc de la Musanchère, évêque de Nantes, par une ordonnance en date de juin 1770, prononça la réunion du bénéfice des Beucherons à la fabrique, à la condition qu'elle acquitterait les charges du bénéfice, soit dix messes par an, et gagerait un maître d'école qui serait prêtre, autant que possible (¹).

Faut-il en conclure que Soudan a eu son école comme les autres paroisses ? Je suis tenté de répondre oui, bien

---

(¹) Arch. de la fabrique de Soudan.

que je n'aie aucune preuve directe sous la main. Les marguilliers n'ont pas agi à la légère : leur démarche semble démontrer qu'ils avaient déjà certaines ressources assurées et qu'ils n'attendaient plus que la décision épiscopale pour créer l'institution dont leurs enfants avaient besoin.

Sucé. — En 1780, la paroisse n'avait pas d'école (1).

Touches (les). — Le vicaire était maître d'école en 1683. Il avertit les paroissiens qu'il prendrait 5 sous par mois, pour les leçons de lecture et 10 sous pour les leçons d'écriture (2). En 1777, les enfants n'avaient plus de maître (3).

Touvois. — Aucune école en 1683 (4).

Trans. — Aucune école en 1683 (5).

Treffieux. — Aucune école en 1783 (6).

Vallet. — De même qu'on voyait des maîtres d'école enseigner le latin, comme à Vay, il existait aussi des régents de collège qui étaient chargés de donner aux enfants l'instruction élémentaire. Le fondateur du collège de Vallet, l'abbé René Le Peigné, a certainement eu en vue l'entretien d'une classe primaire, quand il a imposé au principal l'obligation *d'instruire les vrais pauvres* de Vallet, sans exiger d'eux aucun salaire (7). Suivant les termes des considérants développés dans les lettres de création du bureau de charité, l'instruction gratuite était l'objet principal de ce collège (8). Quand cet établis-

---

(1) *Brevet du recteur.* (Arch. dép., G 57.)
(2) *Livre de visites du climat d'Ancenis.* (Ibidem.)
(3) *Brevet du recteur.* (Ibidem.)
(4) *Livre de visites du climat de Retz.*
(5) *Livre de visites du climat d'Ancenis.*
(6) *Brevet du recteur,* G 57.
(7) *Titres du collège de Vallet* (G 111. Arch. dép.), voir aussi série D.
(8) *Mandements royaux,* vol. LVII, f° 217. (Arch. dép., B.)

sement fut supprimé en 1781, pour appliquer ses revenus au soulagement des pauvres, les leçons ne furent pas pour cela interrompues. Il est constaté dans un procès-verbal rédigé à la requête du recteur, que l'administration du bureau de charité a toujours pensé à prélever sur ses ressources ordinaires le salaire nécessaire à l'entretien d'un maître d'école à Vallet et que les émoluments payés ont été proportionnés aux talents de celui qui remplissait cet office (1).

Vay. — Les écoles de Vay n'ont été régulièrement établies que sous l'épiscopat de M. Turpin de Crissé de Sanzay. Ce prélat, par décret en date du mois de février 1739, réunit à la chapellenie de Notre-Dame du Carrefour deux petits légats : celui de la Couëre, qui se composait d'un pré et celui de la Robinetterie, duquel dépendaient un jardin, un emplacement de maison et quelques pièces de terre. Le bénéfice de Notre-Dame était le plus productif : il consistait en une maison avec jardin, pré et terres labourables ; le tout réuni pouvait valoir, suivant les termes des brevets de 1760 et de 1779, 250 livres de rente (2).

Le décret épiscopal portait que chaque enfant apprenant à lire paierait 5 sous par mois ; que les élèves composant des thèmes seraient taxés à 30 sous. Dans une assemblée capitulaire des habitants, il fut reconnu que ces honoraires n'étaient pas assez élevés. Le prix de la classe de lecture et d'écriture fut fixé à 15 sous, et le prix de la classe de latin à 40 sous par mois (3). Il devait

---

(1) Carton *instruction*. (Arch. dép., L.)

(2) *Brevets des paroisses, Vay.* — *Titres de la fabrique.* (Série G, Arch. départ.)

(3) Ibidem.

en être ainsi dans tous les endroits où le régent était prêtre ; l'instruction primaire et l'instruction secondaire marchaient de front sous le même toit.

Vertou. — A la fin du XVII⁰ siècle les filles et les garçons de Vertou étaient réunis dans la même classe, sous la direction d'un seul maître d'école : le fait est attesté par le procès-verbal de visite de 1680 (¹). Au siècle suivant, les actes font mention d'un bénéfice ecclésiastique nommé la Magisterie : le titulaire jouissait de la chapellenie de la Bresetterie (²). D'après le brevet de 1776, l'abbé Garreau en était titulaire à cette date. Il avait pour concurrent un laïque, M. Lamant (³). Les filles étaient instruites par Mlle Louise Martin. Il serait possible que le *magister* fût un professeur de latin, car le bâtiment, où se rassemblaient les écoliers à côté de l'église, s'appelait le *collège,* nom qu'on ne donne jamais aux petites écoles élémentaires.

Vieillevigne. — D'après un brevet du recteur de la paroisse de Vieillevigne, on sait qu'en 1740, les écoles de garçons et de filles étaient bien tenues (⁴). Le maître d'école vivait à l'aide du produit d'une fondation que nous trouvons signalée seulement dans une requête de 1792, rédigée par le régent Guigaut (⁵). Ce maître indique que les ancêtres de M. Leclerc de Juigné, seigneurs de Vieillevigne, avaient constitué une rente de 300 livres sur tous leurs domaines, et s'étaient réservés le droit de

---

(¹) *Livres des visites du climat de Clisson.* (Arch. dép., G.)

(²) *Rôle des bénéfices sujets aux décimes en* 1789. (Ibidem).

(³) *Brevets des paroisses.* Vertou. (Ibidem.)

(⁴) *Brevets de visite. Vieillevigne.* (Arch. dép., G.)

(⁵) Carton *instruction.* (Arch. dép., série L.) *Déclarations du clergé et des biens de main-morte.* (Ibidem, série Q.)

nomination. Cette dotation est désignée sous le titre de bénéfice de l'école dans la déclaration de 1790.

Vigneux. — Pierre de Launay, sieur de la Mostière, fils de Pierre de Launay, sieur de Vallay, est le premier bienfaiteur connu des écoles de Vigneux. Par son testament du 1er septembre 1604, il légua à la paroisse de Vigneux, son pays natal, une rente de 100 livres, à la condition que la moitié de cette somme servirait aux frais de célébration d'une messe par semaine, et l'autre moitié à l'entretien d'un régent. Pour se conformer à ses intentions, les écoliers devaient chaque soir, à la sortie de la classe, réciter la Salutation angélique devant l'autel de Notre-Dame.

Une assemblée composée du recteur, des prêtres de chœur et des principaux paroissiens, se réunit pour prendre connaissance de cette fondation. Tous les assistants déclarèrent que la famille de Launay était honorablement connue depuis plusieurs siècles à Vigneux, qu'elle avait répandu ses bienfaits sur la paroisse en plusieurs occasions, qu'elle avait obtenu la réduction d'un feu de fouage sous le règne du duc François II, et qu'en raison de ces motifs ils acceptaient volontiers les conditions du testament du sieur de la Mostière.

Le 14 novembre 1604, les héritiers de Pierre de Launay conclurent par devant notaire, un accord dans lequel ils s'engageaient à servir régulièrement la rente de 100 livres, et en retour, les prêtres de chœur et le recteur promirent de célébrer à perpétuité la messe demandée par le sieur de la Mostière. De son côté, le prêtre régent de la paroisse, Dom Pierre Bizier, comparaît dans l'acte, puisqu'il est intéressé dans le contrat pour la rente de 50 livres :

« Comme aussi promet ledit Dom Pierre Bizier, tenir

» l'escolle au bourg de ladite paroisse, instruire à son
» pouvoir les enfants d'icelle et autres qui y voudront aller,
» ès-bonnes lettres, mœurs et doctrine, et en la religion
» catholique, apostolique et romaine, comme il est porté
» par ledit testament (1). »

Le don de P. de Launay n'est donc pas une fondation d'école, c'est un encouragement donné à celui qui remplissait ce ministère de dévouement. Le *Registre des visites* de 1669 rappelle cette dotation, d'où il faut conclure que la paroisse n'en avait pas détourné la destination.

Vritz. — Un document de 1746 dit qu'un chacun se faisait un plaisir d'enseigner les enfants dans les villages, mais que le bourg ne possédait pas d'école publique (2). En 1755, la situation n'avait pas changé.

Vue. — Dans le brevet que le recteur de Vue présenta à l'évêque en 1781, il est relaté que la paroisse ne possédait aucune école, mais on omet d'indiquer qu'à une époque antérieure la situation était meilleure (3). Une déclaration féodale du curé qui vivait en 1753, nous apprend, en effet, que le presbytère possédait un emplacement de maison nommé la *Vieille école* (4). Un bienfaiteur inconnu avait doté la paroisse de Vue d'un logement, et les habitants n'avaient pas fait les sacrifices nécessaires pour l'entretenir. Nous n'avons pas trouvé ailleurs un exemple d'une semblable incurie.

---

(1) *Collationné du titre de 1604.* (Arch. de la fabrique de Vigneux.)
(2) *Brevets de 1746 et de 1755.* (Arch. départ., G.)
(3) *Brevets de visites. Vue.* (Arch. dép., G.)
(4) Arch. dép., E 518.

DEUXIÈME PARTIE.

LES COLLÈGES

DU

COMTÉ NANTAIS.

CONSIDÉRATIONS GÉNÉRALES.

L'instruction secondaire a été professée régulièrement et accessible à tous dans le diocèse de Nantes, à partir de l'établissement de l'Université de Nantes, c'est-à-dire depuis 1462.

Auparavant, les jeunes gens qui aspiraient aux carrières libérales étaient forcés de prendre isolément des leçons particulières chez des précepteurs, clercs ou laïques, ou de se rendre aux cours des Universités lointaines, notamment à Angers où il existait une nation bretonne [1]. Les premiers collèges où furent érigées des chaires de grammaire et de littérature s'ouvrirent, à Nantes, rue de Briord et rue Saint-Léonard. Il est probable que Guérande eut aussi ses professeurs d'humanités, vers le même temps, car l'usage d'élire un régent, parmi les chanoines de Saint-Aubin, remonte à une haute antiquité. Je suis tenté de croire que la collégiale de Clisson a aussi patronné une institution du même genre, mais je ne puis en apporter d'autre preuve que la vraisemblance. Ancenis eut un collège en 1543, Châteaubriant en 1567, Savenay en 1601, Vallet en 1617, le Loroux-

---

[1] Arch. de Maine-et-Loire, série D.

Bottereau et Saint-Philbert-de-Grand-Lieu, dans les années qui suivirent. Quant à celui de Machecoul, les documents ne nous permettent pas de lui assigner une origine antérieure aux précédents. Il résulte donc de cette nomenclature que le pays nantais ne renfermait pas moins de 10 collèges au milieu du XVIIe siècle.

Quand on connaîtra mieux l'état du diocèse, on pourra certainement indiquer d'autres agglomérations d'étudiants, on les trouvera, dans les presbytères, autour de certains recteurs, instruits et zélés. Les recherches ne seront pas infructueuses, surtout dans le champ du dernier siècle ; elles révèleront l'existence d'un bon nombre de petits collèges qui vivaient sous la tutelle de prêtres gradués dans les Universités. L'Eglise ayant eu l'heureuse inspiration de mettre les cures au concours, les licenciés et les docteurs devinrent très communs dans les presbytères de la campagne. Alors les leçons de latin furent à la portée de tous ceux qui manifestaient quelque goût pour la cléricature, et beaucoup de familles usèrent des avantages de cet enseignement. Qu'on consulte la tradition orale ou qu'on dépouille les manuscrits des paroisses, on arrive à cette conclusion que l'instruction secondaire n'était pas moins facile à acquérir que l'instruction primaire. J'en citerai des preuves à propos des lettres patentes qui confirmèrent la transformation du collège de Vallet en bureau de charité, en 1781. Le roi Louis XVI dit qu'il est inutile de conserver cet établissement, *attendu qu'il existe d'autres collèges à deux et trois lieues à la ronde*, où les parents aisés envoient leurs enfants; et cependant le collège voisin du Loroux était converti depuis vingt ans en bureau de charité. Quels étaient ces autres collèges ? Je ne vois que ceux de Vertou et de Clisson dans les environs.

Il m'est impossible, on le comprend, d'énumérer les

noms de tous ceux qui se livrèrent isolément à l'instruction de la jeunesse ; ce sera la tâche de mes successeurs : je me contente de leur donner l'exemple, en retraçant l'origine et les développements des établissements qui eurent le caractère d'institution permanente. Ici encore, nous allons retrouver l'influence prédominante du clergé et des fabriques, vivante au même degré que dans les écoles primaires. Le célibat étant obligatoire pour tous ceux qui se livraient à l'enseignement, il en résultait que la majeure partie des professeurs se recrutait parmi les membres du clergé. On ne voit paraître les laïques que sous les règnes de Louis XV et de Louis XVI. La congrégation de l'Oratoire est la seule qui fut admise à enseigner, dans notre pays, et encore n'eut-elle à diriger que le collège de Saint-Clément. Les autres maisons ont été, presque toutes, sous la conduite de prêtres séculiers. Les Jésuites, quoique établis à Nantes, ne professaient d'autre science que l'hydrographie, leur proscription n'a donc jeté aucun trouble dans l'organisation des maisons d'instruction du diocèse de Nantes.

Etant donné ce personnel, chaque régence devint aussi une chapellenie, chargée d'un certain nombre de messes, dont la célébration s'effectuait à l'église paroissiale, sous les yeux des marguilliers, choisis, le plus souvent, pour exécuteurs testamentaires. Toute largesse, en faveur des écoliers, entraînait nécessairement la création d'un service religieux, car on estimait qu'il en coûtait peu à un prêtre, obligé par état de prier, de s'acquitter de quelques oraisons au profit de celui qui augmentait ses moyens d'existence. Même dans les paroisses pourvues de municipalités, les bienfaiteurs des collèges, qui, en général, étaient des ecclésiastiques, préféraient confier leurs dons aux marguilliers et aux recteurs des paroisses. Il y a une remarquable uniformité de pensée entre les fondations charitables, les fondations des petites écoles et les fondations de collèges : les unes et les autres sont regardées comme des actes de bienfaisance, comme l'accomplissement d'œuvres pies, dont la compétence appartient aux fabriques. L'instruction, cette aumône de l'intelligence, est sur le même rang que les distributions de pain réclamées par les indigents affamés, et il semble alors naturel d'en déférer le patronage à ceux qui prennent soin des infortunés. L'assimilation était d'autant plus facile que, le plus ordinairement, l'acte de donation imposait l'obligation d'instruire gratuitement un certain nombre d'enfants. On sait qu'à Paris les bourses étaient très communes dans les collèges, mais la démonstration reste à faire dans les provinces ; les faits que j'ai recueillis attesteront que le principe de la gratuité s'est implanté, dès le XVe siècle, dans les mœurs de la Bretagne.

Le salut éternel étant la grande préoccupation de nos pères, les laïques n'étaient pas moins empressés que les prêtres à réclamer le secours des prières de leurs obligés. Ils demandaient que les enfants fussent conduits sur leurs tombes et employés à chanter quelques antiennes le jour anniversaire de leur mort. Cet usage touchant entretenait en eux le sentiment de la reconnaissance.

Les seigneurs et les municipalités, jaloux des prérogatives des fabriques, se sont efforcés de les supplanter, ils ont plus d'une fois réussi, quand les dotations sont devenues insuffisantes et quand leur appui est devenu indispensable pour sauver l'institution en péril. A Nantes, les deux collèges Saint-Jean et Saint-Clément étaient placés sous la double tutelle de la municipalité et de l'Université, parce qu'ils faisaient partie intégrante de la Faculté des Arts ; en dehors du chef-lieu du diocèse, les maîtres ne relevaient que des patrons qui les nommaient et, en dernier ressort, de l'Evêque, qui mettait son *visa* sur leurs provisions. En cas de désaccord sur l'exécution d'un traité, sur les questions de discipline, de capacité, de déchéance, les régents étaient, comme les simples maîtres d'école, justiciables des sièges ordinaires, et en appel des conseillers au Parlement. L'Evêque et son official ne prononçaient que sur les questions d'orthodoxie.

Quand une création relative à l'instruction publique était reconnue nécessaire, il ne venait à l'esprit de personne de s'adresser au fisc royal pour obtenir l'appui d'une subvention, les solliciteurs se tournaient toujours du côté de l'Eglise. Le pape Jean XXIII abandonna, en 1414, le produit de sa dîme triennale au duc de Bretagne, Jean V, afin de doter les professeurs qu'il convoquait à Nantes, et le pape Pie II accorda 4,000 saluts d'or pour le même objet (1). On sait qu'au XVIe siècle les ordonnances d'Orléans (1561) et de Blois ont invité le clergé à créer des prébendes préceptoriales qui devaient favoriser la renaissance des études. Il eût été intéressant de savoir ce qui a été fait, dans le diocèse de Nantes, en exécution de ces prescriptions, mes recherches, sous ce rapport, n'ont été qu'en partie satisfaisantes. La réunion de la cure de Saint-Julien-de-Vouvantes au collège de Saint-Clément ne peut en être la conséquence, puisqu'elle est de 1559; quant aux autres annexions de bénéfices accordées par les évêques aux collèges d'Ancenis, de Machecoul, de Savenay et de Vallet, elles sont presque toutes du XVIIIe siècle ; ce qui prouve que l'Etat, tout en reprenant d'une main les privilèges qu'il avait concédés aux gens d'église, pendant le Moyen-Age, continuait d'accepter de l'autre les dons que ceux-ci voulaient bien lui offrir, en vue de l'utilité publique.

(1) Arch. de la Loire-Inférieure, E 48.

Les actes du pouvoir royal relatifs à la police des collèges, sont très rares : le seul édit qui s'y rapporte directement est sorti au mois de février 1763. Il prescrit à chaque établissement, quel qu'il soit, l'obligation de rédiger un mémoire explicatif sur ses revenus, son organisation, les charges, le personnel, les classes qui le concernent, afin qu'il soit procédé, au besoin, à sa suppression ou à sa réforme. L'article 3 maintient les Cours et les juges dans la juridiction qu'ils exercent de temps immémorial sur le gouvernement des écoles, et l'article 6 ordonne que dorénavant tous les détails de l'administration intérieure seront réglés par un bureau composé de deux officiers de justice, de deux officiers municipaux, de deux notables, d'un ecclésiastique et du principal du collège, dans toutes les maisons non desservies par une congrégation régulière ou séculière, et non réglementées par les volontés formelles d'un fondateur. D'après l'article 19, tout règlement général dressé par les administrateurs devait être soumis à l'homologation de la Cour (¹). Le collège d'Ancenis est le seul qui ait eu à conformer son organisation aux prescriptions royales ; celui de Vallet fut condamné à disparaître, en 1781, à cause de la modicité de ses ressources, et les autres demeurèrent dans les conditions déterminées par les villes ou les particuliers qui les patronnaient.

(¹) La Cour indique ici le Parlement de Rennes.

CHAPITRE I.

—

COLLÈGE D'ANCENIS.

Le collège d'Ancenis a pris naissance au milieu du XVIe siècle. Sa fondation est due à la bienveillante inspiration d'un prêtre, nommé Jean Davy, qui, le 19 janvier 1543, légua à la fabrique d'Ancenis une pièce de terre, sise au Perray et une maison entourée d'un jardin, sise à Ancenis, rue des Prêtres, en exprimant l'intention qu'elle servit « à loger le chapelain ou régent, » prêtre ou non, qui tiendra les escolles au siège dudit » Ancenis. » Le régent sera élu en assemblée paroissiale, sous la présidence des marguilliers, il sera homme de bien et instruit. Il célébrera, chaque samedi, une messe de Notre-Dame, pour le repos de l'âme du fondateur, dans la chapelle Saint-Barnabé, lieu de sa sépulture, avec le concours des écoliers qui chanteront, et tous les ans il conduira les enfants sur sa tombe, pour leur faire chanter le cantique *Ave Maris stella*. Telles furent les conditions exprimées par l'abbé Davy dans son testament. Ces stipulations sont bien conformes aux mœurs du temps : on sacrifiait volontiers son bien aux œuvres pieuses, mais on tenait beaucoup à la reconnaissance de la postérité (¹).

Faut-il en conclure que la ville était dépourvue de tout enseignement avant cette fondation ? Nous n'y sommes pas autorisés. Il est possible que l'un des prêtres de la cure d'Ancenis, à l'exemple de beaucoup de ses confrères, se soit dévoué aux fonctions de maître d'école dans l'une des chapelles paroissiales ou dans une chambre louée. La charge d'instruire la jeunesse étant regardée alors comme un ministère sacré, il ne semblait pas inconvenant de l'exercer dans un édifice sacré. Jean Davy, en assurant un logement au maître des écoles d'Ancenis, nous indique seulement qu'il voulait relever sa dignité, stimuler son zèle et jeter les fondements d'une institution régulière et permanente.

Son exemple entraîna quelques imitateurs : en 1584, Isabeau Cotton légua 1,000 livres au prêtre régent, en lui demandant une messe par semaine, le 5 juillet 1585, Jean Lebreton, recteur d'Ancenis, donna une somme égale aux mêmes conditions, et en 1586, Guillemine de Clermont en fit autant. Ces 3,000 livres, colloquées en rentes hypothécaires sur des maisons d'Ancenis, équivalaient à une dotation de 150 livres de rente pour le titulaire du collège ; c'en était assez pour le faire vivre au XVIe et au XVIIe siècle, en supposant qu'il ne reçut aucune autre rétribution des familles, ce qui n'est guère admissible (²). N'y a-t-il pas une induction très plausible à tirer de ces donations répé-

---

(¹) *Mémoire de 1610.* (Arch. de la mairie.)

(²) Suivant une lettre de 1782, les régents auraient été autorisés à prélever 20 sous par mois sur chaque écolier. (*Lettre du maire*, série C, Arch. départ.)

tées dans une si courte période. L'empressement des bienfaiteurs semble attester que les siècles antérieurs n'avaient pas pourvu à l'entretien d'un maître, et qu'à Ancenis l'instruction des enfants dépendait de l'incertitude des entreprises particulières et du dévouement des vicaires de la paroisse.

Quels ont été les premiers régents qui ont dirigé l'école d'Ancenis, dans la seconde moitié du XVIe siècle ? Comment ont-ils rempli leurs fonctions ? L'absence des documents nous empêche de le dire, mais nous savons que les habitants ne cessèrent pas de s'intéresser au gouvernement du collège. Ils exercèrent sans trouble leurs prérogatives sur le personnel enseignant, ils firent acte de propriété sur la maison en construisant de nouveaux bâtiments à leurs frais et acquittèrent toutes les charges pendant 68 ans, sans rencontrer de difficulté.

« Il a plu à Dieu de tout temps, dit une requête à la
» baronne d'Ancenis, maintenir les habitants en concorde
» et union, sous l'authorité de deffunct monseigneur et la
» vôtre et auparavant, sans que jamais il y ait eu aucun
» discord ny division entre eulx... Ils ont fait bastir et
» construire ledit collège à leurs propres frais et despens
» et icelluy entretenu et payé les rentes depuis le don
» et fondation qu'en a fait à votre fabrique d'Ancenis
» et à eux, 68 ans sont et plus, deffunct Jean Davy,
» prêtre [1]. »

Cette heureuse paix fut troublée, en 1603, par l'esprit dominateur des officiers qui gouvernaient alors la baronnie d'Ancenis, notamment par le prévôt et le procureur fiscal. Leur autorité jalouse ne voulait pas que rien se fît en dehors de leur influence et de leur protection. Il ne leur

---

[1] *Requête de 1607.* (Arch. municipales, collège.)

suffisait pas que le candidat choisi par les habitants fût soumis à l'agrément du baron et de l'évêque; il fallait que les écoles d'Ancenis fussent sous leur patronage exclusif, comme dans la plupart des seigneuries. Ils jugeaient, sans doute, que la nomination des régents était une prérogative souveraine que le fondateur Davy n'avait pas pu attribuer à la fabrique. Une occasion s'étant offerte, en 1603, de faire valoir leurs prétentions, ils la saisirent avec empressement. Le sieur Michel Yves, prêtre, qui habitait l'école en 1603, n'ayant pas le don de leur plaire, fut condamné par une sentence du prévôt d'Ancenis (1604) à abandonner la place de régent, et à renoncer à la nomination qu'il tenait des habitants, malgré les droits de la baronne et de l'évêque, dit l'acte. Son remplaçant, le sieur Godeau, qui avait été élu comme lui, ne leur fut pas plus agréable. Après l'avoir desservi à l'Evêché, ils présentèrent un autre régent, nommé Mocquet, qui fut approuvé en 1607, à la condition qu'il aurait un adjoint.

Au moment d'installer ce dernier, une opposition énergique se manifesta dans la ville. Le régent et son sous-maître, condamnés à déguerpir l'établissement, répondirent aux injonctions par un refus, disant que leur office dépendait uniquement de la volonté des habitants, et en appelèrent au Présidial de la sentence rendue par le siège d'Ancenis.

Sans tenir compte de cet appel, le procureur fiscal invita les récalcitrants à vider la place et n'obtint aucune soumission. Le baron d'Ancenis, averti de leur rébellion, ordonna de mettre leurs meubles dehors. Muni de cette autorisation, le procureur fiscal, accompagné de deux sergents, se rendit au collège et trouva la porte fermée. Après avoir inutilement sommé le sieur Godeau d'ouvrir son logement, en l'appelant de la rue par son nom, ils entrèrent dans la classe, située au rez-de-chaussée, et entendirent des bruits de pas au premier étage. Ils renouvellent alors leurs appels sans plus de succès. Godeau, qui était sorti, rentre sur ces entrefaites et répond aux assaillants qu'il a interjeté appel. Les sommations recommencent et se heurtent aux mêmes refus. C'est alors qu'on va requérir un serrurier pour forcer la serrure. Godeau, sans se déconcerter, rit de cette tentative, il plaisante en disant que le siège ne durerait pas moins que celui de la Rochelle, qu'autant vaudrait parler à des Suisses, car la porte est barricadée en dedans avec des coffres et des bancs.

Devant cette résistance opiniâtre, le procureur fiscal prend une résolution extrême : il fait enlever un panneau de la porte et constate qu'elle est appuyée par une traverse et un marchepied. Les sergents pénètrent par la brèche, enlèvent les obstacles, fraient un chemin aux officiers et se trouvent devant une nouvelle porte fermée. Cette serrure est forcée comme la première et on aperçoit le sieur Lelay, sous-maître, abrité par une seconde barricade. Celui-ci se voyant menacé dans ses derniers retranchements, se rendit et sortit avec René Viau, écolier, qui était enfermé avec lui.

L'interrogatoire du procureur fiscal ne l'intimida point. Quand il lui demanda pourquoi il était en état de rébellion, il répondit qu'il ne le reconnaissait pas pour juge, qu'il ignorait par qui les barricades avaient été construites, et qu'il était inutile de faire une déposition devant un simple particulier. Deux habitants de la ville, René Guibourg et Gauvain, se présentèrent au même moment pour protester contre l'explusion dont les régents étaient victimes, et le firent inscrire au procès-verbal.

L'inventaire des meubles ayant été rédigé, Godeau et Lelay enlevèrent ce qui leur appartenait, et les trois clefs des chambres furent remises à Guillaume Mocquet qui s'installa de suite (1).

La lutte, qu'on croyait finie, recommença sous une autre forme. L'assemblée paroissiale était composée de notables qui n'étaient pas disposés à abdiquer leurs droits. Deux jours après l'épopée que nous venons de raconter, c'est-à-dire le premier dimanche qui suivit l'expulsion, Gauvain et Guibourg remirent un mémoire au curé de la paroisse, à la fin du prône, en le priant d'en donner lecture. Celui-ci ne voulant pas se mêler au conflit, Dom Pierre Rince, religieux cordelier, prit en main la protestation et il l'aurait publiée, si les fidèles n'étaient partis en procession vers le couvent de Saint-François. A la sortie de l'église paroissiale et à l'entrée du couvent, les officiers aperçurent affichés sur le mur des libelles diffamatoires contre le régent établi. Après l'offertoire de la messe qui fut célébrée aux Cordeliers, Dom Pierre Rince lut un avis invitant les habitants à s'assembler dans l'une des salles du couvent pour l'élection d'un régent. L'appel fut entendu. Des groupes entrèrent en pourparlers sous les cloîtres, après la messe, et se réunirent ensuite dans une chapelle, afin de s'entendre définitivement sur le parti à prendre. Le prévôt et le procureur fiscal, qui observent toutes ces manœuvres, représentent que la réunion est illicite : d'abord, parce qu'elle n'est pas autorisée par la dame d'Ancenis, ensuite, parce qu'on a négligé de les convoquer. A leurs protestations, l'un des assistants répond qu'ils sont assemblés en vue d'élire un procureur syndic, et que leur intention est de défendre les privilèges de la ville, et aussitôt ils désignent un procureur syndic et un greffier (2).

(1) *Procès-verbal du 5 octobre.* (Arch. de la mairie, collège.)
(2) Arch. de la mairie.

Les factieux avaient attiré aux Cordeliers 300 ou 400 artisans dont les voix grossissaient le tumulte ; les propos devenaient menaçants, les têtes s'échauffaient et le rassemblement allait dégénérer en sédition, quand les officiers s'éloignèrent. Dans l'après-midi, une assemblée se tint au presbytère, à propos de la nomination d'un délégué aux Etats de la province. Les séditieux, interrogés sur les faits de la matinée, répétèrent qu'ils n'entendaient pas se désister de leurs prétentions, qu'il leur appartenait de nommer les régents, et s'emportèrent jusqu'à dire qu'ils jetteraient par la fenêtre les meubles du titulaire installé.

Dans les rassemblements qui eurent lieu le lendemain, 8 octobre, le calme était si peu rétabli qu'on parlait de chasser le prévôt et le procureur fiscal de la baronnie et de gouverner avec le syndic. Des habitants furent envoyés au collège pour en prendre possession.

L'évêque informé de ces événements ne dissimula pas que sa volonté était de maintenir en charge le sieur Mocquet, néanmoins le parti de la rébellion tint encore une séance le dimanche 14, après convocation au son de la cloche, sans en avertir les officiers, et à la suite des résolutions arrêtées, on installa au collège Pierre Rince et un adjoint. Le procureur fiscal et le prévôt s'étaient trop avancés pour reculer, même devant cette opiniâtreté. Ils portèrent plainte d'abord au Présidial, puis au Parlement de Rennes, et obtinrent un décret de prise de corps contre les principaux meneurs.

Que faire contre cette rigueur ?. Invoquer l'intervention de la baronne fut le parti auquel on s'arrêta. Les opposants changeant de ton rédigèrent une humble supplique, dans laquelle ils rappelèrent leur fidélité à maintenir la fondation Davy, les causes de l'irritation générale, la déposition des régents, le mépris des officiers pour les droits des habitants, et conclurent en demandant que le conflit fût déféré au conseil de Mme la Baronne (1). Obligés de fournir une réplique et de justifier leur conduite, les officiers soutinrent que les barons d'Ancenis jouissaient depuis 80 ans du droit d'établir et de destituer les maîtres du collège ; ils citèrent comme preuve les lettres par lesquelles Mme Suzanne de Bourbon avait établi Dom Jacques Bidier et destitué Jean Rouauld. Leur mémoire ne dit pas un mot de l'origine du collège : ils ne nient pas que les habitants soient les protecteurs de cette institution et qu'ils soient les gardiens des volontés de Jean Davy ; ils n'essaient même pas de justifier les privilèges qu'ils revendiquent en rappelant des bienfaits ou des services rendus ; ils se contentent d'affirmer que les écoles sont sous le patronage du seigneur d'Ancenis. Adoptant cette doctrine, Mme la Baronne approuva les actes de ses officiers et fit rétablir le sieur Mocquet dans sa charge dès 1608.

Celui-ci conserva ses fonctions six ans et les résigna en 1614, en présentant pour lui succéder Macé Pétrau, ancien élève des Jésuites, qui avait fait toutes ses études littéraires, philosophiques et théologiques, et qui pouvait de suite se faire assister de deux régents. Sa recommandation s'adresse tout à la fois aux officiers de la baronnie et aux principaux habitants, on peut donc en conclure que le conflit de 1607 s'était terminé par une transaction favorable aux manifestants. La réception de Macé Pétrau eut lieu en présence du recteur, du capitaine gouverneur d'Ancenis, du sénéchal et du procureur fiscal (2).

En 1680, le collège vivait dans les mêmes conditions. Le baron atteste son existence dans la déclaration qu'il

---

(1) *Requête à la dame d'Ancenis*, 1607.
(2) Arch. de la ville, collège.

déposa devant les commissaires du Papier Terrier : « En
» ladite ville, il y a, dit-il, un collège dont le seigneur
» est fondateur et a droit de nommer une ou plusieurs
» personnes capables pour instruire la jeunesse, appelant
» à ladite élection quelques notables de ladite ville (¹).

Il est surprenant d'abord que le baron d'Ancenis n'ait pas cité, en cette occasion solennelle, le nom de l'abbé Davy, véritable fondateur du collège, mais on sent bientôt à la réflexion d'où vient l'omission. Les officiers de la baronnie ont voulu, en rédigeant l'acte, flatter l'orgueil de leur maître et laisser croire que l'initiative de toutes les institutions locales émanait de la générosité de ses ancêtres. J'ai en vain cherché un acte de donation qui pût justifier cette complaisance. Le collège possédait deux maisons dont la provenance est connue : la première était celle de Davy, la seconde, située rue d'Enfer, lui venait d'un échange conclu avec René Lebeau, auquel on avait cédé la terre du Perray (1686). Quelle pouvait donc être cette maison qui aurait été donnée au collège par un seigneur, à la charge de célébrer 100 messes par an et dont la mention se rencontre pour la première fois dans des lettres patentes de 1782 ? Je crains bien que cette citation tardive ne soit encore le résultat d'une méprise ou d'une basse condescendance, car elle n'est rappelée dans aucun document antérieur. Voici la tradition que recueillit le maire Erondelle :

« La maison où il était établi dans le principe était un
» bénéfice chargé de 100 messes, occupé par un prêtre
» qui mourut dans la détresse. Le besoin qu'on avait d'un
» collège, fit qu'on proposa au seigneur de disposer de
» ce bénéfice aux charges d'en acquitter la fondation, de

(¹) *Papier Terrier de la réformation*, vol. XVI, f⁰ 11.

» le faire réparer et d'y établir le collège, ce qu'il fit.
».Voilà ce que les propos publics annoncent sur ce
» collège (¹). »

Dans les transformations qui s'opérèrent au XVIIIe siècle, il est incontestable que la généreuse intervention du duc de Charost, baron d'Ancenis, eut une influence décisive sur la prospérité du collège. Jusqu'en 1771, cet établissement n'était qu'une petite école de rudiments, capable de contenir tout au plus une trentaine de places, et dans laquelle les étudiants pouvaient à peine dépasser la classe de cinquième. Ceux qui désiraient atteindre la rhétorique étaient obligés de chercher ailleurs des professeurs. L'abbé Lexcuziat, principal d'alors, conçut le projet de donner à son institution toute l'importance qu'elle méritait, et sut réunir autour de lui les éléments nécessaires à la réalisation de ses vœux. Cet homme, d'un esprit supérieur et d'une grande habileté, avait aussi le don de la persévérance qui fait triompher des obstacles. C'est lui qui commença les négociations avec le baron d'Ancenis, avec le clergé, avec les notables de la ville, qui rédigea les remontrances, qui recueillit les adhésions et suscita les dévouements. Les anciens élèves qu'il avait préparés à la carrière ecclésiastique et qui le voyaient vieillir, n'eurent pas de peine à comprendre sa pensée. Le clergé était aussi intéressé que les familles à la conservation et au développement de cette maison, il en avait besoin pour assurer le recrutement de ses clercs. Quatre prêtres vinrent offrir leur concours à M. Lexcuziat et tombèrent d'accord avec lui sur la nécessité d'appeler à eux d'autres professeurs, dès qu'ils auraient assez d'élèves pour établir une série de classes jusqu'à la

---

(¹) *Mémoire du maire Erondelle de 1782.* (Arch. de la ville, série GC.)

philosophie. Leur union en société commença le jour de la Toussaint 1771.

Au point de vue matériel, le collège d'Ancenis avait bien des imperfections ; l'unique maison dont il disposait était un bâtiment exigu qui ne se prêtait guère aux arrangements que réclame un établissement d'instruction, la cour des récréations manquait d'étendue. Comme les ressources de la Société ne permettaient pas de construire un nouvel édifice, on se contenta de quelques appropriations urgentes. Les quatre chambres du bas servirent de locaux pour les classes, et des chambres du haut on fit des dortoirs, dans lesquels on plaça 29 lits pour coucher autant de pensionnaires. Chacune des quatre chambres était surveillée par un régent. Nulle salle commune pour les études et pour les exercices publics. Quand on voulait convoquer les parents à une séance de déclamation, il fallait les réunir en plein air. Le dimanche et les jours de fête, les enfants étaient conduits à la chapelle de l'hôpital, où l'on trouvait ordinairement plus de liberté que dans l'église paroissiale.

Le principal, qui n'avait de revenus fixes que 1,500 livres de rente, chargées de fondations pieuses, et une rente de 100 livres qu'il tenait de la générosité de M. de Charost-Béthune, baron d'Ancenis, aurait voulu augmenter les locaux destinés aux internes, afin de réaliser des bénéfices sur le prix des pensions. La maison voisine du collège étant devenue vacante, il s'empressa de la prendre à loyer; mais cette extension était encore loin d'être en rapport avec le nombre des écoliers qui, de toutes parts, venaient chercher l'instruction à Ancenis. Dès le jour où le collège avait été en mesure de fournir un cours complet d'humanités, on avait remarqué à chaque rentrée une affluence croissante. Beaucoup de familles, qui auparavant conduisaient leurs enfants à l'Oratoire de Nantes, ou au collège déjà célèbre de Beaupréau, trouvaient plus facile de se rendre à Ancenis. Cette préférence fut pour les habitants de la ville une source de gain dont beaucoup surent profiter.

Tout d'abord, les maisons ouvertes aux étudiants furent peu nombreuses, mais quand il fut avéré qu'ils apportaient avec eux l'aisance et même qu'ils enrichissaient leurs hôtes, chacun voulut se faire maître de pension. « L'avidité » pour ce genre de commerce, dit un mémoire, est si » grande depuis que le collège est devenu nombreux, que » tout le monde veut y avoir part. On voit même des » artisans quitter leur métier pour ne s'occuper plus que » de cet objet, chacun intrigue, va mendier des pension- » naires et cherche à débaucher ceux qu'on destinait au » collège. »

Les uns se contentaient d'offrir le vivre et le couvert, les autres se présentaient comme maîtres ès-arts, et prétendaient enseigner au moins les rudiments ou se faire répétiteurs des leçons. Cette concurrence prit une telle extension que l'abbé Lexcuziat en conçut de l'inquiétude pour l'avenir de son établissement; aussi dans le mémoire qu'il adressa au Conseil pour obtenir des lettres patentes de confirmation, il eut soin de demander un privilège contre ses rivaux. Sa requête propose d'interdire à qui que ce soit, même aux maîtres ès-arts ou aux répétiteurs, d'établir aucune pension dans la ville, ou dans la banlieue, sans le consentement de la société des régents du collège.

Les raisons qu'il invoquait étaient celles-ci : si les étrangers affluent à Ancenis, les habitants doivent reconnaître qu'ils en sont redevables à la réputation des régents. La prospérité de la ville est liée à celle du collège; or, le principal a pris à loyer des chambres, qui seront pour lui une cause de perte, si elles ne sont pas occupées.

Il faut que le collège réalise de grands bénéfices sur les pensionnaires aisés, si l'on veut qu'il rende des services à toutes les classes de la Société. « On ne peut pas donner
» l'instruction gratuite, ce qui serait pourtant bien à
» désirer, si la chose était possible. Ce que paient les
» écoliers externes ne peut jamais faire un fonds considé-
» rable, ceux de la ville paient peu de chose, il y en a
» d'ailleurs un grand nombre des uns et des autres hors
» d'état de payer, et qui, en effet, ne paient rien. C'est donc
» essentiellement et presque uniquement sur la pension
» que porte le collège d'Ancenis. »

Quand les officiers municipaux furent invités à communiquer leurs observations sur les articles à insérer dans les lettres patentes, ils en adoptèrent en partie les considérations. Aucun maître ès-arts ne devait enseigner en ville sans la permission du principal, mais le jour où le collège aurait un contingent de 60 pensionnaires, il n'y aurait pas d'inconvénient à permettre aux habitants de tenir pension chez eux pour les enfants fréquentant les classes. Quant aux différends qui s'élèveraient entre les professeurs et les élèves, ils étaient d'avis que le jugement en fût déféré au maire. Le principal fit remarquer avec raison que si cette clause était adoptée, elle serait une cause de désordre; la jeunesse, disait-on, affecte l'indépendance dès qu'elle a des chances d'être soutenue, elle menacera sans cesse les maîtres de l'intervention du maire; il est préférable de recourir au principal et à l'évêque.

Il existe un mémoire, adressé au baron d'Ancenis, qui contient des détails instructifs sur le cadre des études et la méthode d'enseignement. Vers 1776, le latin était enseigné au collège d'Ancenis depuis ses rudiments jusqu'à la rhétorique inclusivement. Pour donner aux enfants une connaissance sérieuse des temps passés, on fournissait à ceux qui étaient en état de lire, d'abord les meilleures histoires, puis des livres de littérature et des recueils de poésies épurées. En seconde et en rhétorique, les étudiants assistaient le jeudi et le dimanche à un cours de géographie dont ils rendaient compte, à la fin de l'année, dans un exercice public auquel on invitait les habitants de la ville et ceux des environs.

Les externes, comme les pensionnaires, entraient en classe à 7 heures 1/2 du matin, et n'en sortaient qu'à 10 heures 1/2. Chaque régent restait ensuite avec ses écoliers pour surveiller la rédaction des devoirs, de sorte qu'en arrivant chez eux ils n'avaient que des leçons à apprendre, et il en était de même pour l'étude du soir, qui se terminait à 6 heures 1/2. Dans l'après-midi, les classes recommençaient à une heure. Une distribution solennelle des prix avait lieu chaque année, mais elle n'était pas suivie, comme aujourd'hui, de deux longs mois de vacances. Les aînés, seuls autorisés à prendre du repos, sortaient le 29 septembre et rentraient le 18 octobre; pour les autres il n'y avait pas d'interruption dans les leçons. Les petits, disait le règlement, ont besoin de travailler, ils n'ont pas de vacances.

Sous un régime d'assiduité aussi rigoureux, il n'est pas étonnant que le collège d'Ancenis ait formé des élèves sérieux, tels que Volney, originaire de Craon en Anjou (1). Une heureuse rencontre m'a mis entre les mains la composition du meilleur élève de rhétorique de l'année 1773, M. Sorel; elle accuse une connaissance approfondie des auteurs latins: c'est la traduction en vers latins d'un

---

(1) Mémoire de l'an IX, carton *instruction*. (Série L, Arch. dép.)
Guimar, l'auteur des *Annales nantaises*, était aussi un élève du collège d'Ancenis.

poème intitulé: *le Printemps*, dont l'impression forme une plaquette in-12 de 23 pages. En voici un extrait:

> *Vos non ulla quibus pertentant gaudia mentem,*
> *Nox hiberna velut squalens nigrantibus umbris,*
> *Pectora ne tristes insano rumpite planctu:*
> *Vitæ summa brevis; tristes deponite curas.*
> *Ambitiosus humi repens, ferus ultor, avarus*
> *Pervigil, et cujus cruciat præcordia livor,*
> *Pœnas expendant ultro, gemituque dolorem*
> *Testentur: vestrûm est felicem ducere vitam,*
> *Nec decet innocuos dolor, et virtutis amicos.*
> *Vivite felices: vobis nam gaudia nata.*

Ce spécimen, en supposant même qu'il ne soit pas l'œuvre exclusive de l'élève, a pour nous son prix: il prouve au moins que la classe de rhétorique était dirigée par un professeur très lettré et capable de former le goût des jeunes gens. L'année précédente, les élèves s'étaient exercés sur un autre poème intitulé: *Les Cerises renversées,* et le premier avait eu les honneurs de l'impression. Pour exciter l'émulation, il avait été décidé que l'on publierait chaque année la meilleure composition.

Après avoir exposé sur quelles bases reposait l'organisation du collège, l'auteur du mémoire cité plus haut concluait en demandant qu'on assurât son avenir en augmentant sa dotation. Il proposait notamment d'annexer au collège quelques bénéfices ecclésiastiques, dont les messes seraient célébrées par les régents: la chapellenie de Sainte-Anne fondée, en 1643, par la veuve Challe, et celle de René Brevet. Les patrons ayant donné leur assentiment à cette union, le patrimoine du collège s'accrut, en 1774, de deux maisons avec jardins, sises rue des Prêtres, de deux boisselées de vigne et de deux rentes montant ensemble à 55 livres. Malgré l'adjonction de ces nouveaux logements, le principal ne touchait pas au terme de ses désirs ; son ambition était de laisser après lui un établissement plus spacieux et composé de bâtiments groupés plus commodément pour la surveillance. Dans le même moment, une occasion unique s'offrait à lui de réaliser ses rêves généreux : la communauté des Hospitalières, attachées au service de l'hôpital d'Ancenis, venait de se disperser, faute de ressources, et les logements qu'elle occupait étaient vacants. L'emplacement, situé au sommet du coteau d'Ancenis, entouré de jardins nombreux, lui semblait réunir la plupart des conditions qu'il recherchait, mais il ne vécut pas assez longtemps pour en devenir l'acquéreur. Il ne mourut pas cependant, sans avoir parlé de ses projets à ses amis et sans avoir préparé les moyens d'exécution. Si le collège actuel d'Ancenis est sorti de cette petite ruelle, nommée la rue des Prêtres, et se trouve aujourd'hui dans une des meilleures situations de la ville, c'est à M. l'abbé Lexcuziat qu'il faut faire remonter la première pensée de la translation (1). C'est lui qui, par ses dispositions testamentaires, a donné l'exemple de la générosité et créé des ressources. En donnant 5,000 livres à l'hôpital, propriétaire de l'immeuble convoité, il fit bien entendre que cette somme était une avance sur le contrat d'acquisition dont il souhaitait la conclusion et, de plus, il remit à M. Thoinnet, négociant, une pareille somme de 5,000 livres, pour qu'il passât l'acte. Le collège n'ayant pas d'existence légale, il n'était pas possible d'agir autrement que par un fidéi-commis. Le 25 mars 1780, M. Thoinnet devint acquéreur de la maison des Hospitalières à la condition de payer 3,600 livres, de servir une rente foncière de 247 livres et de faire acquitter dans la chapelle

---

(1) *Mémoire de* 1790. (Arch. de la mairie.)

de l'hôpital les fondations suivantes : une messe par dimanche, cinq messes par semaine et une messe le lendemain des quatre fêtes annuelles.

Le duc de Charost, qui avait toujours eu la pensée de coopérer à cette œuvre, était demeuré d'abord hésitant en face des conditions onéreuses qu'exigeait l'hôpital (¹). Certaines considérations mises en avant par les adversaires du déplacement lui semblaient mériter un examen attentif : on disait que les maisons de la rue des Prêtres étaient appropriées à leur destination, tandis que la communauté avait besoin de grandes réparations et que le voisinage de l'hôpital offrait des dangers pour la santé des enfants. Tout bien pesé, le duc de Charost reconnut qu'aucun changement n'était plus acceptable, et ne voulant pas qu'un établissement aussi utile qu'un collège fût transformé sans sa participation, il se décida à en assumer les principales charges. Le 10 avril 1780, en vertu du pouvoir que lui conférait le privilège du retrait féodal, il se fit adjuger la maison des Hospitalières. En témoignage de ses intentions bienveillantes, il annonça de suite qu'il allait reprendre les négociations entamées par M. Lexcuziat, en vue d'obtenir des lettres patentes du roi Louis XVI. La rédaction des articles entraîna une assez longue correspondance avec l'Intendance et le Ministère, car il s'agissait de mettre d'accord les prétentions rivales du baron et du maire. L'un et l'autre voulaient avoir la haute main sur la direction du collège. Il nous reste une lettre qui nous retrace parfaitement l'antagonisme du château et de la mairie, dans cette circonstance. Si la communauté d'Ancenis était humiliée au point d'être privée de sa prérogative, disait le maire Erondelle, il serait douteux qu'on pût trouver un

---

(¹) *Délibérations de l'hôpital*, fᵒˢ 138-139.

maire. Dans toutes les parties du royaume, les maisons de ville sont à la tête de toutes les administrations publiques.

« Je m'aperçois que ce sont les officiers du seigneur qui
» sont les auteurs du mémoire et qui l'ont disposé de
» manière à acquérir la prépondérance, dans cette admi-
» nistration, la plus éclatante et la plus essentielle. Ils ont
» été de tous temps les *rivaux de la maison de ville,* et
» le dessous qu'ils ont eu par trois arrêts du Conseil des
» 1er septembre 1703, 9 avril 1748 et 22 janvier 1774, se
» confirmant les uns les autres, les réduit à chercher des
» prétextes pour ôter au maire la connaissance de leurs
» démarches (1). »

Malgré ses efforts, le maire n'obtint qu'une place dans le bureau d'administration ; le droit de nomination et de destitution fut attribué aux barons. Le préambule des lettres octroyées, sans viser aucun titre positif, mentionne les vieilles prétentions des barons à la fondation du collège et relate que le duc de Charost, alors seigneur d'Ancenis, promettait une rente perpétuelle de 200 livres, afin de subvenir aux frais des distributions de prix.

Ce bienfait n'était pas le dernier qu'on devait attendre de lui. Comme la vente de l'ancien immeuble ne suffisait pas à couvrir les dépenses qu'exigeait l'appropriation des bâtiments nouveaux (2), il donna une somme de 4,000 livres qui, réunie à quelques charités et à une autre somme de 3,000, offerte par l'Evêque du diocèse, permit d'entreprendre les réparations nécessaires et même de doubler l'étendue des locaux. Il est à présumer que les travaux furent promptement exécutés et que les classes nouvelles purent être ouvertes dès l'année 1784. Le jour de l'inau-

(1) Lettre du maire Erondelle. (Arch. municipales, C.)
(2) La vente est du 12 décembre 1783. (Arch. de la mairie.)

guration nous est inconnu, mais on sait parfaitement qu'en 1787 les régents se vantaient de leur installation commode et spacieuse. Une seule chose les inquiétait pour l'avenir : c'était la modicité des revenus fixes comparée aux nombreuses charges de la maison. Le service des messes transmises par les Hospitalières, et instituées par les barons, les mettait en grand embarras. On eut recours à l'expédient qui avait réussi en 1774 : une nouvelle annexion de bénéfices fut sollicitée. L'Evêque, avec le consentement du duc de Charost, réunit au collège le temporel de la chapellenie Sainte-Catherine du château d'Ancenis, qui valait 2,275 livres de revenus. Cette dotation entraînait encore un service de cinq messes par semaine; cependant elle était avantageuse. Le décret épiscopal est du 31 octobre 1787, et les lettres patentes confirmatives du mois de décembre suivant.

L'établissement étant ainsi pourvu de toutes les consécrations et de tous les encouragements, paraissait avoir devant lui un long avenir de prospérité. Après l'abbé Lexcuziat, la direction fut confiée à des hommes formés aux meilleures écoles. Son successeur immédiat, Barthelemy Jolly se vit en butte aux tracasseries et aux soupçons, en sa qualité d'ancien élève des Jésuites. Il fut obligé de se justifier près du procureur général du Parlement de Rennes; il démontra qu'il n'avait pas été profès dans l'ordre de Saint-Ignace, et que sa démission était antérieure au 27 mai 1763. Ce fait, mal interprété, a donné naissance à une légende ; on a dit à Ancenis que les Jésuites avaient dirigé le collège et l'erreur s'est glissée jusque dans les notices imprimées [1].

---

[1] Voir Guéraud, œuvres diverses: *Notice sur l'abbé Gaignard.* (Bibl. de Nantes.)

L'abbé Charles Gaignard, qui devint principal en 1783, n'était pas un homme ordinaire. Il avait une passion pour la linguistique ; son plaisir était de rechercher la racine des mots et de faire des remarques sur les sons et les formes grammaticales. Versé dans la connaissance de cinq ou six langues, il s'adonnait de préférence au latin et à l'hébreu ; il aurait voulu que le latin devînt la langue universelle. A ces études sérieuses, il joignait celles des sciences naturelles, du dessin, de la musique et cultivait volontiers la poésie. M. de la Ferronnays avait une telle confiance dans son habileté en architecture, qu'il le pria de dresser les plans de son château de Saint-Mars-la-Jaille. Je donne ici la liste de ses productions pour montrer qu'il ne craignait pas d'aborder tous les genres de littérature.

1° *Voyage en ballon autour du diocèse de Nantes*, recueil de réflexions étymologiques, historiques, philosophiques et plaisantes sur tout ce qui se rencontre ;

2° *Dictionnaire des synonymes latins*. Quelques fragments manuscrits de cet ouvrage sont entre les mains de l'abbé Gaignard, son petit neveu ;

3° *Une Chanson ;*

4° *Une Complainte du citoyen D..., sur le malheur des petits frères ;*

5° *Epithalame de Damis et Marie ;*

6° *Parodie de la pièce précédente ;*

7° *Poésies adressées à Mme de la Ferronnays à sa première entrée au château de Saint-Mars ;*

8° *Satires contre de mauvais auteurs ;*

9° *Dissertations sur des questions de liturgie et d'hagiographie ;*

10° *La Fable dévoilée*, 3 vol. in-4° manuscrits [1].

---

[1] Œuvres diverses d'A. Guéraud. (Bibl. de Nantes.) L'abbé Gaignard

L'abbé Gaignard cumulait avec les fonctions de principal celles de professeur de rhétorique. A la suite de difficultés que nous ignorons, il quitta le collège en 1785 et laissa la direction aux mains de l'abbé Jacques Binot, prêtre du diocèse de Luçon, qui ne manquait pas de mérite, puisqu'il fut envoyé comme député à l'Assemblée nationale, à la place de l'abbé Moyon, en octobre 1789.

L'abbé Binot avait pour collaborateurs Michel-Nicolas Darbefeuille, qualifié co-principal dans les actes, et cinq régents tous prêtres (1). Donatien Bregeon, qui fut nommé principal le 27 août 1792, n'a laissé aux archives aucune trace de son passage.

La réputation du collège était bien établie dans toute la contrée, néanmoins, la société des professeurs jugea utile de répandre dans le public un prospectus, afin de bien affirmer les principes suivant lesquels ils entendaient gouverner la jeunesse. L'avis a pour titre : *Plan d'éducation pour le collège d'Ancenis*. Il eût été moins étendu que je l'eusse cité volontiers ; il contient plus d'un trait heureux contre les novateurs en matière d'éducation et critique les mœurs dominantes avec une grande indépendance. L'auteur du prospectus se plaint d'abord de l'apathie et de la frivolité de son siècle. « La toilette est devenue une
» affaire sérieuse pour les hommes qui, dans d'autres
» temps et avec d'autres mœurs, auraient pu faire
» revivre parmi nous les Corneille, les Lebrun, les
» Fénelon et les Turenne. Nous élevons des statues à ces

était né en 1735, à Bonnœuvre. Il avait fait ses études au collège de Châteaubriant.

(1) Voyez la notice de Darbefeuille dans la *Biographie bretonne*, de Levot. Binot donna sa démission de député le 1er novembre 1790, prêta le serment, devint receveur de l'arrondissement d'Ancenis et se suicida vers 1808. (Notes de M. A. Lallié.)

» grands génies, au lieu de travailler à en mériter nous-
» mêmes. ».

Plus loin, il reproche à la philosophie régnante de soustraire la jeunesse au joug de la religion et de lui prêcher des doctrines trop favorables au relâchement des mœurs. Puis, vient la réfutation des idées développées par Rousseau dans l'*Emile* et celles de d'Alembert, à l'égard du régime des collèges. L'éducation en famille, sous la direction d'un précepteur, dit-il, a des inconvénients graves, l'émulation manque à l'enfant, le professeur n'a pas toujours des connaissances assez variées, et le bruit des réceptions enlève le recueillement nécessaire ; tandis que dans les internats, les cours progressent avec l'âge des élèves. Autrefois, un seul professeur était chargé de plusieurs classes, mais il n'en est plus de même aujourd'hui, dit le prospectus, on compte maintenant autant de régents que de classes. Tout ce que la France a eu de grands écrivains s'est formé dans les collèges. Sur la question des humanités, le plan d'éducation ne sacrifie rien au goût du jour. « On demande froidement à quoi sert le
» latin ? J'aimerais autant dire à quoi sert l'éducation. »

Sur les autres parties de l'enseignement, le principal ne se refuse pas à condescendre aux désirs des familles qui veulent faire de leurs enfants des militaires, des ingénieurs, des hommes du monde ou des littérateurs. Puisque les parents veulent des maîtres de tous genres, on leur enseignera outre le latin et le français, l'histoire, la géographie, les mathématiques, le dessin, l'arpentage, la levée des plans, la musique, la danse, l'escrime et même la langue grecque, s'il se trouve assez d'élèves pour faire un cours spécial. Chaque année, pour exercer les enfants au geste et à la déclamation, on offrira une séance publique dans laquelle ils joueront une tragédie ou se livreront à un exercice littéraire. Les vacances, dont la durée ne dépassera pas un mois, commenceront le 1er septembre et ne seront accordées en principe qu'aux élèves des hautes classes qui auront dépassé la quatrième (¹).

La révolution de 1789 vint renverser au bout de quelques années les espérances qu'on fondait sur la sage ordonnance de ce programme. Le collège était en pleine prospérité, quand l'Assemblée constituante vint bouleverser indistinctement toutes les institutions de l'ancien régime. Voici, d'après les questionnaires de l'époque, quelle était la situation de cet établissement. Ordinairement, on ne comptait pas moins de 80 pensionnaires et de 200 élèves externes. Le rez-de-chaussée se composait d'une cuisine et de cinq magasins, le premier étage d'un grand réfectoire, capable de contenir 100 pensionnaires, et de quatre grandes chambres. Le deuxième étage était divisé en trois appartements de maîtres et en sept chambres dont une s'ouvrait sur la chapelle; et au-dessus régnait le pensionnat dans toute la longueur du bâtiment. Au midi, la chapelle s'avançait en aile, puis venaient les sept classes bâties sur une ligne parallèle au corps principal, de manière que la cour se trouvait au milieu de tous les bâtiments (²). Les externes payaient 3 livres par mois, les pensionnaires 390 livres, quand ils se contentaient des leçons communes et 450 quand ils demandaient des maîtres d'agrément. Au nombre des pensionnaires, on voyait des enfants dont les familles habitaient l'Espagne, l'Angleterre et les colonies. Beaucoup de parents de Nantes donnaient aussi la préférence au collège d'Ancenis sur le collège de l'Oratoire de Nantes, non seulement parce que les études y étaient

(¹) Archives de la mairie d'Ancenis.
(²) *Lettre de l'an IX.* (Arch. départ., T.)

fortes, mais parce que cette petite ville offrait, dit le sous-préfet Luneau, peu d'occasions de libertinage (¹).

Outre les revenus du bénéfice du château, qui valaient 2,500 livres, il avait 100 livres de rentes constituées, mais le principal était obligé de prélever sur cet actif une somme de 727 livres pour acquitter les honoraires des messes dues aux bienfaiteurs.

La chute du collège fut rapide. Le bénédictin François Monlien qui, en 1790, avait été appelé à la tête du collège, ne fit que passer (²). Dès l'année 1792, on ne voit plus aucun prêtre dans la maison. Le personnel enseignant est réduit à deux personnes : le sieur Donatien Bregeon, laïque, remplit les fonctions de principal, il n'a pour le seconder qu'un seul régent.

Bientôt, ces derniers eux-mêmes furent dispersés par le bruit du canon qui retentissait sans cesse aux environs d'Ancenis. Les armées républicaines, envoyées pour combattre l'insurrection vendéenne, avaient besoin de nombreux locaux pour panser leurs blessés. L'hôpital et le couvent des Cordeliers ne suffisant pas à secourir la population des malades, on prit les salles du collège. La tourmente passée, on constata d'immenses dégâts à réparer, mais la ville n'hésita pas à s'imposer des sacrifices pour remettre les bâtiments en bon état, dès le jour où elle en obtint la restitution de l'empereur Napoléon. Le décret est du 11 mai 1807. Le collège du duc de Charost devint alors une école secondaire municipale. Depuis 1850, l'Evêché y entretient un pensionnat ecclésiastique.

(¹) *Mémoire de 1806.* (Arch. départ., T.)
(²) *Etats de traitement du district d'Ancenis.* (Arch. départ., L, clergé.) Le 22 mai 1791, il fut installé curé de Savenay. Il avait été moine à l'abbaye de Saint-Florent-de-Saumur.

PIÈCES JUSTIFICATIVES.

LISTE DES RÉGENTS DU COLLÈGE D'ANCENIS.

XVIe siècle Bidier (Jacques).
           Rouault (Jean).
1603 Yves (Michel).
1607 Moquet.
1614 Macé (Pétrau).
1639 Paulard (François), prêtre, mort le 28 février 1639.
1658 Bidon (Julien), prêtre de chœur, mort le 22 août 1660.
1664 Gautier (François), prêtre, mort le 22 septembre 1668.
1674 Trimoreau (Nicolas), prêtre, mort le 13 juillet 1674.
1688 Lemercier (Guillaume), prêtre.
1695 Trimoreau (François), prêtre, mort en 1714.
1715 Moisson (Julien), prêtre, mort en 1733.
1724 Ménard (Joseph), prêtre, mort en 1753.
1739 Lebeau (Pierre), prêtre, mort en 1762.
1753 Lexcuziat (Olivier), prêtre, mort le 17 septembre 1775.
1776 Joly (Barthelemy), prêtre.
1783 Gaignard (Charles), prêtre.
1785 Binot (Jacques), prêtre.
     Darbefeuille (Michel-Nicolas), prêtre.
1792 Brégeon (Donatien).

COLLÈGE D'ANCENIS.

Louis, par la grâce de Dieu, roi de France et de Navarre, à tous présens et à venir, salut.

Nos chers et bien amés les administrateurs du collège d'Ancenis, en Bretagne, nous ont fait représenter que les seigneurs de la baronnie d'Ancenis ont fondé anciennement dans lad. ville un collège auquel ils ont donné une maison à la charge de faire célébrer cent messes par an à leur intention, qu'on a d'abord enseigné dans ce collège les bonnes classes jusqu'à la rhétorique inclusivement...................................

Ils nous ont fait en outre représenter que le duc de Charost se propose de faire don aud. collège d'une rente perpétuelle de 200 livres pour être employée à la distribution annuelle de différens prix d'émulation dont le premier serait délivré par l'un des officiers de la baronnie d'Ancenis..... nous ont fait très humblement supplier de leur accorder nos lettres patentes sur ce nécessaires.

A ces causes, de l'avis de notre conseil et de notre certaine science, pleine puissance et autorité royale, nous avons dit, statué et ordonné, et par ces présentes signées de notre main, disons, statuons et ordonnons, voulons et nous plait ce qui suit :

Art. Ier.

Nous avons confirmé et confirmons l'établissement dud. collège de la ville d'Ancenis pour y être enseigné depuis les basses classes jusqu'à la rhétorique inclusivement.

Art. II.

Ledit collège sera composé d'un principal, d'un sous-principal, d'un professeur de rhétorique et de cinq régens pour les seconde, troisième, quatrième, cinquième et sixième classes. Le sous-principal pourra être en même temps professeur de rhétorique.

Art. III.

Nous avons établi et établissons pour l'administration dudit collège un bureau, lequel sera composé du sénéchal ou du procureur fiscal de la baronnie d'Ancenis, au choix du baron d'Ancenis, du curé de lad. ville, d'un autre ecclésiastique de lad. ville qui sera nommé à cet effet par le sieur évêque de Nantes, du maire de la ville, du principal dud. collège et d'un notable de lad. ville, lequel sera élu par led. bureau. Ledit sénéchal ou le procureur fiscal présideront audit bureau.

Art. IV.

Le bureau s'assemblera une fois par mois, et plus souvent s'il en est besoin, dans une salle dudit collège qui sera destinée à cet effet. Les délibérations y seront prises à la pluralité des suffrages, et en cas de partage, l'avis de celui qui présidera aura la prépondérance. Les délibérations seront écrites par celui qui aura été commis par ledit bureau pour faire les fonctions de secrétaire, sur un registre qui sera paraphé par l'officier de justice qui présidera ledit bureau et elles seront signées par tous ceux qui y auront assisté.

Art. V.

Le principal dud. collège sera nommé par le baron d'Ancenis et approuvé par le sieur évêque de Nantes et il pourra être destitué par le baron d'Ancenis. Le sous-principal, le professeur de rhétorique et les régens des autres classes seront choisis et nommés par le bureau d'administration, après que chacun de ceux qui composent le bureau aura été averti par un billet de convocation, lequel indiquera l'objet de l'assemblée. Les sous-principal, professeur et régens ne pourront être destitués que par une délibération du bureau prise à la pluralité des voix dans une assemblée qui sera convoquée à cet effet, et après avoir été entendus ou dûment avertis de s'y trouver.

Art. VI.

Tout ce qui concerne les heures et la durée des classes, les congés et vacances, les fonctions du principal, du sous-principal, du professeur et des régens et la discipline intérieure dudit collège, sera réglé par led. bureau.

Art. VII.

Le principal sera chargé du maintien de la discipline intérieure dud. collège, conformément aux règlements qui seront faits par le bureau d'administration et il y sera en outre veillé par un des administrateurs qui sera nommé à cet effet par le bureau, pour, sur son rapport, être en cas de besoin, pourvu ce qu'il appartiendra et sera pareillement pourvu par délibération dud. bureau, sur les difficultés qui pourront survenir entre le principal, le sous-principal et les régens.

ART. VIII.

Les honoraires du principal, etc.

ART. IX.

La recette des revenus et deniers du collège sera faite par le principal. etc.

ART. X.

En cas que les pensionnaires soient à la charge du principal, etc.

ART. XI.

Il ne pourra être entrepris aucun procès, etc.

ART. XII.

Il pourra être accordé par le bureau auxd. principal, sous-principal, professeur et régens, après vingt années de service, une pension émérite, etc.

ART. XIII.

Les meubles et effets appartenant aud. collège, etc.

ART. XIV.

Permettons à notre cousin le duc de Charost, de céder aud. collège et aud. collège de recevoir la maison qui avait été vendue par l'hôpital de la ville au sieur Thoinnet.

ART. XV.

Permettons au collège d'échanger avec les religieux Cordeliers de la ville les portions du jardin des religieux, qui avancent sur le terrain de ladite maison, etc.

ART. XVI.

Autorisons les administrateurs à vendre la maison où était cy-devant établi, etc.

ART. XVII.

Permettons à notre cousin le duc de Charost, de donner et aud. collège de recevoir une rente annuelle et perpétuelle de 200 livres, etc. (1).

Donné à Versailles, avril 1782.

Signé : LOUIS, *visa* duc de Miromenil

(¹) Aucun article ne défend aux habitants de tenir pension.

CHAPITRE II.

—

COLLÈGE DE CHATEAUBRIANT.

Jusqu'au milieu du XVIe siècle, l'enseignement des belles lettres, des langues latine et grecque, paraît avoir été abandonné au zèle des prêtres qui desservaient les paroisses de Saint-Jean-de-Béré et de Notre-Dame, ainsi qu'au dévoûment des religieux qui peuplaient, à Châteaubriant, les cloîtres de Saint-Sauveur-de-Béré, de la Trinité et de Saint-Michel. On ne voit pas qu'aux époques antérieures aucune institution stable ait été établie, soit par l'initiative privée, soit par la générosité des barons, pour préparer les jeunes intelligences aux classes de rhétorique et de philosophie. A plusieurs reprises, les officiers de la baronnie, toujours empressés d'accroître leurs attributions et la prépondérance de leur maître, ont essayé, comme leurs collègues d'Ancenis, d'envelopper de nuages les faits les plus clairs, afin d'exercer le droit de présentation sur les régents ; ils n'ont réussi qu'à démontrer les tristes effets de l'esprit de jalousie. Jamais on ne les a vus produire un acte indiquant que l'un des barons eût fondé un collège. Dans une de leurs inductions, ils relatent qu'en

1462 un maître d'école, nommé Raoul Billé, dut renoncer aux lettres de présentation qu'il tenait des moines et du doyen, pour solliciter le brevet d'autorisation du seigneur, et ils se hâtent bien vite d'en conclure qu'il y a là la conséquence d'un droit de patronage antique comme la ville. La confusion est manifeste. Si la procédure existait encore, nous verrions aisément qu'en cette circonstance le baron faisait acte d'autorité souveraine et de justicier. Suivant le droit féodal, il possédait un droit de police universelle et de haute surveillance sur tous les actes publics qui s'accomplissaient dans la ville, il n'est donc pas surprenant qu'il ait revendiqué la nomination du personnel des écoles, surtout si la partie adverse ne pouvait lui opposer la volonté contraire d'un bienfaiteur. Il devait en être de même dans toutes les villes où les écoles n'étaient pas fondées : le seigneur était le présentateur naturel des maîtres. Cette doctrine, très plausible à l'époque où la Féodalité régnait en souveraine, tomba en défaveur quand les habitants des villes prirent en main la direction de leurs affaires, quand les Parlements et les officiers royaux furent partout chargés de faire prédominer les volontés d'un pouvoir central. Néanmoins, les intendants des Montmorency et des Condé s'obstinèrent à nier les changements introduits par l'usage et par les mœurs (¹).

Le 15 octobre 1567, un habitant de Châteaubriant, nommé Jean Gérard, donna, non pas à la municipalité, mais aux fabriqueurs représentant la paroisse mère de Béré, une maison avec jardin sise rue des Quatre-OEufs,

---

(¹) L'abbé Goudé, dans son *Histoire de Châteaubriant*, a condensé tous les faits relatifs à l'instruction publique dont il a trouvé trace dans les archives de la ville. Je me sers ici de ses recherches en me bornant à modifier l'exposition de son récit et en y ajoutant mes réflexions.

autrement la maison du légat des Marchands, en stipulant qu'elle serait employée pour un collège. Il demandait en retour qu'une messe fût célébrée chaque semaine à son intention. Voilà bien un acte de fondation formelle qui enlève toute ambiguïté. On sait de plus que d'autres donations sont venues quelques années après s'ajouter à celle-ci, qui était trop modeste pour assurer l'existence d'un régent.

Jeanne Hivet, dame de la Hermaie et du Bignon, remit 100 écus d'or à la fabrique avec le désir que l'intérêt de cette somme fût appliqué aux gages d'un régent. Frère Robert Yvon, qui remplissait alors les fonctions de maître par *intérim,* fut autorisé par elle, les 14 et 17 mars 1582, à toucher la rente aussi longtemps qu'il enseignerait, c'est-à-dire jusqu'au jour où les habitants auraient désigné le titulaire du collège. A son tour, Jean Bontemps, sénéchal de Châteaubriant, donna 100 écus à prendre sur le domaine du Pont en Soudan, à ces conditions : 1° que la jouissance appartiendrait au régent ; 2° qu'une grand'-messe *pro defunctis* serait célébrée chaque dimanche, aux intentions de sa famille. La fabrique accepta le don sans veiller exactement sur l'exécution de ses volontés. Nous le savons, parce que le 12 mars 1589, il fut obligé de se plaindre et de dire qu'il révoquerait sa donation si ses réserves n'étaient pas observées. En 1599, Pierre de Coussy offrit 110 écus, pour subvenir à l'entretien des précepteurs de la jeunesse, si maîtres et écoliers voulaient s'engager à chanter, chaque vendredi, pendant la messe de Saint-Sébastien, célébrée en l'église de Saint-Nicolas. Jean Drouet, prêtre, imposa lui aussi l'obligation d'une messe basse à célébrer chaque dimanche de carême, quand il légua à la paroisse, en 1626, 400 livres dont la rente devait être ajoutée aux émoluments des régents. On ignore le nom du bienfaiteur qui donna la maison située au faubourg de la Barre et le jardin de la Fontaine-aux-Jars, qui la touchait ; il est seulement constant que ces immeubles étaient compris dans le patrimoine du collège (1).

Il est si vrai que les fabriqueurs étaient les administrateurs du collège, qu'ils font figurer les dépenses d'entretien et de réparation des bâtiments sur leurs comptes annuels (2). C'est en lisant les livres de leur gestion qu'on connaît la vraie situation de la maison ; on s'étonne donc de voir, en 1623 et en 1625, le gouverneur du château s'emparer du droit de nomination et les candidats comparaissant devant les juges de la baronnie pour faire leurs preuves de capacité.

Les bâtiments étaient dans un tel état de délabrement, en 1619, que tout manquait à la fois, portes et fenêtres, plancher, charpente, couverture et cloisons. Ni la ville, ni la fabrique n'avaient assez de ressources pour entreprendre une reconstruction ; il fut donc arrêté que le terrain et les matériaux seraient mis en adjudication, et que le prix serait consacré à l'édification d'une nouvelle maison. Quarante ans s'écoulèrent avant que les mâsures pussent tenter un acquéreur ; ce n'est qu'en 1685 qu'elles furent vendues 400 livres à un particulier.

Quel a été le logement des classes pendant cet intervalle ? Ce détail importe peu, il suffit que la continuation des cours nous soit attestée par quelques noms de professeurs. Jean Lenoir, avant de devenir doyen de Châteaubriant en 1635, cumula dix années les fonctions de régent

---

(1) *Histoire de Châteaubriant*, p. 480-481.
(2) Les archives de Châteaubriant renferment une belle collection de comptes de fabrique du XVIe siècle.

du collège avec celles de vicaire de la paroisse. Il avait tantôt deux, tantôt trois collègues pour le seconder, parfois il demeurait seul. Sous ses successeurs, il en fut de même ; et il arriva aussi que les leçons furent suspendues faute de maîtres (1). On allait alors en chercher jusqu'à Rennes, à Nantes ou à Château-Gontier.

Voici encore quelques noms à noter. Un traité de 1686 nous révèle que MM. Cocault et Monnier, prêtres, acceptèrent le titre de régent à la condition de pousser l'instruction de leurs élèves assez loin pour qu'ils pussent entrer au moins en rhétorique dans les collèges des villes voisines. L'abbé Foucher est aussi désigné parmi ceux qui professaient au collège dans le même temps. A côté d'eux il convient d'en nommer un quatrième qui rendit aussi de grands services à la jeunesse, l'abbé Jean Hubert, ancien élève des jésuites de la Flèche, qui, devenu aveugle pendant son noviciat chez les capucins de Rennes, avait été forcé de revenir à Châteaubriant, son pays natal, sans espérance de guérison. L'adversité fut moins forte que son énergie. Son plus grand plaisir et sa meilleure consolation étaient de s'entourer de jeunes gens auxquels il communiquait sa science. Il nous est représenté comme un poète élégant en français et en latin, un humaniste et un helléniste très rare. Malgré des infirmités cruelles, il fit la classe ainsi pendant 40 ans et forma beaucoup d'élèves qui se distinguèrent dans le monde et sous l'habit religieux. Le doyen Blais qui nous le fait connaître par ses mémoires, comme un de ces contemporains, et qui cite sa présence à une cérémonie de 1687, a omis d'indiquer l'époque de sa mort (2).

(1) *Histoire de Châteaubriant*, p. 482.
(2) *Ibidem*, p. 482.

La municipalité, qui était restée longtemps étrangère à la direction de l'enseignement secondaire, semble avoir compris au XVII⁰ siècle qu'il lui importait de prendre souci de cette branche de l'administration ; ses registres sont remplis des traces de sa sollicitude à cet égard (¹). C'est elle qui, en 1685, loua la maison du légat de l'Epinette avec un jardin rue de la Poterne, pour y installer convenablement les classes, et y ajouta ensuite le loyer de quelques chambres voisines, destinées spécialement au logement des maîtres. Comme les revenus des dotations précitées ne s'élevaient pas bien haut, le principal fut autorisé à prélever 10 sous par mois sur chaque écolier de cinquième et au-dessous. Ceux des classes supérieures jusqu'à la philosophie payaient 15 sous (²). On sait qu'en 1685, la durée des classes du matin était de deux heures et demie, et la durée des classes du soir égale.

A la fin du règne de Louis XIV, la détresse de la ville était telle que les bourgeois se virent forcés d'annoncer que la charge des traitements et des réparations était trop lourde pour eux. L'abbé Foucher, prêtre, qui enseignait depuis 1685, ne se découragea pas ; il continua ses leçons pendant 10 ans, en se contentant des cotisations de ses élèves. De 1693 à 1703, il eut pour collègue l'abbé Alexis Legrand. A sa mort (1724), la maison se trouva dans une indigence absolue ; le peu qui lui restait de patrimoine fut dissipé par le discrédit des billets de banque et personne n'eut le courage d'offrir ses services.

La ville avait alors pour receveur un homme qui prenait à cœur toüs ses intérêts, c'était M. Brossais ; il représenta au Conseil que l'avenir des enfants allait être gravement

---

(¹) L'érection de la communauté de ville est de 1587.
(²) *Registre des délibérations* de 1685 à 1724. (Arch. municipales, BB.)

compris, si l'on n'avisait promptement aux moyens de relever le collège, et il opina pour que des démarches fussent faites en vue d'obtenir des fonds d'église. Le prince de Condé était le présentateur de quelques bénéfices qui, disait-il, pouvaient être annexés au collège sans inconvénient. On se contenta d'approuver sans agir sérieusement.

Jean-Baptiste Brossais du Perray, frère du précédent, avocat au Parlement, ancien général-provincial des Monnaies de Bretagne, partageait les mêmes préoccupations ; il jugeait la question du collège comme un objet de premier ordre, et quand il rédigea son testament, il inscrivit une somme de 10,000 livres en faveur de la ville afin de la pousser à la création qu'il souhaitait. Le legs fut accepté avec empressement, et de suite il fut arrêté que la municipalité témoignerait sa reconnaissance en prescrivant des prières périodiques aux écoliers et aux prêtres de la paroisse. De grandes espérances se fondaient sur les ressources offertes par le legs Brossais, quand on apprit que le fisc se disposait à en réclamer une part et que les héritiers se préparaient à attaquer la donation. En effet, le fermier des droits royaux réclama d'abord 1,600 livres, plus quatre sous par livre à raison de l'amortissement ; puis les huissiers vinrent signifier au maire une demande en renonciation. La cause, gagnée d'abord devant les juges de la baronnie, fut perdue en appel devant le Parlement après 25 années de procédures coûteuses ; et de toute la succession Brossais, la ville ne retira pour tout profit qu'un long mémoire de frais à payer à ses avocats et à ses procureurs (1753).

Le titulaire du prieuré de Saint-Michel étant venu à mourir sur ces entrefaites, les bourgeois bâtirent sur sa succession tout un édifice de projets qui ne se réalisa pas plus que le précédent. On pensait que le prince de

Condé, présentateur du bénéfice, ne saurait pas refuser sa protection, si on en demandait la sécularisation, et on ne trouvait personne pour se rendre en ambassade auprès de lui. La correspondance qui fut échangée à ce sujet n'aboutit à aucun résultat. Au milieu de toutes ces alternatives, la situation du collège ne se consolidait pas. Tantôt rassurés, tantôt déçus, les maîtres se lassaient, cessaient leurs leçons, et les écoliers se dispersaient. L'abbé Foucher, neveu du professeur cité plus haut, finit par demeurer seul avec un traitement de 200 livres dont les annuités n'étaient pas toujours régulièrement payées. Le chiffre de 200 livres avait été fixé dans une délibération du 19 octobre 1741 (¹). Si nous jugeons du régent par la valeur des élèves qui se formèrent autour de la chaire de l'abbé Foucher, nous devrons avoir une haute opinion de son enseignement. L'abbé Gaignard, que nous avons cité comme littérateur et linguiste, au chapitre du collège d'Ancenis, avait fait ses humanités au collège de Châteaubriant.

La carrière de l'abbé Foucher fut longue. Installé en 1745, il sut faire oublier qu'il tenait ses lettres de nomination du prince de Condé, et se maintint jusqu'en 1785, époque de sa mort; mais quand la question de le remplacer se présenta, le Conseil de ville annonça qu'il ne consentirait plus à sacrifier ses prérogatives. Il désigna pour régent Joseph Le Leslé, acolyte, sans tenir compte des protestations de l'intendant de la baronnie. Celui-ci jugeant que la guerre serait longue, invita le prince de Condé à la conciliation, et lui proposa de nommer le candidat présenté par la ville. Cet accommodement déplut aux bourgeois: on les vit se désister, mais aussitôt ils

---

(¹) Chambre des Comptes, B 2090-2094, arch. de la Loire-Inférieure. — Voir aussi C 875, arch. d'Ille-et-Vilaine.

supprimèrent le crédit qu'ils avaient voté pour les honoraires du régent (¹). Les Trinitaires, qui faisaient des cours de théologie aux jeunes clercs, offrirent d'enseigner si on voulait leur accorder les revenus des bénéfices de l'Epinette et de la Vertaudrie. Leur requête n'eut pas de succès. Le sieur Le Leslé se retira dans un appartement, sur les remparts de la ville, où il continua à donner des leçons de latin, sans aucune subvention ; sa persévérance fut récompensée. En 1789, la ville reconnaissant qu'elle avait trop promptement cédé à un mouvement de mauvaise humeur, lui vota 200 livres d'indemnité en compensation des trois annuités dont il avait été privé, et lui offrit pour l'avenir la rente ordinaire de 200 livres. Il fut convenu avec lui qu'il enseignerait le latin et le français aux enfants qui se présenteraient, sans exiger plus de 40 sous par mois, et qu'il ne renverrait aucun élève sans en donner les motifs à la municipalité. Dans tous les cas, le Conseil de ville se réservait la liberté de surveiller la tenue de l'école (²). Cette délibération annonçait une victoire : elle n'aurait pas été prise si les officiers du seigneur n'eussent pas renoncé à leurs prétentions. En 1791, nous retrouvons le nom du sieur Le Leslé sur la liste de ceux qui prêtèrent le serment de fidélité à la Nation, à la Loi et à la Constitution. L'année suivante le collège cessa d'exister (³).

(¹) Registre des délibérations de 1786. (Archives municipales).
(²) Arch. départ. C, liasse de *l'instruction*.
(³) Réponse de la municipalité de 1792. (Arch. de la ville, *délibérations*).

CHAPITRE III.

COLLÈGES
DE FOUGERAY, DE GUÉRANDE, DU LOROUX-BOTTEREAU ET DE MACHECOUL.

Collège de Fougeray (¹). — Cet établissement, dont les origines ne nous sont pas connues, était pourvu d'une si médiocre dotation, que, dès le XVIIe siècle, il fut dans la nécessité de réclamer les secours de l'Evêché. Le chef du diocèse augmenta la prébende du régent en lui accordant la réunion des légats de la Vigne et de Marie Colin, le 11 avril 1699 (²). Charles Le Paintheur, qui tenait le collège sous le règne de Louis XVI, était prêtre, comme ses prédécesseurs, et jouissait des revenus du bénéfice de la Cadinais (³). Il mourut en 1783.

Collège de Guérande. — La ville de Guérande ayant possédé une collégiale de chanoines, depuis le

---

(¹) Cette paroisse était de la sénéchaussée de Nantes.
(²) *Table des reg. du secrét.* (Arch. départ., G.)
(³) Arch. départ., G 392.

IXᵉ siècle jusqu'en 1790, il est indubitable qu'elle n'a jamais manqué de professeurs d'humanités. Dans le principe, le Chapitre nommait un de ses membres pour remplir les fonctions de régent, et plus tard, il confia la classe de latin à un simple prêtre auquel on accordait pour traitement la valeur d'une prébende, c'est-à-dire 1,000 à 1,200 livres. Parfois il arrivait que le titulaire cumulait la jouissance de plusieurs bénéfices, témoin Laurent Bertho, prêtre et principal du collège de Guérande, qui obtint, en 1678, la collation de la chapellenie de Notre-Dame-du-Puy (¹). Son successeur, qui n'est pas nommé, eut des difficultés avec l'Evêché, en 1692, et le sénéchal des Régaires reçut une indemnité pour l'instance qu'il soutint contre lui (²). En 1756, le principal du collège était encore prêtre. Comme il n'avait pas de logement spécial, il était obligé de faire sa classe dans la chapelle de l'hôpital Saint-Jean, qui, du reste, était très grande. « Il est chargé, dit un mémoire, d'instruire la jeunesse gratuitement (³). » L'abbé Guillon-Longville, qui portait le titre de régent, en 1790, quitta le pays, pendant la Terreur, et se retira dans le département de Seine-et-Oise, à Vaivigny. La délibération du district, où ce fait est relaté, rappelle aussi que le collège était fondé, de temps immémorial, sur le revenu d'une prébende (⁴).

Collège du Loroux-Bottereau. — Ce collège doit sa fondation à Guillaume Racinoux, prêtre, aumônier des religieuses de Notre-Dame de la Flèche, originaire du Loroux-Bottereau. Avant de mourir, il se souvint de son

---

(¹) Arch. départ., G 424.
(²) *Inventaire de l'Evêché*. (Arch. départ., G, f° 238.)
(³) *Mémoire de 1756.* (Arch. départ. H, hôpital de Guérande.)
(⁴) *Délibération du 12 ventôse, an III.* (Ibidem, L.)

pays d'origine, et, en rédigeant son testament, le 8 avril 1666, il voulut lui laisser un témoignage de son attachement. « Suivant cet acte, il fonde un collège ou escolle,
» pour l'instruction de la jeunesse, qui sera enseignée de
» tous les principes de la Religion catholique, apostolique
» et romaine et des bonnes lettres, par un prêtre ou clerc
» aspirant au sacerdoce. » La dotation se composait d'une grande maison en trois corps de logis, entre cour et jardin, sise dans la Grande-Rue, de divers morceaux de pré et de vignes qu'il avait acquis du sieur de la Jaguais, de 15 livres de rente foncière et de redevances en nature montant à 8 setiers 18 boisseaux de seigle. Il avait près de lui un régent tout indiqué, c'était son neveu, Joseph Racinoux, jeune étudiant du séminaire de la Flèche ; il exprima le vœu qu'il fût choisi pour le premier titulaire, s'il le désirait. Le testament portait que le droit de nomination des régents serait le privilège du principal du séminaire de la Flèche ou, à son défaut, du supérieur du séminaire de Saint-Nicolas du Chardonneret.

Les héritages légués étaient dans le fief de Briacé. Prosper de Collasseau, seigneur de cette terre, avait droit à une taxe d'amortissement de 15 livres de rente qui lui fut concédée par le neveu du fondateur ; mais il en fit l'abandon aux régents, à la condition qu'ils catéchiseraient les enfants, dans la chapelle de Briacé, tous les samedis, depuis le mois de mars jusqu'au mois d'août. Un accord fut conclu dans ces termes, le 25 octobre 1666 ([1]). La fondation du collège fut approuvée à l'Evêché, le 31 décembre 1676. Elle répandait ses bienfaits dans le pays depuis 70 ans, quand on imagina de l'employer à l'augmentation des ressources du bureau de charité de la paroisse, en 1744.

([1]) Arch. départ., série D.

Un arrêt du Parlement autorisa l'aliénation des bâtiments et l'adjudication eut lieu le 2 janvier 1769 (¹).

Collège de Machecoul. — Le hasard m'a fait rencontrer, il y a peu de temps, un acte du XVIIe siècle, qui éclaire en partie les origines du collège de Machecoul. C'est un contrat de vente de juin 1676, dans lequel André Chesnard, prêtre, s'intitule régent, principal et *propriétaire* du collège de Machecoul. Cet abbé appartenait à une famille aisée, il avait acheté, dans la paroisse de la Marne, des héritages qu'il vendit 525 livres. La maison du collège où il demeurait, en la paroisse de la Trinité, était sans doute aussi son bien, puisqu'il se dit *propriétaire* (²). L'archidiacre Binet, dans son procès-verbal de 1686, est encore moins explicite : il dit tout simplement que le vicaire de la Trinité enseigne le latin (³).

Il faut croire que la dotation fut reprise par les héritiers du fondateur, puisqu'au siècle suivant la Ville fut obligée de solliciter de l'Evêché une annexion de deux bénéfices pour faire vivre son principal (⁴). En accordant, vers 1730, la réunion de deux chapellenies, d'un revenu total de 500 livres, l'Evêque indique que cette allocation est une indemnité de logement qu'il entend partager entre le régent du collège et le maître des petites écoles. L'ordonnance épiscopale portait que le premier recevrait 350 livres et prélèverait une rétribution mensuelle de 3 livres sur chaque écolier.

Gaschignard, maître ès-arts, le seul principal du XVIIIe

(¹) *L'assistance publique dans la Loire-Inférieure,* par L. Maître, p. 548.

(²) Arch. départ., série D. Il existait à Machecoul un bénéfice de Notre-Dame-des-Clercs dont l'histoire éclairerait peut-être celle du collège si ses titres de fondation étaient découverts.

(³) *Livre de visites du climat de Retz.* (Arch. dép., G.)

(⁴) Les lettres patentes de confirmation sont de 1730.

siècle qui nous soit connu, s'était engagé à instruire quelques pauvres. Il prit la direction de la maison, en 1763, et attira tant d'élèves dans ses classes qu'il fut obligé de s'adjoindre plusieurs professeurs (¹). En 1796, voici ce que disaient de lui les officiers du district : « Le collège est régi par un
» laïc. Cet emploi fut confié, il y a 28 à 30 ans, à M. Gas-
» chignard, qui l'a su rendre utile et honorable tout à la
» fois. Il a la gloire d'avoir formé des hommes. Des légis-
» lateurs ont porté au sein de l'Assemblée nationale les
» principes qu'ils ont su recueillir de bonne heure des
» leçons de morale constitutionnelle de ce digne institu-
» teur ; son éloge serait l'acquittement d'une dette bien
» légitime (²). » M. Gaschignard employait comme professeurs de jeunes ecclésiastiques, élevés par lui, et les gardait jusqu'au moment où ils entraient au séminaire. Le nombre des étudiants du collège de Machecoul s'est élevé parfois jusqu'à quatre-vingts. Gaschignard est l'auteur d'une petite histoire de Bretagne par demandes et réponses qu'il avait sans doute rédigée pour l'instruction de ses élèves (³).

(¹) Carton *instruction*. (Arch. dép., série L.)
(²) *Ibidem.*
(³) *Nantes,* 1773, 1 vol. in-12.

CHAPITRE IV.

COLLÈGES DE NANTES.
SAINT-JEAN ET SAINT-CLÉMENT.

Collège de Saint-Jean. — Nous connaissons le nom du fondateur de cet établissement. Un riche bourgeois, du nom obscur de Guillemin Delaunay, par acte du 15 juillet 1471, légua deux maisons sises rue Saint-Léonard, près du mur d'enceinte, en exprimant le désir qu'elles fussent le siège d'une école gratuite de grammaire, « pour iceulx escoliers estre receus à y estudier sans en » payer quelconque debvoir (¹). » Telle est la fondation qui a donné naissance au collège Saint-Jean.

L'exécution de la donation est confiée à Raoul Moreau « maistre escole de l'église de Nantes » auquel appartenait l'institution et la révocation des régents en grammaire et aussi à deux maîtres nommés Thomas Loisel et Guillaume Meslin, qui sont désignés de suite pour diriger le nouveau collège. Guillemin Delaunay leur demande, en retour de ses bienfaits, de conduire les écoliers deux à deux à l'église Saint-Saturnin, en chantant une hymne ou une prose en

(¹) Arch. de la mairie, série GG.

l'honneur de la Vierge, d'assister à une grand'messe chaque samedi et de prier ensuite sur sa tombe. Les débuts de la maison ne furent pas heureux. Thomas Loisel et son collègue conduisirent-ils mal l'entreprise, ou bien furent-ils accablés de charges? nous l'ignorons. Toujours est-il avéré qu'ils se retirèrent sans avoir rempli les conditions de leur bail. La veuve de Guillemin Delaunay, Marie Turmel, voyant que les bâtiments n'étaient pas entretenus, donna 66 livres pour les frais de réparation, et 16 livres pour amortir une rente dont ils étaient grevés. Ce don est inscrit dans l'acte de ratification qu'elle souscrivit en 1475, en faveur du collège Saint-Jean. Le régent qui succéda aux premiers, et qui occupait la maison à la même date, est Jacques Lohier. Ce n'est pas lui qui reçut les fonds. La donatrice voulant éviter de nouvelles négligences de la part des régents, institua les scholastiques de la cathédrale gardiens de ses volontés, et leur attribua le pouvoir de nommer le principal à perpétuité.

La dotation n'était sans doute pas suffisante, car on se plaint au siècle suivant de la décadence du collège et on reproche au scholastique de ne pas veiller sur l'entretien des bâtiments qui menacent ruine (1). Les officiers municipaux offrirent leur aide. Dans la requête qu'ils adressent à l'Evêché, ils disent que leur intention est « d'augmenter
» et perpétuer l'exercice littéraire, animer et enflammer la
» jeunesse à l'étude des lettres, et par mesme moyen semer
» entre les escholiers et estudiants des deux colléges, une

(1) *Narration sommaire de ce qui est advenu à Nantes par ceux qu'on a prétendu conspirateurs contre la Majesté du Roi.* (Bibl. nationale, Fonds Colbert XXVII, fo 88, 89.) Pierre Sublet, prêtre, était principal en 1552.

Jean Lévesque, docteur en théologie, y demeurait en 1558 et 1559, mais j'ignore à quel titre.

» saincte envie et une louable jalousie à qui mieulx (¹). »
Ils restaurèrent la maison aux frais de la ville, et quand
ils eurent un pied dans l'établissement, il leur fut facile
de s'en rendre complètement propriétaires. Leur prise de
possession est de 1582. Ils nommèrent des régents,
tracèrent des règlements, comme pour un collège municipal, sans que personne élevât de réclamation.

En 1617, Robert de Lisle, principal, aurait voulu, malgré
l'opposition de son collègue Laurent Fouqueré, donner de
l'extension au programme des études, il essaya de créer
quatre classes au lieu de deux. Aussitôt ses confrères du
collège Saint-Clément poussèrent les hauts cris, l'accusèrent d'ambition et lui envoyèrent une assignation à
comparaître devant le prévôt de Nantes. Par sentence du
7 septembre 1617, ce juge le condamna à cesser ses innovations qui, du reste, étaient en dérogation avec le traité
conclu avec la Mairie. Le défendeur ne se tint pas pour
battu, il porta appel au Parlement. Ses adversaires lui
firent répondre que ses prétentions ne tendaient à rien
moins qu'à ruiner le collège Saint-Clément, et l'Université
intervenant à son tour au procès, réclama un privilège
pour le collège Saint-Clément qui était le sien, disait-elle,
tandis que l'autre n'avait pas de réputation. Le premier
avait des gages assurés pour un bon nombre de régents,
tandis que l'autre n'avait aucune prébende à offrir à ses
pédagogues. « Il n'était pas raisonnable, disait-on, que
» l'institution de la jeunesse se fît en un lieu *sans nom et*
» *sans aveu.* » La Cour admit cette dernière opinion,
bien qu'elle fût intolérante au dernier chef, et ordonna que
la sentence du prévôt sortirait son effet (²).

(¹) Travers. *Histoire de Nantes.*
(²) *Privilège de la Faculté des Arts,* p. 42.

Robert de Lisle s'étant démis de sa charge, la Ville le remplaça par Laurent Fouqueré, auquel elle joignit Julien Feilleteau, maître écrivain. Leur résidence fut fixée dans l'ancien et dans le nouveau logis, et il fut convenu que leurs leçons se borneraient aux premiers principes, suivant la décision consacrée par l'arrêt de la Cour.

En 1632, Jacques Davy se présenta devant les officiers municipaux, en disant que plusieurs habitants le priaient de prendre la direction du Collège. Ses services furent acceptés et il conserva ses fonctions jusqu'en 1651, époque où il les résigna en faveur de Pierre Célard, licencié en droit. A propos de ce changement, une contestation inattendue éclata et entraîna encore un procès. Le scholastique de la cathédrale, qui, depuis près d'un siècle, ne s'occupait plus des affaires du collège Saint-Jean, prétendit alors intervenir dans la nomination du régent, alléguant qu'il ne pouvait y avoir de prescription contre les termes de la fondation de Guillemin Delaunay. Le candidat agréable au scholastique était le sieur Célard; la mairie lui préférait l'abbé René Lévesque. La Cour du Parlement devant laquelle on porta le débat, se prononça en faveur du scholastique, par arrêt du 28 août 1651. Les défendeurs interjetèrent appel au Conseil du Roi et se préparèrent à lutter à outrance, mais bientôt ils comprirent qu'il était de leur intérêt de transiger et rédigèrent un accord qui fut signé par les deux parties, le 14 février 1655 [1].

Considérant que le collège Saint-Jean et le collège Saint-Clément tombaient en ruine, les contractants convinrent que le premier serait vendu par la Ville, et que le produit de l'adjudication serait appliqué aux frais de reconstruction du second. L'acte stipulait que les acquéreurs de la

[1] Arch. départ., série D.

maison seraient tenus de servir aux scholastiques de la cathédrale la rente accoutumée de 40 sous et la Mairie, de son côté, s'engageait à servir une rente de 50 livres à un chapelain de l'église Saint-Saturnin, qui serait chargé d'acquitter les messes fondées au collège. Il fut également arrêté que la classe de sixième, au collège Saint-Clément, s'appellerait la *classe Saint-Jean*, qu'elle serait soumise à l'inspection du scholastique, toutes les fois que cet ecclésiastique le jugerait à propos, et que la Mairie lui ferait l'honneur de le convoquer toutes les fois qu'il y aurait lieu d'élire un principal.

En conséquence le collège Saint-Jean fut mis en vente et adjugé le 9 mars 1656, au sieur Baudouin (Michel), marchand, pour la somme de 9,600 livres [1].

Au premier article des statuts de la Faculté des Arts de l'Université de Nantes, il avait été stipulé que la ville de Nantes aurait deux collèges, pas davantage. On ne voulait pas une concurrence sans bornes, dans la crainte que tous les établissements ne fussent condamnés à végéter dans une médiocre aisance. Je n'ai presque rien à dire sur la seconde maison qui fut opposée à celle qu'avait fondée le bourgeois Delaunay. Elle n'est connue dans l'histoire que par une seule phrase extraite des registres de la Faculté des Arts de l'an 1502, la voici : « Maître Charles Gaurays, de la Faculté des Arts, était régent au collège de Melleray » [2].

J'ai cherché dans tous les quartiers de la ville quelle pouvait être la maison citée incidemment dans ce passage, et je n'en ai pas vu d'autres que le logis possédé par l'abbaye de Meilleray, au coin de la rue de Beau-Soleil et

---

[1] *Fonds de l'Oratoire.* (Arch. départ., H.)
[2] *Magister Carolus Gaurays, facultatis artium in pedagogio de Melleray regens.* (Arch. départ., série D.)

de la rue de Briord. Les religieux de Melleray ou de la Meilleraie étaient obligés d'avoir, comme les autres moines, une maison particulière qui leur servait d'hôtellerie quand ils venaient en diverses circonstances au chef-lieu du diocèse. Il est possible qu'ils aient consenti à céder quelques chambres quand le duc François II se mit en quête de locaux convenables pour installer les régents.

Un troisième collège a fleuri aussi à Nantes, au moment où les deux premiers tombèrent en décadence ; bien que son existence ait été courte, il est convenable d'en faire mention ici, afin que tous les efforts tentés en Bretagne puissent être comptés plus tard dans une histoire générale de l'Instruction. Le mouvement admirable qui, au XVIe siècle, porta tant d'esprits cultivés vers l'étude des chefs-d'œuvre de l'Antiquité, se fit sentir en Bretagne comme ailleurs, et eut son retentissement jusque dans le monde des écoliers. Les jeunes intelligences elles-mêmes poussèrent le désir d'apprendre jusqu'à la passion et accoururent en foule aux leçons des Universités. C'est alors que, pour venir en aide aux établissements trop étroits de la ville, un généreux ecclésiastique offrit les bâtiments de son bénéfice. Olivier Richard, docteur ès-droits et grand vicaire du diocèse de Nantes, abandonna, le 2 juin 1521, la jouissance du prieuré de Sainte-Croix, dont il était pourvu, y compris les maisons et jardins qui en dépendaient, afin d'y installer un nouveau collège (1). Un régent, Guillaume Le Bossec, en prit possession de suite et y fut aussitôt entouré d'une nombreuse jeunesse. Dans une requête adressée par son successeur, Guillaume Larcher, à la municipalité, vers 1526, pour obtenir une avance de 400 livres, il rapporte que l'école de Sainte-Croix ren-

(1) Arch. départ., série D, *collèges.*

ferme 300 écoliers « tant pansionniers que caméristes » venus de divers lieux » (1). On lui accorda 100 livres en novembre 1526.

L'abbé de Marmoutier, duquel relevait le prieuré de Sainte-Croix, et le Roi, qui était héritier des droits des princes de Bretagne fondateurs, donnèrent leur assentiment à la démission consentie par le grand vicaire Olivier Richard ; mais la cour de Rome ne jugea pas à propos de ratifier cette sécularisation. L'usage de convertir les bénéfices ecclésiastiques en dotations était alors une innovation. Cinquante ans plus tard la proposition n'eût pas rencontré la même résistance.

Collège de Saint-Clément. — Privé de tout espoir de ce côté, le Conseil des bourgeois chercha en vain, pendant plusieurs années, des bâtiments assez vastes pour remplacer l'école de Sainte-Croix. Aucun terrain n'étant disponible dans l'enceinte de la ville, il dut choisir parmi les immeubles situés hors des murs et jeta ses vues sur l'hôpital Saint-Clément. Les chanoines de la Cathédrale, qui en étaient propriétaires, voulurent bien entrer en arrangement, et le 29 juillet 1555, l'acquisition fut conclue par les officiers municipaux. Cinq ans auparavant, ceux-ci avaient acheté aussi les écoles de droit de la rue Saint-Gildas. Malgré ces sacrifices, les bourgeois étaient encore disposés à supporter de nouvelles dépenses pour établir leurs collèges dans une situation qui ne laissât rien à désirer. Ils firent venir de Paris un maître-ès-arts, régent en l'Université, l'abbé Pierre Bintin, recteur de la Couyère, qui enseignait au collège de Lisieux, et passèrent un traité avec lui le 14 juillet 1557.

Par cet acte il est admis pour principal du collège

(1) Arch. municip., BB, liasse 3. Voir aussi GG.

Saint-Clément à la condition qu'il entretiendra quatre autres régents « gens doctes, fameux, de bonne vie et conver- » sation, » qu'il enseignera les lettres grecques et latines par lecture et disputes, suivant l'usage suivi dans les collèges de l'Université de Paris « à l'instar desquels le » collège de Nantes sera entretenu, régi et gouverné. »
Le principal est autorisé à percevoir les devoirs ou prix adoptés dans les collèges de Paris tant sur les *portionistes* (pensionnaires) que sur les *martinets* (externes).

Il aura pour ses gages 700 livres la première année, et 600 livres les années suivantes.

La Ville prend à sa charge l'entretien des bâtiments, les réparations de la chapelle et la fourniture du mobilier.

L'ouverture des classes aura lieu le 1er octobre 1557 et le traité est conclu pour 3 ans (¹).

Il paraît que la municipalité avait trop présumé de ses forces en acceptant les termes de ce contrat, car dès le début de l'institution elle eut toutes les peines du monde à régler les gages promis aux régents. Ses ressources ne lui permettaient pas de s'acquitter autrement que par des à comptes sur chaque annuité. Prévoyant que cette pénurie pourrait compromettre la prospérité du collège, elle s'adressa à l'Evêché et obtint, le 24 avril 1559, un décret épiscopal qui réunissait le titre et les revenus de la cure de Saint-Julien-de-Vouvantes à la charge de principal du collège Saint-Clément (²). Malgré cet appoint, la situation ne fut pas mieux équilibrée. On voit, par exemple en 1563, que la Ville est redevable d'arrérages qui s'élèvent à la somme de 2,736 livres, et en 1573 de nouvelles réclamations annoncent que les gages ne sont jamais payés complète-

(¹) Arch. de la mairie, GG.
(²) *Table des registres du secrétariat.* (Arch. départ., G.)

ment. Fatigués de ces retards sans cesse renouvelés, les régents déclarèrent qu'ils ne voulaient plus continuer leurs classes et abandonnèrent la maison en 1578 (¹).

On alla jusqu'à Angers demander un autre principal sans réussir dans les négociations. Celui qui consentit à prendre vers 1580, cette succession peu séduisante, se nommait Jacques Macé, homme très accommodant et très zélé dans ses fonctions, sur la régence duquel nous possédons quelques détails de mœurs qu'il est bon de noter ici. Il eut plus d'une difficulté dans le cours de son administration. Dès le début, les écoliers se plaignaient qu'on leur imposât des taxes supplémentaires pour la chandelle, la toile des fenêtres et l'entretien des bancs. Appelé à se défendre en 1579, le principal répondit qu'il suivait l'usage des collèges de Paris, comme le comportaient les termes de son bail.

Au dehors il avait des concurrents qui menaçaient sérieusement ses intérêts. Au lieu de vivre dans l'internat de Saint-Clément, des étudiants préféraient se mettre en pension chez des particuliers, nommés pédagogues, qui leur laissaient une grande liberté. Il vécut en bonne intelligence avec ces rivaux tant qu'ils restèrent dans leurs attributions et ne reçurent que peu de pensionnaires, mais lorsqu'il les vit prétendre à l'enseignement des humanités dont ils étaient exclus par les règlements, il sortit de sa tolérance habituelle pour les poursuivre en 1583.

Ceux qu'il prit à partie étaient quatre pédagogues du faubourg Saint-Clément (²). Le prévôt de Nantes qui, en

---

(¹) Parmi ceux qui enseignèrent dans cette première période, je citerai Guillaume Gruen, régent en 1560 (G. 253, Arch. dép.), et Jacques Le Bigot, corégent en 1567. Les autres sont inconnus. (Arch. de la mairie, GG.)

(²) La sentence est du 12 janvier 1583. On les nommait Jacques Lemée, Gilles Rocheront, Maurice Seue et Jean Gaillard. (*Privilèges de l'Université de Nantes*, p. 56.)

1561, avait déjà condamné leurs confrères à rentrer dans l'ordre, leur rappela dans sa sentence que les seules écoles publiques, reconnues dans la ville et les faubourgs de Nantes, étaient celles de Saint-Jean et de Saint-Clément. Il ajoutait qu'ils ne devaient enseigner à leurs élèves d'autres connaissances que la lecture, l'écriture et le calcul ; que, pour les autres leçons, les enfants devaient se rendre aux deux collèges, en payant à chaque principal les droits fixés (1). Il fut défendu de nouveau aux pédagogues de recevoir chez eux plus de 6 ou 7 élèves en pension. Le Parlement de Rennes, à qui l'affaire fut déférée en appel, confirma cette doctrine par un arrêt en date du 13 août 1587.

Pour justifier le monopole qu'il revendiquait, le principal du collège de Saint-Clément était tenu d'avoir un personnel nombreux et capable de conduire les élèves jusqu'au terme des humanités. Jacques Macé le comprit si bien, que, sans attendre les propositions de la Ville, et sans y être contraint par aucun article de son bail, il adjoignit aux quatre régents ordinaires un premier régent de rhétorique et un professeur de philosophie, dont les gages étaient à sa charge. Le fait est constaté dans une délibération de 1586. Pour l'indemniser, la municipalité lui accorde à cette date une gratification de 133 écus, attendu que la cure de Saint-Julien-de-Vouvantes, qui lui était comptée pour 900 livres, ne lui rapportait que 600 livres (2). Cette somme ne suffisait pas à combler le déficit. Les mauvaises années qu'on venait de traverser, la famine, la peste, la cherté des vivres, les réparations locatives, les gages du personnel, la guerre, avaient amené une telle

---

(1) La taxe était de deux sous par mois. (Ibidem, p. 6 et 7.)
(2) *Livre des délibérations* de 1586.

détresse au collège que Jacques Macé avait été obligé d'emprunter jusqu'à 2,000 livres sur son patrimoine. Comme la ville tenait à conserver son principal, elle vota, le 19 janvier 1587, un supplément d'indemnité de 333 écus (1). Les maîtres des requêtes de la Chambre des Comptes ne voulurent pas ratifier cette dépense sur le compte en décharge du miseur municipal, mais le duc de Mercœur intervint et rétablit l'article supprimé (2).

Pendant les troubles de la Ligue, Jacques Macé eut à souffrir plus d'une fois des incursions des gens de guerre. L'armée du prince de Dombes et les compagnies du sire de Lavardin ont, dit-il, enlevé les récoltes de la cure en passant dans la paroisse de Saint-Julien-de-Vouvantes, à tel point qu'il est demeuré trois ans sans jouir des revenus de ce bénéfice. Les pèlerins ont cessé de venir en voyage à la statue de saint Julien, comme de coutume, et le vicaire perpétuel a pris ce que les soldats n'ont pas emporté (3). Ces détails sont dans la requête qu'il adressa à la mairie, vers 1598, pour avoir une indemnité de 1,500 livres à titre de compensation, car il estime que sa cure lui vaut, année moyenne, 500 livres.

Le bail qui fut conclu en 1614, pour 12 ans, entre la Ville et son successeur, Michel Bigot, existe au dossier du collège. Cet acte précieux va nous retracer fidèlement

---

(1) Ibidem.

(2) *Mandement royaux,* vol. XIII, fo 75. (Arch. dép., B). Le mandement du duc de Mercœur est plein de détails sur cette époque. Cette concession est faite « pour ne donner audit Macé occasion d'aucun mescontan-
» tement (dit Mercœur), mais continuer à polliçer, orner et faire instruire
» en toutes honestes et vertueuses perfections la jeunesse dudit collège,
» comme estant chose la plus singulière remarquable et recommandable des
» républiques, voire le principal ornement et décoration d'icelles. »

(3) Arch. de la Mairie, GG.

la physionomie de la maison et les règles de conduite imposées aux régents. L'acte porte : qu'il logera et nourrira dans le collège un philosophe et six régents en humanités ; qu'il ne pourra donner moins de 300 livres au régent de philosophie, au premier régent moins de 240 livres, et au second régent moins de 150 livres. Ce personnel devra être catholique et non engagé dans les liens du mariage. Chaque matin, une messe sera célébrée en la chapelle du collège, et, le soir, les écoliers chanteront un salut.

Les leçons accoutumées seront données suivant les règles adoptées dans les plus fameux collèges de la capitale, et, outre l'enseignement professé dans les classes de grec et de latin, l'un des régents est obligé de faire une lecture, chaque jour, en grec, pour l'instruction des pensionnaires et des externes capables de le suivre. Les élèves seront astreints à faire des compositions et des dissertations, à réciter des leçons, à parler en latin, et se livreront aux exercices de la déclamation, tels qu'ils se pratiquent à Paris. Le principal ne peut s'associer aucun maître sans l'autorisation de la ville, ni rien changer aux usages établis ; il se contentera de l'ordinaire fourni à ses prédécesseurs ; il nourrira convenablement les élèves, ne percevra qu'une rétribution modérée des pensionnaires et des externes, n'exigera rien des écoliers nécessiteux et se fera immatriculer sur les registres de l'Université pour jouir des avantages accordés à tous ses suppôts. La Ville se réserve la jouissance de la cure de Saint-Julien-de-Vouvantes, et en échange elle allouera une subvention de 1,500 livres au principal, qui n'aura, pour toute charge matérielle, que l'entretien du carrelage et des vitres.

En l'année 1619, le collège Saint-Clément vit s'élever à côté de lui une congrégation qui devait bientôt l'absorber. Les Oratoriens avaient acheté dans le voisinage le plus rapproché, sans doute en prévision de l'avenir, la tenue de la Belonnerie pour y bâtir leur communauté. Grâce à la réputation de science qu'ils s'étaient acquise, et aussi à l'appui de leurs puissants protecteurs, il ne leur fut pas difficile d'obtenir la préférence sur le principal, Michel Bigot (¹).

A l'expiration du bail, le conseil de Ville, appelé à délibérer sur son renouvellement, décida, le 2 mars 1625, que l'administration du collège de Saint-Clément serait remise aux mains des prêtres de l'Oratoire pour une période de six années, après laquelle la Ville se réservait la liberté de les remercier, si elle n'était pas satisfaite de leurs services. Le nouveau traité est conforme au précédent, en ce qui regarde le personnel et la subvention, mais il stipule qu'il y aura trois classes de pensionnaires, l'une à 120 livres, l'autre à 150, et la plus élevée à 180 livres. Sur la question des études, l'acte recommande aux Pères de ne pas omettre les cérémonies de la fête Saint-Marc, « auquel jour pour l'ordinaire les énigmes et divers » actes de philosophie ont accoutumé de se faire tous » les ans (²). » Les échevins se réservent le droit de visiter le collège et de statuer sur les réclamations des écoliers. Chaque élève devait payer deux sous par mois pour l'entretien d'un portier. Il est à remarquer que ce concordat fut soumis à l'approbation du Roi et de l'Evêque, et qu'il ne fut pas question de l'agrément de la cour de Rome, comme pour les actes du XVe siècle.

Dès que les Oratoriens eurent pris possession du

(¹) En arrivant à Nantes, les Oratoriens s'étaient établis à l'hôtel de Briord qu'ils avaient acheté, le 7 avril 1621, de la duchesse de Mercœur.

(²) *Titres de l'Oratoire de Nantes.* (Série H, Arch. dép. de la Loire-Inf.)

collège, ils s'empressèrent de solliciter l'incorporation de leurs régents dans l'Université, afin de jouir des privilèges et immunités conférés à tous ses membres. Ils furent immatriculés le 7 avril 1625, mais non sans restriction; car dès cette époque les Universités du royaume, attachées aux principes du gallicanisme, tenaient en suspicion toutes les congrégations et se mettaient en garde contre leurs empiétements. Le registre de leur admission porte qu'ils pourront prendre toutes sortes de degrés dont ils seront jugés capables, « sans que toutefois ils puissent avoir
» jamais aucune voix délibérative qu'en la Faculté des
» Arts, en laquelle ils se retireront pour délibérer des
» affaires qui se présenteront. »

Dans la séance du 4 janvier 1626, les délibérants poussèrent plus loin la défiance. Il fut arrêté, ce jour-là, que les Oratoriens ne pourraient pas prendre de degrés en dehors de la Faculté des Arts. Ils parvinrent cependant à s'affranchir peu à peu de cet ostracisme, car on voit qu'en 1652 on leur accordait six voix dans les assemblées générales de l'Université.

La municipalité, plus bienveillante pour les Oratoriens, leur continua sa confiance en renouvelant le bail à plusieurs reprises, et leur vint en aide, toutes les fois qu'ils réclamèrent une augmentation de traitement ou de personnel. La requête que Michel Arminot, préfet du collège de Saint-Clément, lui adressa pour lui exposer la nécessité d'accroître le nombre des professeurs, est pleine de détails instructifs. Le cours de philosophie en 1653 était suivi par 160 élèves, et, à la fête de la Madeleine, la plupart avaient soutenu publiquement des épreuves qui avaient satisfait tous les auditeurs.

Ce succès ne fut probablement pas sans influence sur la résolution que prit aussitôt la Ville d'ouvrir de nouvelles classes, pour soulager les professeurs et retenir les élèves dans un établissement si bien dirigé. On voit dans le bail conclu en 1654, que les magistrats municipaux consentirent à la fondation d'un second cours de philosophie et d'un cours de théologie, moyennant une allocation annuelle de 500 livres ; et, deux années après, une autre subvention de 300 livres fut encore accordée pour le traitement d'un second professeur de théologie.

On ne pouvait pas moins faire pour un collège auquel on attribuait le monopole exclusif de l'enseignement secondaire, surtout après avoir fermé la bouche à tous ceux qui se présentaient pour ouvrir des cours. Au XVIIe siècle comme au XVIe, on vit apparaître des particuliers audacieux qui tentèrent, malgré les défenses réitérées des cours de justice et de la Faculté des Arts, d'ériger chaire contre chaire, revendiquant la liberté des leçons avec opiniâtreté. Un irlandais, Richard Gybbon, ayant voulu faire un cours de philosophie, fut cité par le bedeau général de l'Université à comparaître devant le recteur et les docteurs assemblés et condamné le 30 novembre 1642 à cesser ses leçons. Il continua. Alors le procureur général de l'Université l'ajourna devant le prévôt de Nantes, juge-conservateur des privilèges de l'Université, qui lui imposa silence le 18 avril 1643.

Après quelques années d'intervalle, R. Gybbon recommença ses leçons en compagnie d'un autre irlandais, Patrice Maubrony, et tous deux ensemble se mirent à faire des classes de grammaire, de rhétorique et de philosophie. Comme ils avaient besoin d'élèves, ils accueillaient tous ceux qui venaient à eux, sans examiner leurs antécédents, et admettaient complaisamment aux cours de rhétorique ou de philosophie, ceux mêmes qui sortaient de quatrième. Chez eux, point de correction sévère. Leur école devint alors le refuge des mauvais écoliers de Saint-Clément : les fripons, les vicieux, les débauchés s'y donnaient rendez-vous, certains qu'ils auraient leur indépendance. Qu'arriva-t-il ? C'est que les élèves des Oratoriens, mal disposés, négligeaient d'étudier, parce qu'ils avaient la certitude d'être reçus chez les Irlandais ; ils devenaient insolents envers leurs maîtres, ne craignaient plus les châtiments, et à la première menace, ils quittaient le collège. Retirés chez leurs nouveaux maîtres comme dans une citadelle, ils se vengeaient de leurs anciens régents en venant faire du tapage ou en débauchant de bons écoliers. Si un fripon de l'Oratoire voulait semer le désordre dans la maison, il avertissait les insubordonnés du collège irlandais et tous ensemble armés d'épées et de bâtons, ils venaient porter le trouble dans les classes [1]. Il était impossible de tolérer de semblables vexations. Dans une assemblée générale de l'Université du 7 mars 1649, défense fut signifiée aux Irlandais de continuer leurs leçons. Loin de tenir compte de cette sommation, les récalcitrants s'adjoignirent un autre maître, le sieur Benoit. Cette fois, le procureur général de l'Université déféra leur désobéissance au juge prévôt qui les condamna en les menaçant de la prison, le 10 janvier 1650. Benoit seul se retira, ses collègues Gybbon et Maubrony ne firent aucune soumission, ils feignirent seulement de se justifier en montrant une permission signée de trois docteurs en théologie et des lettres de maîtres ès-arts. On leur répondit que les théologiens n'avaient pas qualité pour délivrer des autorisations semblables et que les maîtres ès-arts ne pouvaient enseigner que dans les chaires établies dans les collèges de Saint-Jean et de Saint-Clément.

[1] *Privilèges de l'Université*, p. 10-13.

On croyait que, cette fois enfin, ces deux acharnés lutteurs rendraient les armes : on se trompait. Il existe encore trois sentences de condamnation portées contre eux : l'une du 18 mars 1650, émanant du prévôt, leur enjoint de quitter la ville et les faubourgs dans le délai d'un mois, sous peine d'être expulsés comme perturbateurs du repos public ; une autre émanant de l'Evêque, agissant en qualité de chancelier et de juge conservateur apostolique des privilèges de l'Université, à la date du 8 juillet suivant, leur interdit de tenir des écoles publiques ou particulières dans la ville de Nantes, une dernière enfin, du 21 juillet 1650, prononcée aussi par le siège de la prévôté, leur enjoint de quitter la ville immédiatement, sous peine d'être expulsés à leurs frais (1). Il ne leur restait plus qu'à invoquer la juridiction souveraine du Parlement. Ce recours, s'ils en usèrent, ne leur fut certainement pas plus favorable que les juges de Nantes. Bien que cette querelle fût un peu longue, elle devait avoir ici sa place, elle nous peint exactement quelle était la véritable situation du corps enseignant au XVIIe siècle.

Les années qui suivirent furent consacrées à l'étude de la reconstruction des logements, car il importait de se mettre à l'abri de toute critique. Le collège de Saint-Clément, comme celui de Saint-Jean, était dans un tel état de délabrement vers 1650, qu'il devenait impossible d'y habiter, et du reste les salles ne pouvaient plus contenir le nombre toujours croissant des élèves. En étudiant les moyens de se créer des ressources, la Ville crut que la meilleure combinaison serait d'aliéner les immeubles du collège Saint-Jean et d'en appliquer le prix à l'amélioration du collège Saint-Clément. Ce plan adopté,

---

(1) *Privilèges de l'Université de Nantes*, p. 10-13.

la première pierre du nouvel édifice fut posée le 24 mars 1655 (¹). Pour s'acquitter envers le scholastique, on plaça au-dessus de la porte de la *sixième* l'inscription suivante : *Schola Joannea fundata a domino Guillelmo Delaunay et translata in collegium Clementinum anno* 1656.

Les travaux se poursuivirent lentement jusqu'en l'année 1678 ; néanmoins, les leçons des professeurs continuèrent avec la régularité habituelle ; nous en avons la certitude par une relation contemporaine conservée au greffe de Nantes. Le roi Louis XIV, qui ne laissait rien vivre hors de sa tutelle et rêvait sans doute de réorganiser les Universités, soumit celle de Nantes à une inspection minutieuse en 1669 (²). Habituée à vivre en dehors de tout contrôle et à régler elle-même sa discipline, la Faculté des Arts avait lieu d'être surprise de cette ingérence insolite (³). Cependant elle fit bon accueil au délégué de l'autorité royale. Le sénéchal de Nantes, Jacques Charette, chargé des fonctions de commissaire enquêteur, se rendit au collège Saint-Clément pour y questionner les régents et visiter les classes. Le procès-verbal qu'il a rédigé en cette circonstance va nous donner des détails du plus haut intérêt sur l'état de la Faculté des Arts au XVIIe siècle (⁴).

Le délégué du roi fut reçu, le 4 juin 1669, à l'entrée du collège Saint-Clément, par le supérieur, le préfet et le

---

(¹) Archives de la mairie, GG. — Voir aussi *Liasses de l'Oratoire*. (Arch. départ, H.)

(²) Archives du greffe, minutes de 1669.

(³) Le fait n'était pas sans précédent. En enregistrant les lettres de confirmation de Charles IX, de 1564, le Parlement de Bretagne avait arrêté que deux conseillers seraient chargés de procéder *à la réformation de l'Université de Nantes*.

(⁴) La Faculté des Arts au XVIIIe siècle tenait ses réunions dans la chapelle de Saint-Marc, attenante au collège.

professeur de théologie, qui lui montrèrent une grande cour contenant 150 pieds de longueur et 100 de largeur, autour de laquelle s'élevaient cinq classes nouvellement bâties, savoir: la théologie, la physique, la logique, la rhétorique et la seconde ; et, à côté, une grande salle servant aux exercices publics, tels que les discussions. Les étages au-dessus des classes n'étant pas achevés, le principal ne pouvait loger aucun pensionnaire, et on voyait les fondements des constructions de deux autres classes. Quant aux bâtiments de la troisième, de la quatrième, de la cinquième et de la sixième, l'inspecteur les trouva totalement en ruines et constata que les murailles étaient « ventrues, lézardées et contreplombées. »

Lorsqu'il interrogea le principal sur la méthode suivie pour l'enseignement, il lui fut répondu que les deux professeurs de théologie faisaient leur classe l'un le matin, de huit heures et demie à dix heures, et l'autre le soir, de trois à quatre heures. Ils consacraient une demi heure à dicter les leçons d'un traité, une autre demi heure à l'explication du texte, et le reste du temps à disputer, prenant pour base de leur enseignement des traités de scholastique et la doctrine des sacrements. Le samedi était plus particulièrement consacré aux discussions.

Les élèves de logique et de physique, nommés aussi philosophes, restaient en classe deux heures le matin et deux heures l'après-midi, et leur temps se partageait de même entre la dictée, l'explication et la discussion ; cependant la dernière demi heure leur était laissée pour écrire. De quinze jours en quinze jours, ils soutenaient des thèses imprimées [1]; mais les grands actes solennels avaient lieu à la Saint-Marc et à la fin de l'année.

---

[1] Le dossier de l'Université renferme encore plusieurs de ces thèses : les

En rhétorique, les élèves étaient dirigés ainsi : de mois en mois, ils se livraient aux déclamations ; deux fois par an, ils jouaient la tragédie et expliquaient des énigmes avec affixes. Pendant la classe, qui durait deux heures le matin et deux heures le soir, le professeur expliquait ses cahiers de rhétorique et de géographie, écoutait la récitation des leçons, corrigeait les amplifications et donnait des sujets de composition. Ici, les Pères de l'Oratoire firent observer qu'ils ne partageaient pas l'opinion de ceux qui blâmaient la méthode de dicter des cahiers, car l'expérience leur démontrait que cet usage retenait les écoliers plus assidus.

Dans les classes inférieures, les élèves, après la récitation, rendaient raison de leurs leçons, les professeurs en expliquaient de nouvelles, corrigeaient et donnaient même par écrit la correction des thèmes, faisaient expliquer quelques auteurs, le plus ordinairement des historiens, et classaient de temps en temps leurs élèves selon leur mérite. Les distributions de prix publiques et particulières n'avaient lieu que rarement, parce que le collège ne recevait aucun don pour subvenir à cette coûteuse cérémonie.

Le principal ajouta que la population du collège, uniquement composée d'externes, s'élevait à onze ou douze cents élèves, ainsi répartis : 110 en théologie, venus, les uns du Comté Nantais et de la Basse-Bretagne, les autres du Poitou, de la Normandie et même de l'Irlande (1) ; 76 en physique, 164 en logique, 116 en rhétorique, 124 en seconde, 206 en troisième, 188 en quatrième, 189 en cinquième, 106 en sixième. La plupart de ces écoliers venaient des pays indiqués plus haut.

unes sont dédiées à Jésus enfant, d'autres à Jésus jeûnant, et toutes rédigées en latin.

(1) Ils étaient cinq Irlandais.

Il fallut montrer ensuite à l'inspecteur les contrats conclus avec la municipalité, de laquelle le collège recevait alors une subvention de 2,300 livres. A propos du bail de 1654, le principal fit remarquer que le prix des vivres ayant presque augmenté de moitié depuis 1625, la Ville leur avait permis de lever quatre sous par mois sur chaque élève, au lieu de deux, pour le droit du portier, et qu'ils retiraient de cette taxe douze ou quinze cents livres, au plus (¹). La modicité de ce revenu provenait de ce que, les théologiens ne payant rien, les élèves des hautes classes s'autorisaient de leur exemple pour refuser leurs deniers, et de ce que les élèves des basses classes étaient généralement pauvres, dit le rapport.

Tous les samedis, à l'issue de la classe du soir, les élèves de troisième, de seconde et au-dessus, s'assemblaient pour entendre une exhortation pieuse, et le dimanche matin ils assistaient à la messe, après avoir récité les heures de Notre-Dame. Le catéchisme se faisait aussi le samedi.

Le 8 juin, le commissaire enquêteur rassembla le recteur de l'Université, le grand vicaire de l'évêque chancelier, maître Giraud, Pierre Poullain, Jean Fouchard, docteur, régents de la Faculté des droits civil et canon, avec quelques membres des autres Facultés, et fit comparaître devant eux le préfet de l'Oratoire, accompagné de quelques professeurs, pour connaître leur opinion sur les réformes jugées nécessaires. Ceux-ci exposèrent qu'ils croyaient leur méthode d'enseignement « très utile et bonne, » mais ils reconnurent qu'elle était susceptible d'être améliorée. Suivant leur avis, la réforme des méthodes devait s'étendre à tous les collèges, à cause des communi-

---

(¹) Cette somme était employée à l'entretien du matériel du collège.

cations qui les liaient les uns aux autres. Ils proposèrent de retrancher les questions qui ne sont « que de pures » chicanes sans avoir rapport aux autres sciences ou » de mathématique ou de théologie, » et de bannir des cours de théologie les vaines et subtiles discussions qu'on avait l'habitude de mêler à l'interprétation des vérités de la religion.

Quant aux humanités, il leur paraît désirable que les éléments de la langue latine soient mis à la portée des commençants, dans des manuels écrits en français, et plus clairs que la grammaire de Despautère, d'autant que ce livre ne fait qu'embarrasser les enfants (1).

« Et afin de bien enseigner la jeunesse, il seroit néces-
» saire d'establir une bonne discipline, de retrancher le trop
» grand nombre, comme quantité de paisants qui viennent
» de la campagne, qui seroient plus propres à aprendre
» des mestiers ou à labourer la terre ou dans le comerce que
» aux estudes, attendu le peu de disposition qu'ils ont, et
» pour cet effect, après que lesdits révérends pères auroient
» jugé du peu de disposition qu'ont ces sortes d'escoliers
» pour l'estude et fait advertir les parans de les retirer du
» collège, et en deffault de le fere, ils en donneront avis
» au sénéschal de la ville qui les feroit sortir.

» Mais d'autant que l'on peult objecter que lesdits esco-
» liers estudient pour estre prestres à la campagne, il seroit
» à désirer que MM. les évêques y donnassent ordre, affin
» d'empescher les plaintes des recteurs des paroisses. Et à
» l'égard de la discipline, qu'il feust absolument deffandu

(1) Despautère est un grammairien flamand du XVIe siècle. Sa grammaire était d'un usage général dans les écoles de France, malgré ses imperfections. Elle faisait le supplice des écoliers. A Rennes, on se servait au XVIIe siècle du livre de Donat, grammairien du IVe siècle, précepteur de saint Jérôme. Son titre était : *De octo partibus orationis.*

» à tous les escoliers, de quelque condition qu'ils puissent
» être, de porter aucunes espées pendant le temps qu'ils
» sont aux estudes (1). »

La gent écolière n'a jamais été facile à gouverner; elle était d'autant plus rebelle, à cette époque, qu'on lui accordait des privilèges trop étendus pour ne pas exciter son insolence. En matière de discipline, l'autorité des régents n'allait pas très loin, surtout envers les externes, puisqu'ils ne pouvaient expulser les insubordonnés sans une sentence du juge prévôt. Avant de recourir à cette extrémité, ils épuisaient tous les genres d'avertissements, mais souvent sans succès, comme le prouve la requête suivante :

A Monsieur le prévost de Nantes, juge conservateur de l'Université de Nantes.

« Supplient humblement les révérends pères de l'Ora-
» ratoire de Nantes et messire Charles Gaultier, prêtre,
» l'un d'yceux, régent de la classe de logique;
» Disant que, quoyqu'ils tâchent avecq douceur de tenir
» en leurs debvoirs tous leurs escolliers en chacune classe,
» cependant quelque soing qu'ils ayent pris pour régler
» les mœurs et mauvais comportements de René Pigeon,
» l'un de leurs escolliers de logique, lequel quelque remon-
» trance que les suppliants lui ayent peu faire, ne *l'ont
» jamais peu empêcher depuis les deux ans derniers* de
» faire des dés ordres dans les classes;
» Entr'autres lorsque le régent explique et dicte à tous
» les escolliers de la classe pour les instruire, ledit Pigeon
» se plaist à parler et empescher que les autres escolliers
» n'entendent. Et lorsque le régent veult imposer sillence,

(1) Cet abus existait encore sous Louis XV.

» ledit Pigeon lui profère des injures ; l'appellent b... c...
» et autres, et qu'il aille .... etc.

» Et encore le jour d'hier, le père préfet étant venu en
» classe dire audit Pigeon qu'il en eust sorty, attendu son
» insolence, ce qu'il auroit reffusé et se seroit mis à se moc-
» quer. Et comme le procédé dudit Pigeon donne mauvais
» exemple aux autres escolliers, qu'il peut en attirer
» d'autres à son parti et les corrompre, il est de la der-
» nière conséquence d'y apporter au plustôt les ordres
» nécessaires ; pourquoi ils requièrent, etc... (1) »

Les Oratoriens n'avaient-ils pas raison de demander la réforme d'une discipline qui les obligeait à déployer tant de cérémonie et tant de formes de procédure pour se débarrasser d'un écolier impertinent et grossier?

Les jeunes gens ont été les mêmes à toutes les époques, dans tous les pays ; ceux qui venaient étudier à Nantes, de Quimper, de Poitiers, du Mans, de La Rochelle, au temps de Louis XIV, n'étaient pas moins tapageurs que ceux du temps de saint Louis, les moindres prétextes leur étaient bons pour exciter des disputes et remplir les rues de leurs rixes bruyantes. Ils se réunissaient par province, pour constituer des groupes qu'ils nommaient nations, élisaient des officiers, appelés comtes ou prieurs, et quand un nouvel arrivant se présentait, il était obligé de payer sa bienvenue, bon gré mal gré. Aux jours de fête et d'examen, les camarades d'une même classe se donnaient rendez-vous dans les tavernes, et leurs banquets se terminaient souvent par des scènes scandaleuses. Tous ces faits leur sont reprochés dans une sentence du prévôt de Nantes, du 29 novembre 1649, qui qualifie leurs assemblées d'illicites et

---

(¹) Elle est en date de 1678.

ordonne aux étudiants de rompre avec tous ces usages (¹). Une autre sentence de la même année les accuse d'abus non moins graves. On en voyait qui se permettaient de choisir eux-mêmes leur classe et qui se glissaient sur les bancs à l'insu du professeur. Le juge les rappela à l'ordre en leur défendant d'entrer dans une classe sans produire un billet signé du préfet des études (²).

La plupart de ces étudiants vivaient dans des pensions particulières, qu'on nommait pédagogies, et sur lesquelles les Oratoriens, comme membres de la Faculté des Arts, exerçaient un droit de contrôle. De tout temps, ces établissements avaient été soumis à des règles qui empêchaient le premier venu de prendre l'enseigne lucrative de maître de pension. Quiconque voulait s'intituler pédagogue était tenu d'expliquer quelques textes grecs ou latins, de répondre sur les principes de ces deux langues et de connaître la prosodie. La surveillance s'étant relâchée au commencement du XVIIe siècle, on vit une quantité de particuliers qui osèrent ouvrir des pensions sans avoir appris un mot de latin, ou sans avoir poursuivi leurs études jusqu'au grec. Les sous-maîtres qu'ils s'adjoignirent, pour mieux tromper les parents, ne furent pas plus lettrés et les enfants manquèrent de répétiteurs éclairés. Certains hôteliers ne firent pas difficulté de recevoir des jeunes gens, et ce qui se passa alors nous explique la plainte suivante : « Certaines » maisons de pensions, dit un juge, avaient plutôt l'appa- » rence de breland et de cabaret que de séminaires d'éco- » liers : c'étaient jeux et banquets continuels (³). »

Ailleurs, c'était un autre désordre : tous les maux que

(¹) *Privilège de la Faculté des Arts*, p. 46.
(²) *Ibidem*, p. 48.
(³) *Privilège de la Faculté des Arts*, p. 27 et 28.

peut engendrer une concurrence effrénée s'étalèrent au grand jour. La ville était remplie de maîtres sans vergogne qui ne craignaient pas d'employer tous les artifices pour attirer à eux les écoliers, même au prix des promesses les plus contraires à la discipline. Ceux qui étaient les moins répréhensibles avaient encore le tort de recevoir plus de pensionnaires qu'ils n'en pouvaient diriger; ils traînaient après eux de longues bandes d'écoliers, qui formaient autant de camps opposés que d'établissements, entraient en querelle au moindre propos et se prenaient aux cheveux à chaque sortie de classe. Le juge de police informé de tous ces faits, en juillet 1650, défendit aux pédagogues d'accepter chez eux plus de sept pensionnaires, de les laisser promener le jour et la nuit avec des armes ou autrement, sous peine de 300 livres d'amende, et tout cabaretier eut l'ordre de ne plus loger d'étudiants. Le 11 novembre suivant, une sentence du prévôt avertit aussi les pédagogues et les sous-maîtres employés chez eux qu'ils devaient tous se présenter devant la Faculté des Arts pour répondre aux examens d'usage (1).

Les directeurs de collège avaient intérêt à ce que ces prescriptions fussent observées, car une licence sans bornes aurait infailliblement paralysé le progrès des études et réduit à néant les bénéfices qu'ils retiraient de leur internat; aussi leur vigilance était-elle attentive à signaler les réfractaires. A la fin du bail conclu en 1664, les Pères de l'Oratoire remontrèrent au Conseil de Ville que depuis l'année 1625, ils n'avaient pas cessé de diriger leur collège avec zèle et succès, qu'ils avaient montré en toutes circonstances un dévouement sincère à leurs fonctions et qu'ils étaient tout prêts à contracter un engagement à perpé-

---

(1) *Privilège de la Faculté des Arts*, p. 27 et 28.

tuité aux conditions qui leur avaient été imposées auparavant. Reconnaissants des services qu'avait rendus la Congrégation, le maire et les échevins de Nantes, après en avoir délibéré, signèrent, le 5 février 1672, un traité en vertu duquel les Oratoriens devenaient propriétaires de l'immeuble de Saint-Clément (1). Il est convenu, dans ce contrat, que les clauses du dernier bail sont maintenues, que la mairie ne se dessaisit pas de son droit de surveillance et de police dans la maison, que les Oratoriens continueront d'inviter les magistrats municipaux à la harangue du jour de la Saint-Martin et aux autres exercices publics, qu'ils rédigeront les programmes nécessaires pour la réception de chaque maire, enfin que les grosses réparations des bâtiments seront à la charge de la Ville.

Il faut croire que les installations intérieures du collège, l'économat, les dortoirs, la nourriture et tout ce qui regarde le pensionnat furent très négligés, car nous voyons renaître encore au XVIIIe siècle le goût des pensions particulières et les familles s'empressent d'envoyer leurs enfants chez des pédagogues. Forts de la préférence qu'on leur accordait, ceux-ci se multipliaient dans tous les quartiers et prétendaient enseigner en dehors de tout contrôle, sans s'arrêter aux défenses portées dans les règlements. Le nombre des récalcitrants devint si considérable qu'il fallut invoquer l'assistance du Parlement de la province. Un arrêt du 10 juillet 1752 remettant en vigueur les anciennes dispositions relatives à la police des études, autorisa les Oratoriens à faire des visites dans les pédagogies, défendit à tous les maîtres de donner des répétitions de grammaire et de philosophie sans avoir subi un examen devant la Faculté des Arts et de recevoir

---

(1) *Fonds de l'Oratoire.* (Arch. départ., H.)

chez eux les élèves chassés du collège. Un des articles ordonnait de conduire les écoliers à l'Oratoire, dès qu'ils seraient en état d'en suivre les leçons, à moins que la volonté des parents s'y opposât. A l'aide de cette dernière réserve les pensions particulières s'émancipèrent et retinrent un grand nombre d'élèves, saisissant tous les prétextes pour éluder les règlements. L'Oratoire avait affaire à des rivaux qui ne battaient pas facilement en retraite : il ne fallut pas moins de trois arrêts pour les réduire à l'obéissance (¹). Le dernier, celui du 9 mai 1757, porte que les maîtres pourvus de lettres de maîtres ès-arts obtiendront seuls la permission de tenir école de répétition et que pas un maître nouveau ne sera admis aux épreuves, avant que le nombre des titulaires ne soit réduit à 20. Cette bataille ne fut pas la dernière : les partisans de la liberté d'enseignement ne s'apaisèrent que le jour où ils purent entamer le monopole des Oratoriens. Il n'était pas possible que les pédagogues se résignassent longtemps à remplir simplement le rôle de répétiteurs ; du moment qu'on exigeait d'eux un diplôme de maître, ils devaient inévitablement prétendre à s'élever au rôle de professeur et c'est ce qui arriva.

Ces vingt pédagogues, autorisés par le Parlement, devinrent peu à peu des maîtres de pension chez lesquels des élèves eurent la faculté de faire une grande partie de leurs humanités. Les étudiants qui sortirent de leurs mains furent de bons latinistes, peut-être, mais on s'aperçut bien vite qu'ils lisaient trop assidûment les ouvrages de l'école philosophique et sensualiste à la mode. L'Evêque de Nantes, dans une lettre de 1777, ne dissimule pas les inquiétudes que lui causent les doctrines prônées dans les collèges

---

(¹) Arch. d'Ille-et-Vilaine, C 1315.

libres et se plaint de la mauvaise éducation qu'y reçoit la jeunesse (1).

Atteints dans leurs intérêts par la concurrence de leurs rivaux, les Oratoriens avaient besoin, plus que jamais, de la dotation de 2,300 livres, qui leur était servie par la Ville, il est même établi qu'elle était loin de suffire à l'entretien des douze prêtres qui se partageaient la direction de la maison. Vers 1754, les professeurs exposèrent leur détresse dans un mémoire qui fut envoyé à la Cour. Après avoir pris connaissance de leurs raisons, le Contrôleur général fit écrire par l'Intendant à la municipalité, que le Roi était tout disposé à ratifier la délibération qui porterait à 4,250 livres la pension ordinaire de l'Oratoire. Cette somme fut portée au compte de 1756 et y demeura jusqu'en 1789 (2). Un autre fonds de 400 livres fut également voté par la Ville à partir de 1783, pour payer la dépense des livres de prix. Avant cette date, les frais de la distribution étaient couverts au moyen d'une contribution payée par les élèves eux-mêmes. La question des réparations vint ensuite. Dès cette époque, chaque imputation de crédit au budget municipal amenait des explications ; l'Intendant de la province, résidant à Rennes, les provoquait toujours quand elles ne lui parvenaient pas claires et précises. La correspondance que lui adressa son subdélégué à Nantes, M. Ballais, au sujet de la subvention du collège, est curieuse, elle retrace ce qu'on pensait à Nantes des Oratoriens.

On les accusait en général de relâchement ; ceux-ci se justifiaient en disant qu'ils étaient rebutés par le mauvais

---

(1) Arch. d'Ille-et-Vilaine, C 87.
(2) Arch. départ. de la Loire-Inf. C, *liasse de l'instruction*. Arch. d'Ille-et-Vil., C 58.

vouloir de la Ville. Les toits à demi découverts rendaient inhabitables, en temps de pluie, les chambres des pensionnaires, les portes et les croisées étaient presque toutes à renouveler, en un mot, tout annonçait un délabrement complet, qui éloignait les élèves et refroidissait le zèle des professeurs.

« Cette espèce de délaissement auquel le collège semble
» avoir été condamné depuis quelques années, dit l'abbé
» Latyl, supérieur, n'a pas peu contribué à discréditer le
» collège dans le public ; il n'a que trop favorisé des
» préjugés injustes ou des systèmes particuliers d'édu-
» cation, qui, multipliés à Nantes plus qu'ailleurs, malgré
» leur absurdité et leur peu de succès, anéantissent peu à
» peu l'éducation publique et préparent le malheur de la
» génération prochaine en la dévouant à l'ignorance et à
» la frivolité (1). »

« Ce n'est pas le mauvais état du collège, répond le
» subdélégué, qui en empêche la fréquentation, les classes
» ont été réparées en 1786, c'est la mauvaise éducation
» qu'on y reçoit par la négligence et la frivolité de ceux
» qui le dirigent. Les pères sont forcés d'envoyer leurs
» enfants à Tyron, à Sorèze et à la Flèche pour recevoir
» des principes qu'il serait bien moins coûteux de leur
» faire prendre sous leurs yeux, si la conduite des
» Oratoriens pouvait inspirer quelque confiance (2). »

Le même magistrat dit dans une autre lettre « on n'a
» pas d'autre reproche à faire aux Oratoriens qui tiennent
» le collège de Nantes, que celui d'une extrême dissipation,
» toujours à la promenade ou dans les cercles, les heures
» qu'ils sont obligés de passer en classe, sont pour eux des

---

(1) *Lettre du 12 octobre 1787.* (Arch. départ., C, instruction.)
(2) *Lettre du 1er janvier 1788.* (Ibidem.)

» moments d'ennui et de dégoût dont les leçons se
» ressentent. L'esprit et le goût du monde, qui ont toujours
» régné à l'Oratoire de Nantes, ont rendu son collège très
» faible dans tous les temps, et aujourd'hui les parents
» qui veulent que leurs enfants reçoivent une éducation
» moins négligée les envoient ailleurs (1). »

La conduite que tinrent les Oratoriens pendant les événements de la Révolution vint bientôt confirmer le jugement que le subdélégué osait porter sur eux. Il est avéré que la plupart des membres de cette congrégation n'ont pas reculé devant l'apostasie et se sont empressés de quitter l'habit ecclésiastique pour se glisser dans les fonctions publiques. Fouché, le plus connu d'entre eux, après avoir été préfet des études, accepta le poste de principal quand le supérieur Latyl fut nommé député à la Constituante. Il présenta un règlement intérieur qui fut accepté le 8 décembre 1791, mais il eut beaucoup de peine à l'appliquer. Dans une lettre qu'il adressa à la Mairie le 27 juillet 1792, il se plaint que sa congrégation a perdu toute autorité, qu'il n'y a plus de cohésion dans le personnel enseignant, que les traitements ne sont plus servis régulièrement et que l'insubordination se manifeste de toutes parts (2). Pour 95 élèves instruits au collège, Fouché déclare que la liste de ses collègues comprend deux préfets de pension, un économe, un bibliothécaire, deux professeurs de philosophie, un de rhétorique, un de seconde, un de troisième, un de quatrième, un de cinquième, un de sixième, et un suppléant.

Ce corps n'avait plus que l'apparence de la vie, sa dissolution approchait. Les scellés furent mis sur les

---

(1) *Lettre du 27 janvier 1788.* (Ibidem.)
(2) Arch. départ., série L, *instruction.*

meubles et les chambres, en novembre 1792; les sept derniers professeurs se dispersèrent au mois de décembre, après avoir emporté ce qui était à leur usage personnel; au mois d'août 1793, l'église fut donnée au Commissaire des guerres, pour en faire un magasin à fourrages, et le collège fut mis à la disposition du directeur des hôpitaux, le 30 octobre 1793 (1).

---

(1) Liasse des *inventaires*.— Carton *du district de Nantes, 1792, et registre de l'administration centrale.* (Ibidem, L.)

PIÈCES JUSTIFICATIVES.

RÈGLEMENT INTÉRIEUR
ADOPTÉ POUR LE COLLÈGE DE L'ORATOIRE EN JUILLET 1650.

1° Considérez la culture des lettres comme un vain exercice pour ceux qui n'adorent pas Dieu, et invoquez sans cesse le secours du Tout-Puissant.

2° Assistez tous les jours à la messe en tenant un livre de prières à la main.

3° Confessez-vous tous les mois et communiez si vous en avez la permission.

4° Honorez vos maîtres comme vos parents, parce que leurs efforts pour former vos esprits sont une véritable paternité. Obéissez-leur avec joie et empressement.

5° Ne donnez jamais de nom injurieux à vos camarades, ne leur reprochez pas leurs difformités naturelles, ne les frappez pas.

6° Quand le signal vous appelle à la classe, rendez-vous à votre place modestement, de même que quand vous entrez au collège, joignez-vous à votre section, à votre décurie et quand vient la demi-heure accordée entre chaque leçon, ne perdez pas votre temps à des bagatelles et à des puérilités, mais employez-le à réciter vos leçons au décurion.

7° Que le décurion arrive en classe avant l'heure, qu'il n'excuse pas plus de trois fois ceux qui réciteront mal leurs leçons. Qu'il examine l'encrier et la boîte qui doit contenir trois plumes. Il sera puni par le maître s'il remplit mal son office.

8° Dans l'enceinte du collège, les élèves de quatrième et des classes supérieures doivent parler latin.

9° Il ne faut pas troubler le maître par des chuchottements, mais au contraire écouter attentivement ses explications.

10° Il faut s'abstenir de toute inscription et de tout dessin sur les murs, sur les tables, sur les bancs, sur les portes et les fenêtres.

11° Que personne ne sorte du collège sans la permission du maître, et quand il doit faire une absence, que l'élève avertisse le Préfet ([1]).

DISTRIBUTION DU TEMPS

adoptée aux collèges Saint-Clément, Saint-Jean et dans les autres pédagogies de Nantes.

Le lever est à 5 heures du matin. Tous les élèves rendent grâces à Dieu et récitent la salutation angélique en s'habillant.

De 5 heures 1/2 à 6 heures 3/4, on reste à l'étude. (Au collège Saint-Jean et dans les pédagogies, on récite les leçons à 6 heures 1/2, on déjeune et on se rend au collège.)

A l'Oratoire, on va déjeuner à 7 heures moins un quart, à 7 heures on récite les leçons et on corrige les devoirs.

A 7 heures 1/2, on va en classe avec le précepteur. Les rhétoriciens rendent compte de leur étude à leur maître et à 8 heures ils vont en classe.

A 10 heures, on va à l'église entendre la messe.

A 10 heures 1/2, la cloche annonce le dîner et l'on se rend au réfectoire et après le repas a lieu la récréation. Il est défendu de jouer aux jeux de hasard et de se livrer aux exercices dangereux.

A midi on entre en étude.

Un quart d'heure avant la cloche de la classe du soir on goûte. Dans le collège Saint-Jean et dans les pédagogies, on récite à ce moment les leçons, on goûte et on se rend au collège.

([1]) *Privilèges de la Faculté des Arts*, p. 33.

Au premier signal de la classe du soir, on récite sa leçon ou on apporte son devoir au maître, ensuite on l'accompagne à la classe. Les élèves de la classe de rhétorique font comme le matin, et après la classe ils rentrent dans leur chambre ou dans la salle commune (¹).

A 6 heures après la salutation angélique, on va au réfectoire prendre son souper et la récréation a lieu ensuite après le repas.

A 7 heures 1/2 on reprend ses livres en main et un peu avant 8 heures 1/2 on repasse toutes les leçons de la journée. Au collège Saint-Jean et dans les pédagogies on corrige les devoirs de 8 heures à 8 heures 1/2.

A 8 heures 1/2 a lieu la prière du soir, après laquelle on va se coucher.

Autres règles à suivre dictées en 1650.

Parlez toujours latin.

N'entrez pas dans les études, dans les classes, dans les chambres sans la permission du maître.

Ne nourrissez pas d'oiseaux, de vers à soie ou d'autres bêtes.

Ne sortez pas du collège sans la permission du professeur et quand vous êtes externe ne couchez pas, ne mangez pas, ne prenez aucune nourriture en dehors de votre pension.

Ne causez pas avec les étrangers, et n'écrivez à personne sans la permission de votre maître.

Ne riez pas au lit, ne badinez pas, et quand vous vous levez et quand vous vous couchez, ne vous montrez pas déshabillé.

Les jours de sortie saluez les prêtres, les religieux, les magistrats que vous rencontrez. N'achetez pas de saucisson, de gâteaux et de fruits (²).

(¹) Chaque pensionnaire avait sa chambre. (*Règlement de* 1756. Arch. de la Mairie, GG.)

(²) *Privilèges de la Faculté des Arts*, p. 34 et 35.

LISTE DES MEMBRES

de la

CONGRÉGATION DE L'ORATOIRE DE NANTES.

SUPÉRIEURS DU XVIIᵉ SIÈCLE.

Drouyn (Bonaventure).
Delorme (Louis).
Martin (Jacques).
Bossé.
Perrin.
Martin (Jean).
Baron (Simon).
Aucher (Antoine).
Hébert.
Saint-Germain (Robert de).
Souard (Claude).
Allard.
Chartier.
Féret (Gabriel).
Gérard (Etienne).
Robineau (Jean).
Floriot (André).
Perrée (Jean).
Chancelier (Louis).
Meray (Jean).

SUPÉRIEURS DU XVIIIᵉ SIÈCLE.

Thyas (Antoine).
Lefebvre (Etienne).
De la Place (Jean).
Valory (de).
Fremon (Louis).
Lelarge de Lignac (Joseph-Alb.)
Cosnard du Tilly (Henri).
Giraud (Jérôme-Marie).
Farcy de la Dagrie (Jacques).
Ledoulx de Monceaux (Jean-Claude).
Lebreton de la Barbonnière (Julien).
Le Loyer.
Begulle de la Roche.
Bernard de la Tourette (Pierre).
Duvivier.
Isnard (Joseph).
Gassaud (Louis).
Lalyl (Jean-Paul-Marie-Anne).
Fouché (Joseph).
Noyer (Pierre), principal provisoire.

PROFESSEURS DE L'ORATOIRE.

XVIIᵉ SIÈCLE.

Bréard (Robert).
Morieult (R.)
Percheron (P.)
Bonnet (L.)
Perrin (Jean).
Jossan (Jean).
Sérard (François).
Coquerie (P. de la).
Vidal (P.)
Thorentier (J.)
Richerot (René).
Dorron (Charles).
Poncet (Claude).
Sainte-Marthe (Abel-Louis).
Renaud (François).
Mercyé (Jean).
Varin (Emm.)
Leblanc (Jean).
Leroy (Daniel).
Doucet (Jean).

XVIIIᵉ SIÈCLE.

Péan (Michel).
Bossé (René).
Galipaud.
Sauvage, préfet.
Hubert.
Remillot.
Geoffroy.
Gauthier.
Lamarque (de).
Levassor.
Duvernet (Joseph).
Bonfils (Pierre).
Lignac (Adrien de).
Thibeaudeau (Hilaire).
Chevrière (Bonaventure de la).
Roure (Jacques-Hyacinthe).
Romain (Jacques).
Crenier (René-Nicolas).
Giraud (Joseph).
Durif.
Petit.
Mouchet.
Londiveau (Julien).
Lenoble.
Ruelle (Claude).
Biscarat (Denis).
Bourdin du Branday (François).
Faye (François).
Lachaud (Joseph).
Chevas (Pierre).
Duperret (Gabriel).

COMPLIMENT

A MM. DU DISTRICT DE NANTES

par MM. les écoliers de rhétorique du collège.

La vertu sur les cœurs a des droits à tout âge.
En venant applaudir à vos nobles travaux,
Nous cédons au penchant encor plus qu'à l'usage,
Dans l'attente de voir enfin cesser nos maux.
Votre bonté saura distinguer notre hommage,
Simple quand il est vrai, jamais il n'est flatteur,
Si, d'un éloge outré l'insipide étalage
Laisse entrevoir l'esprit qui parle au lieu du cœur.
  Pour marcher au sein des orages
  Et pour rentrer dans tous leurs droits,
  Les Français, malgré leurs courages,
  Désiraient l'égide des sages
  Et vous avez fixé leur choix.
  De Rome l'imposante image
  Vient embellir cette cité ;
  Des consuls j'y vois l'assemblage,
  Des sénateurs la majesté,
  Et du peuple Roi le courage.
  Puisse ce jour tant souhaité,
  Pour les Nantais être le gage
  D'une entière félicité (¹).

(¹) Arch. départ., série L, carton *instruction*.

CHAPITRE V.

COLLÈGES
DE SAINT-PHILBERT, DE SAVENAY
ET DE VALLET.

Collège de Saint-Philbert. — Un concordat passé entre l'Évêque de Nantes et le prieur de Saint-Philbert, en 1630, nous apprend que ce bourg fut choisi pour être le siège d'un collège. Cet acte porte qu'il y aura, non pas un maître, mais un régent pour les écoles de la paroisse, que ce personnage sera prêtre ou apte à la cléricature et qu'il aura, outre le logement, une pension de 100 livres à prendre sur le temporel du prieuré [1]. Ce qui prouve que notre interprétation n'est pas erronée, c'est qu'en 1689 on voit simultanément à Saint-Philbert, un régent en fonctions, Jean Le Mas et un maître d'école, le sieur Deschamps [2]. Au siècle suivant, il fallut modifier les statuts de la fondation. Les habitants remontrèrent dans une requête à leur Évêque qu'il était

---

[1] Arch. départ., série D.
[2] *Livre des visites du climat de Retz*, 1689, f° 175. (Arch. départ., G 54.)

impossible de rencontrer un prêtre disposé à tenir le collège, bien que le traitement eût été élevé à 236 livres depuis 1760, et que la paroisse restait sans maître de latin. Ils firent venir du collège de Montaigu un professeur, nommé Poidvin, qu'ils présentèrent comme capable d'enseigner la langue latine. En lui accordant son *visa,* en 1780, l'Evêque le dispensa de l'article du concordat qui l'obligeait à l'assistance aux offices (1).

Collège de Savenay. — Le collège de Savenay est une institution qui, comme l'aumônerie de Saint-Armel, doit sa naissance à un prêtre; l'abbé Julien Pageot, recteur de Savenay, qui vivait à la fin du XVIe siècle, en est le fondateur. Par son testament du 18 avril 1601, il légua aux paroissiens de Savenay le pré Mabile, voisin de la ville, et le pré Lesné, près de Mareil, en la paroisse de Donges, contenant ensemble deux hommées et valant 140 livres de fermage. Les conditions stipulées dans cet acte de donation sont curieuses au point de vue des habitudes qui dominaient alors dans les collèges ; les voici résumées :

Il y aura une procession et une grand'messe le jour de la Saint-Nicolas, et le prêtre qui sera le célébrant aura pour ses honoraires un demi écu.

Le gardien des Cordeliers de Savenay prêchera le même jour, il exhortera les auditeurs à augmenter le fonds de dotation du collège et excitera les écoliers à l'amour de l'étude. Il aura pour ses honoraires un écu.

L'écolier qui sera le roi recevra un demi écu.

Le surplus de la rente des deux prés servira à l'entretien d'un régent ou d'un maître d'école qui sera prêtre,

(1) Arch. départ., série D.

autant que possible, et qui aura la liberté de prélever sur ses élèves la cotisation accoutumée (1).

Bien que le testament n'eût pas exprimé de réserves sur le droit de présentation, les paroissiens de Savenay se firent un devoir de requérir l'agrément du plus proche parent du fondateur, toutes les fois qu'ils furent dans l'obligation de présenter un sujet à l'Evêque. Voici la liste des maîtres qui occupèrent la place de régent à Savenay, pendant le XVIIe siècle :

1632 Alexandre de la Haie, maître ès-arts de l'Université.
1636 Jean Fouré, prêtre.
1642 Bonaventure Julliot, de Donges, théologien.
1646 René Glotin, prêtre.
1652 Bonaventure Julliot.
1674 Pierre Marie, professeur ès-lettres et Julien Blandin.
1682 Louis Cornel, prêtre (2).

Cette liste prouve bien que le vœu de Julien Pageot fut exaucé et que sa création s'éleva au-dessus du niveau des petites écoles. Ce personnel enseignant ne pouvait convenir qu'à un collège. La bonne harmonie qui régnait entre les habitants de Savenay et les héritiers du fondateur fut troublée en 1674, à propos de la nomination d'un régent. Julien Pageot, neveu du fondateur, voulut, comme ses prédécesseurs, exercer son droit de patronage, mais il ne rencontra pas la même condescendance dans l'assemblée paroissiale. Il fut obligé d'assigner les paroissiens devant le Présidial de Nantes, qui les condamna. En 1705 et en 1714, il usa de ses prérogatives au grand avantage du collège dont il confiait toujours la régence à des personnes d'une moralité éprouvée. Fort de la sentence judiciaire

---

(1) *Testament de Julien Pageot.* (Arch. départ., D.)
(2) *Procédure de 1722.* (Arch. dép., D.)

qui le maintenait en possession, il se croyait sûr de l'avenir, quand il apprit, en 1722, que les habitants avaient autorisé de leur chef le sieur Jacques Allaiseau à s'intituler régent des écoles de Savenay et à jouir des revenus de cette charge. Immédiatement, Julien Pageot porta plainte au Présidial le 9 septembre 1722, en demandant que ledit Allaiseau, cabaretier, fut appelé à la barre de la Cour pour s'entendre destituer. La sentence fut conforme à la requête et les habitants furent contraints de procéder à une autre nomination. « Allaiseau, disait le requérant, » loin de donner de sages leçons à la jeunesse, n'est capable » que de la corrompre. »

Quels sont ceux qui lui succédèrent, je l'ignore, je n'ai pu découvrir dans le cours du XVIII° siècle que deux noms : celui de l'abbé Julien Menoreau, qui vivait en 1744, et celui du clerc minoré Guitton, qui portait le titre de régent de Savenay, en 1790 (1). Dans sa déclaration de temporel, ce dernier accuse que son bénéfice lui vaut 546 livres de revenus (2). Il comprenait dans cette estimation le produit des chapellenies des Gouins, des Garniers et du Cul-de-Geline, qui avaient été réunies au collège dans le cours du XVIII° siècle, sans doute sous l'épiscopat de M. Mauclerc de la Muzanchère. Les élèves de Savenay payaient 3 livres par mois, les autres 6 livres et les pensionnaires 300 livres par an. Le rapport, qui nous a conservé ces détails intéressants, ajoute qu'il existait une place pour un boursier, sans nous faire connaître le nom du fondateur (3).

(1) *Histoire de Savenay*, par F. Ledoux. 1 vol. in-8°, p. 32. Guitton était déjà régent en 1785, comme on le voit par un bail. (Arch. départ., G. Paroisse de Savenay.)

(2) Il fallait déduire sur ce chiffre 53 livres de charge pour messes fondées. (Carton *instruction*, série L, Arch. départ.)

(3) Ibidem.

Collège de Vallet. — La paroisse de Vallet avait, au commencement du XVIIe siècle, un recteur, issu d'une riche famille du pays, nommé René Le Peigné, sieur de Saint-Louis, qui voulut consacrer une partie de son avoir à la fondation d'un collège. Il fit part de ses intentions à l'assemblée des principaux paroissiens, en demandant qu'on lui accordât la libre disposition d'un terrain communal sans emploi. L'adhésion qu'il attendait lui fut accordée le 2 avril 1617. L'acte de cession souscrit par les habitants, en présence de deux notaires, comprend un emplacement où il y avait anciennement une frairie et tout à côté une petite maison en ruines environnée d'un lopin de jardin, laquelle dépendait d'une chapellenie, nommée le légat des Roux (¹). Aussitôt, les constructions furent commencées et bientôt on vit s'élever un grand bâtiment renfermant deux classes, des chambres hautes et basses, une cuisine et les dépendances nécessaires. Par les soins de l'abbé Le Peigné, chaque pièce fut pourvue du mobilier et des ustensiles indispensables. Les classes avaient non seulement un plancher, mais elles étaient aussi pourvues de chaires, de bancs et de tables. Sans tarder, il désigna un maître, l'abbé Marin Duchesne ; en sorte que le fondateur eut la double joie de créer et de voir en activité l'institution qu'il avait rêvée.

Le présent assuré, il fallait penser à l'avenir. C'est ce qu'il fit en dictant ses dispositions à deux notaires, le 10 janvier 1626. Ses volontés peuvent se résumer ainsi : Après avoir rappelé ce qu'il a fait pour l'installation de la maison, il déclare qu'il abandonne au collège la propriété de tous les meubles et ustensiles dont jouissent les écoliers avec le principal, ainsi que les bâtiments où ils

---

(¹) *Minute du notaire royal Thomin.*

sont logés. La dotation se composera des revenus de deux métairies, sises en Vallet, nommées la Chalouzière et la Bretaudière et du produit d'un pré. En retour, le principal célébrera deux messes par semaine pour le repos de son âme ; il aura deux régents et instruira, *sans exiger aucun salaire,* les enfants qui se présenteront, *même les vrais pauvres.* Le chapitre de Saint-Pierre de Nantes, en sa qualité de patron de la paroisse, aura le droit de présentation et de collation sur les postulants qui solliciteront la place de régent (1).

Ces avantages ne sont pas les seuls que le collège dut à son fondateur. L'abbé Le Peigné, l'année précédente, avait obtenu de l'Evêché et de Diane de la Touche, femme de René du Puy-du-Fou, baron de Combrouge, dame présentatrice du bénéfice, l'annexion d'une chapellenie de deux messes hebdomadaires, fondée en l'église de Vallet, par l'abbé Guillaume Chesneau (12 juin 1625) (2). La maison et le jardin qui en dépendaient vinrent juste à point augmenter les dépendances du collège.

Les deux métairies valaient ensemble 300 livres de rente ; ce revenu n'était pas excessif si on le compare aux charges onéreuses qui incombaient au principal ; cependant, les héritiers du fondateur ne voulurent pas ratifier la donation. A la suite d'une instance présentée par Louis Le Peigné, sieur de la Charoulière, une sentence du Présidial de Nantes réduisit la dotation du collège des deux tiers (4 juillet 1631). Les plaidoiries recommencèrent sur divers incidents, notamment sur la question des arrérages (3). Après deux arrêts, l'un du 31 octobre 1635,

---

(1) *Minutes du notaire Orieux,* 1626. — Voir aussi série D, Arch. départ.

(2) Arch. départ., G 111.

(3) Arch. départ., série D. — Ibidem, G 111.

l'autre de juin 1636, toutes les difficultés n'étaient pas encore tranchées. Pour mettre fin à tout débat, les deux parties se prêtèrent à un arrangement qui fut conclu le 27 février 1637. Il est convenu dans la transaction, que le principal, Olivier Coudret, touchera, durant sa vie, le tiers du revenu des deux métairies, c'est-à-dire 100 livres ; qu'il sera déchargé aussi des deux tiers des obligations de son bénéfice, et que la somme de 1,000 livres lui sera comptée pour le dédommager des annuités qu'il n'a pas perçues. L'engagement ne fut pas très exactement rempli, car en mars 1647, il fallut recourir encore à un concordat pour convertir en rente foncière ce qui restait à payer.

L'abbé Coudret, cité plus haut, n'était pas à la hauteur de ses fonctions. Sa méthode d'enseignement inspirait si peu de confiance que les familles ne lui envoyaient pas d'autres élèves que des commençants. Il donna des leçons d'alphabet pendant trois ou quatre ans. Le sieur de la Charoulière, témoin de son incapacité, porta plainte au Chapitre en demandant sa destitution.

Son successeur, Maurice Fichet, était un homme plein de zèle. C'est lui qui entreprit la construction de la chapelle et qui la fit terminer un peu avant 1665 ([1]). Après lui, la charge de principal passa aux mains de quatre prêtres qui soutinrent le collège sans interruption jusqu'en 1772. L'abbé Pineau, qui fut le dernier régent de Vallet, étant mort au moment où l'établissement était peu suivi et dans une période de détresse pour la paroisse, les habitants firent des démarches en vue d'obtenir la transformation du collège en une maison de charité. « Le » collège, disait-on, n'est presque d'aucune utilité, une » aumônerie rendrait bien plus de services. » Dans une

---

([1]) *Procès-verbal d'installation de* 1665. (Arch. départ., G 111.)

assemblée du 14 décembre 1772, les chanoines de Saint-Pierre, appelés à délibérer sur le projet, y adhérèrent complètement. Le roi Louis XVI consacra ce changement par lettres-patentes du mois de novembre 1781, dont le préambule est à lire : « La modicité des revenus du collège
» l'empêche de prospérer, dit le roi, d'ailleurs il y a des
» collèges à deux ou trois lieues aux environs de Vallet,
» où les gens aisés envoient leurs enfants ; les revenus de
» la maison réunis au don du seigneur de la Galissonnière
» seront bien plus utilement employés si on les applique
» à l'extinction de la mendicité (1). »

(¹) *L'Assistance publique dans la Loire-Inférieure*, par Léon Maître, p. 594.

PIÈCES JUSTIFICATIVES.

COLLÈGE DE VALLET.

Règlement pour le principal fait vers 1650.

Il recevra avec une même affection, les pauvres et les riches, et il aura un même soin de leur instruction.

Au commencement et à la fin de l'école, il fera la prière en commun, devant un crucifix.

Les mercredy et samedy de chaque semaine, il fera aux enfants l'instruction de la doctrine chrétienne, qui consiste à leur apprendre distinctement et dévotement le *Pater*, l'*Ave*, le *Credo*, le *Confiteor*, le *Benedicite* et les *Grâces* en latin et en françois, les commandements de Dieu et de l'Église, l'abrégé des Mystères de notre religion, l'exercice du chrétien pendant la journée, le catéchisme du diocèse, et quand il n'aura pu faire les instructions dans ces jours, il les fera dans d'autres de la même semaine.

Il prendra garde que les enfants ne se servent de livres mauvais, soit pour la religion, soit pour les mœurs. S'il en doute, il nous consultera ou M. le Recteur.

Il assignera aux écoliers leurs places dans le collège et fera en sorte qu'ils ne les changent pas ; qu'ils soient modestes et paisibles, qu'ils étudient leurs leçons sans bruit. Il tâchera surtout de leur donner de l'horreur du péché, leur inspirer la crainte de Dieu et l'honneur qu'ils doivent à leurs parents.

Il leur fera réciter posément leurs leçons. S'ils commettent quelque faute, il s'empeschera de rire ou de se mettre en colère, mais il les reprendra avec douceur, sans leur dire des injures.

Il les châtiera sans emportement et en les châtiant, il ne les découvrira point d'une manière qui soit contre la pudeur et l'honnesteté.

Il ne fera jamais paroistre aucune inclination ou aversion particulière d'aucun de ses écoliers, mais il aura un soin égal de tous ; ne leur souffrant aucun mauvais accent pour la lecture, et instruisant beaucoup de la quantité, ceux qui apprennent le latin.

Le dimanche et les festes, il assemblera le matin et le soir, les écoliers dans l'école, et ensuite, il les mènera deux à deux à la paroisse, pour assister le matin, au prône et à la grand' messe, et le soir, aux vespres et à la doctrine chrétienne. Il les rangera dans l'église, au lieu qui leur sera destiné et il se mettra derrière eux, pour veiller sur leurs actions.

Il les conduira deux à deux à la procession, etc.

Il leur apprendra à servir dévotement la messe, etc.

Il leur recommandera de s'habiller modestement, surtout l'esté; de s'abstenir de la danse, des jeux de hazard et de toute conversation familière avec leurs compagnons qui seront débauchés et avec des filles, qu'il ne souffrira jamais venir au collège, sous prétexte d'estre instruites par d'autres filles ou femmes, quoyque les proches parentes, car il n'en peut avoir d'autres.

Il empeschera ses écoliers, autant qu'il luy sera possible, de coucher avec leurs pères et mères, ny avec leurs frères et sœurs ; de se battre, de jurer et de se baigner à la veue du monde.

Il s'informera exactement de leurs actions hors l'école, et s'il apprend qu'ils ayent donné quelque sujet de plaintes à leurs parents, ou à d'autres, ou qu'ils soient enclins à quelque vice, comme jurement, paroles injurieuses ou déshonnêtes, mensonges, larcins, etc., il leur en fera avec un esprit de charité, la correction et le châtiment convenable.

Il les portera à se confesser les principales festes de l'année ou pour le moins à Pasques, Pentecoste, Noël, la Toussaints, l'Assomption et la feste du patron de la paroisse. Il leur apprendra la préparation qu'ils doivent apporter et veillera à ce qu'ils se confessent véritablement (1).

LISTE DES RÉGENTS DU COLLÈGE DE VALLET.

1617 Duchesne (Marin), prêtre.
     Peuvreau (Edmond), se démet en 1627.
1627 Lecomte (Pierre), prêtre.
1633 Coudret (Olivier), prêtre.
1654 Fichet (Maurice), prêtre.
1665 Fichet (Louis), prêtre.
1684 Fleurance (Pierre), prêtre.
1717 Sorin (Jean), prêtre.
1757 Pineau, prêtre.

(¹) Arch. départ., série D.

TROISIÈME PARTIE.

L'UNIVERSITÉ

DE NANTES.

L'UNIVERSITÉ DE NANTES.

Si la Bretagne ancienne compte dans ses fastes beaucoup d'illustrations dans tous les genres, il faut reconnaître que ses plus grands noms n'appartiennent pas au monde des Lettres, des Sciences et des Arts. Ses enfants ont plutôt cherché la gloire sur les champs de bataille et à travers les périls de la mer, que dans les luttes académiques. Ils ont suivi en cela le penchant de leur nature, et il n'y a pas lieu de le regretter, car si leur mérite, dans le rude métier des armes et dans la marine, a été souvent égalé, il n'a jamais été surpassé. Le souvenir de la valeur des guerriers et des marins intrépides nés sur le sol breton est dans toutes les mémoires, mais on cite rarement les productions de ses littérateurs, de ses savants et de ses artistes.

Faut-il en conclure que les Bretons aient méprisé le savoir? Le penser, ce serait leur faire une injure gratuite et méconnaître les efforts répétés de leur clergé pour combattre l'ignorance. Dans les neuf diocèses de la province, on ne comptait pas moins de 38 abbayes peuplées de Bénédictins qui, dès le XIII⁰ siècle, propageaient autour d'eux le goût de l'étude, par leur exemple, et tenaient école pour tous ceux qui témoignaient le désir de s'instruire. Au centre de chaque diocèse, à l'ombre du manoir épiscopal, florissait également une école ouverte à tous, aux riches comme aux pauvres, et, dans les temps moins éloignés, de nombreuses légions de Dominicains, de Cordeliers et de Carmes, vinrent propager, avec la lumière des saines doctrines théologiques, l'art de bien penser et de bien dire (1).

On ne peut pas nier l'influence bienfaisante de tous ces docteurs, à la fois professeurs et apôtres ; il en reste plus d'une preuve écrite dans les archives des ducs de Bretagne. Aux plus mauvaises époques, ils ont su recruter des élèves et continuer leur enseignement, malgré les troubles des guerres. En plein XVe siècle, c'est-à-dire pendant que l'invasion anglaise tenait en alarme tous les esprits et obligeait tous les hommes d'armes à se préparer au combat, la noblesse bretonne trouvait encore le temps d'apprendre à lire et à écrire (2). En 1440, le duc Jean V ayant voulu s'assurer de la fidélité de ses vassaux, envoya des commissaires chargés de recueillir leurs serments. La plupart de ceux qui furent appelés à comparaître dans les divers ressorts, étaient capables de signer leur protestation, et on peut juger, par beaucoup de signatures, que leurs auteurs maniaient la plume non moins bien que l'épée. Plus tard, au XVIIe et au XVIIIe siècle, on a vu plus d'un Breton s'asseoir dans les rangs de nos académiciens (3).

Les leçons qui se distribuaient autour des églises et des

---

(1) *Inventaire des arch. départ.*, séries G et H.
(2) Arch. de la Loire-Inférieure, E 144-147.
(3) *La Bretagne à l'Académie française*, par R. Kerviler.

monastères étaient bonnes pour initier les enfants aux connaissances élémentaires, mais elles étaient rarement suffisantes pour former des hommes supérieurs. Les clercs et les laïcs qui voulaient acquérir une instruction étendue dans le droit, la médecine, la théologie ou la littérature ancienne, étaient obligés de s'expatrier, d'aller aux cours de l'Université de Paris ou de l'Université d'Angers. Cette dernière ville conserve toujours les registres de la nation bretonne.

La science s'acquérait alors au prix de mille peines ; elle n'en était pas moins recherchée. On ne croyait pas l'acheter trop cher, même en se faisant mendiant. Le titre d'écolier valait, dans bien des cas, celui de chevalier.

De chaque diocèse partaient périodiquement des légions de pauvres écoliers, qui, en dépit des obstacles et de la misère, se rendaient à pied, la besace sur le dos, un bâton à la main, aux universités les plus célèbres de France ou d'Italie, quêtant leur pain le long de la route et couchant dans les aumôneries [1]. Dans beaucoup de contrées, ils trouvaient des lits qui leur étaient spécialement réservés par la volonté formelle d'un pieux fondateur d'hôpital, et, à leur arrivée, ils recevaient l'hospitalité gratuite dans des collèges. Est-il une époque où les écoles aient rencontré plus de patrons généreux, et où la science ait exercé une pareille attraction sur les esprits ? On sait que, quand le professeur se nommait Abélard, des milliers d'auditeurs le suivaient dans toutes ses pérégrinations.

Le duc Jean V, surnommé le Sage, est le premier prince de Bretagne qui ait songé à affranchir ses vassaux de la nécessité d'aller conquérir les grades universitaires en dehors de leur province. Désireux de rivaliser avec les

---

[1] *Histoire de Du Guesclin*, par Siméon Luce, p. justif., p. 613.

ducs d'Anjou, qui, dès 1364, avaient fondé une université, il voulait que la Bretagne, fière de son autonomie, jalouse de son indépendance, pourvût elle-même à tous ses besoins, et qu'elle eût ses écoles propres, comme elle avait sa nationalité, ses privilèges, ses coutumes; et il était trop éclairé pour ne pas comprendre qu'en dotant ses États d'un enseignement supérieur, il aurait du même coup une pépinière sans cesse renaissante de recteurs, de juges, de sénéchaux, de prélats et de conseillers.

Ce projet ne pouvait se réaliser sans l'assentiment préalable de l'autorité du Saint-Siège, duquel relevaient alors tous les corps enseignants dans l'ordre civil, comme dans l'ordre ecclésiastique. Le pape était, au Moyen-Age, le docteur suprême de la Chrétienté, et quiconque voulait exercer une maîtrise était obligé de demander une délégation. Les bons rapports que la Bretagne entretenait depuis longtemps avec le Saint-Siège rassuraient d'avance le duc sur le succès de l'ambassade qu'il envoya à Rome pour traiter de l'érection d'une université bretonne, vers 1414.

Le pape Jean XXIII, qui portait alors la tiare, s'empressa d'accorder son approbation. En même temps, il notifia qu'il ordonnait aux collecteurs des dîmes du duché de Bretagne de verser, pour le soutien de la future institution, le tiers de la dîme triennale imposée sur les biens ecclésiastiques de la Bretagne. Faute de ressources ou de professeurs, la pensée de Jean V resta sans suite. Sous les pontificats de Martin V et de Nicolas V, le duc François Ier obtint des bulles de confirmation, et les mêmes raisons sans doute l'empêchèrent de les mettre à exécution.

Enfin, sous le duc François II, l'érection d'une université fut encore mise en délibération, et il fut arrêté au Conseil ducal, dans la séance du 13 avril 1459, qu'elle serait établie à Nantes (¹). Pour justifier le choix de cette ville, le prince exposa au Souverain Pontife, comme ses prédécesseurs, que Nantes offrait des avantages particuliers pour l'établissement d'une université. Il vanta sa situation voisine de la mer, la commodité du fleuve navigable qui l'arrose, la douceur de sa température, la variété des ressources dont elle est pourvue en tous genres, et l'abondance de ses vignobles. Le pape Pie II, gagné d'avance par la haute utilité du projet, décréta que la Bretagne aurait une université. Plus large que ses prédécesseurs, il voulut qu'elle eût autant de facultés que celles de Bologne, de Sienne, d'Avignon, de Paris et d'Angers, sans en excepter celle de théologie. La bulle par laquelle ce grand pape notifie ses volontés à la Bretagne contient des considérations qui méritent d'être citées. Si faible que soit ma prose pour rendre ses hautes pensées, je vais tenter d'en donner la traduction :

« Pie, évêque, serviteur des serviteurs de Dieu, a voulu consacrer la mémoire de ses faveurs à perpétuité par l'acte suivant :

» Parmi les biens qu'il est donné à l'homme d'obtenir du Ciel dans le cours de sa vie mortelle, il y en a un qui mérite au plus haut degré notre estime : c'est le bonheur de pouvoir s'enrichir des trésors de la science (²), car la science nous aide à passer des jours heureux et à pratiquer le bien. Son prix est tel, qu'elle élève le savant bien au-dessus de l'ignorant. Elle nous fait pénétrer les secrets cachés du monde ; elle s'impose même aux moins lettrés et porte les hommes de la plus humble origine aux sommets les plus élevés de la considération humaine.

(¹) Dom Morice, *Hist. de Bretagne*, pr., t. II, col. 1740.
(²) *Quod per assiduum studium adipisci valeat scientiæ margaritam.* (*Ibid.*, col. 1748.)

» Le Saint-Siège apostolique, dont la prévoyance et l'action s'étendent aussi bien sur les choses temporelles que sur le monde spirituel, s'est toujours plu à favoriser les entreprises louables, et principalement celles qui sont capables de conduire les hommes au plus haut perfectionnement de la nature humaine, et au moyen desquelles ils peuvent ensuite répandre autour d'eux le trésor des lumières qu'ils ont acquis, sans cesser de faire des progrès. Car, dans le cours ordinaire des choses, toute largesse appauvrit le fonds où l'on puise, tandis que, dans le domaine intellectuel, le savoir croît d'autant plus qu'il se prodigue plus généreusement, etc. (¹) »

Peut-on faire un panégyrique plus éloquent de la science, et le pouvoir qui en comprenait ainsi la portée et la valeur n'était-il pas digne de présider au gouvernement des esprits ?

Comme gage de sa sympathie pour la nouvelle institution, Pie II voulut que les professeurs et les étudiants de l'Université de Nantes fussent en possession des mêmes privilèges qu'il avait concédés à l'Université de Sienne, si chère à son cœur, et leur envoya copie de la bulle adressée à cette dernière, en 1459. Aux termes de cet acte, les ecclésiastiques réguliers ou séculiers, suivant les leçons de l'Université de Nantes, devaient être aussi bien traités que ceux qui fréquentaient assidûment la cour de Rome et y poursuivaient continuellement la délivrance des titres et bénéfices auxquels ils aspiraient ; ils étaient aptes à obtenir les faveurs et prérogatives qui s'accordent aux postulants assidus ; leurs procès en cour de Rome se jugeaient comme en leur présence. Dans toute compétition, ils avaient la préférence sur leurs rivaux, et le grade de

---

(¹) *Scientiæ vero communicatio, quantum in plures diffunditur, tanto semper augeatur et crescat.* (*Ibid.*)

docteur de Nantes leur assurait les mêmes prérogatives que le titre de docteur obtenu à Rome ; ils étaient dispensés de toute résidence, quelle que fût leur dignité, et continuaient à percevoir les revenus de leurs cures ou de leurs bénéfices pendant le cours de leurs études. Ce résumé d'une longue bulle est une peinture fidèle des mœurs de la société ecclésiastique au quinzième siècle (1).

L'évêque Guillaume de Malestroit, en sa qualité de chancelier, fit publier, le 21 juillet 1460, la bulle d'érection datée du 4 avril 1460, et, le 23 du même mois, après en avoir donné lecture en présence de tous les docteurs, licenciés et bacheliers qu'il put réunir dans son palais épiscopal, il déclara l'Université constituée. D'après le premier matricule, elle se composait, dès ce début, de 77 gradués, savoir : d'un docteur en théologie, de 41 canonistes, de 27 légistes, de 4 médecins et de 4 maîtres ès-arts (2).

Après l'institution canonique vint la consécration du prince. Dans toute création importante au Moyen-Age, on est sûr de trouver la coopération du pouvoir temporel et du pouvoir spirituel. Ces deux forces entraient parfois en lutte dans les questions de prépondérance, mais sur le terrain des entreprises utiles, elles marchaient toujours d'accord. Quand une œuvre était patronnée par l'Eglise, l'autorité civile omettait rarement d'y mettre sa sanction, et, comme si elle avait voulu enseigner sans cesse que rien ne pouvait vivre sans elle, elle y apportait sa part contributive de secours matériels. On sait que nos rois et nos princes n'avaient pas les immenses ressources que donne la centralisation aux États modernes ; l'argent était rare dans

---

(1) Arch. de la Loire-Inférieure, E 48.
(2) Travers, *Hist. de Nantes*, t. II, p. 120.

leurs mains, et quand ils voulaient venir en aide à des favoris, ils n'avaient le plus souvent à leur portée qu'un expédient : c'était de leur concéder des exemptions. Cet artifice, qui ne soulevait pas la moindre réclamation, leur permettait de se montrer généreux à l'excès sans courir le risque de perdre leur popularité. François II n'agit pas autrement à l'égard de l'Université de Nantes. Voici les privilèges étendus qu'il lui accorda par ses lettres du 22 avril 1461.

Le duc concède aux docteurs, clercs et écoliers incorporés à l'Université et à tous ses suppôts les grâces, privilèges, prérogatives et prééminences dont jouissent les étudiants et les maîtres de Paris et d'Angers; et précisant sa pensée, il indique le droit d'avoir deux bedeaux dans chaque faculté avec un grand bedeau, le droit de choisir et d'établir deux libraires et un parcheminier. Le prince veut que tout ce personnel soit exempt de toutes tailles et impositions publiques, et jouisse, en franchise, de toutes les denrées qu'il tirera de son propre crû. Suivant la teneur des mêmes lettres, maîtres et écoliers avaient la faculté d'apporter ou de faire venir les denrées nécessaires à leurs besoins, sans payer aucune taxe de coutume, de traite, de péage, d'acquit ou de billot, ils étaient affranchis de tout subside, du logement des gens de guerre, des charges du guet, de tutelle et de curatelle, et, en cas de déni de justice, les uns et les autres pouvaient invoquer la protection directe du pouvoir ducal. L'Université avait sa juridiction spéciale, et son juge devait seul connaître des instances civiles ou criminelles dans lesquelles ses membres étaient parties en cause, soit demandeurs, soit défendeurs (¹). Par ces mêmes lettres

---

(¹) Le sénéchal de la Prévôté de Nantes fut désigné pour être le juge

le duc interdisait d'établir aucune taxe sur les vivres vendus à Nantes, sans entendre les remontrances du procureur général de l'Université. De cette dernière faveur il ne faut pas conclure, à l'exemple de l'abbé Travers, que la police municipale devenait l'une des attributions de l'Université; son procureur acquérait seulement, par là, le droit d'accompagner le prévôt dans les visites qu'il jugeait à propos de faire chez les marchands et le droit de réprimer les exactions (1).

François II mérite le titre de fondateur de l'Université de Nantes, par d'autres motifs. Quand il publia les lettres que je viens de résumer, il avait préparé le succès de la nouvelle institution en construisant des écoles et en appelant à Nantes « plusieurs vénérables docteurs et autres » clercs licentiez et graduez ès-sciences », et de suite on avait vu accourir une multitude d'étudiants (2). Le duc annonce lui-même le fait en 1461. Quelques années plus tard, il ajouta à tous les bienfaits énumérés ci-dessus une dotation permanente sur la recette de ses finances. Par les mandements transcrits dans les registres de la chancellerie ducale, on voit que le trésorier général avait reçu ordre de payer chaque année une somme de 200 livres aux docteurs régents (3). L'Université étant une institution destinée à répandre la lumière sur toute la Bretagne, il

---

conservateur des privilèges de l'Université; il garda cette charge jusqu'en 1789.

(1) L'abbé Travers a cru que l'Université avait été chargée de la police municipale jusqu'en 1560 (t. II, p. 228, 229).

(2) Voir le préambule des lettres de François II. (Arch. d'Ille-et-Vilaine, C 1316.)

(3) Reg. de 1472-1473, f° 159. Reg. de 1486-87, f° 152. (Archives de la Loire-Inférieure, B.)

était juste que la recette générale des impôts contribuât aux frais d'entretien des professeurs.

Par ces concessions, la corporation universitaire s'enrichissait de toutes les prérogatives nécessaires à son indépendance, elle se trouvait placée, par ce fait, au nombre des puissances morales qui commandaient le respect. A Rome, l'Université de Nantes n'était pas moins en honneur qu'en France, car toutes les fois qu'un pape prenait la tiare, il ne manquait pas de notifier sa promotion aux régents et docteurs de Bretagne. A peine montés sur le trône, nos Rois s'empressaient de leur envoyer des lettres patentes de confirmation qui leur permettaient de jouir en paix de leurs exemptions. On peut voir, dans le recueil imprimé des *privilèges de l'Université,* que Charles VIII, Henri II, Charles IX, Henri III, Henri IV, Louis XIII et Louis XIV n'ont pas manqué de ratifier ce qu'avait fait François II (¹). Après avoir dispersé les écoliers et les maîtres, pendant la guerre qu'il entreprit contre la duchesse Anne et son père, Charles VIII se hâta de rétablir les leçons interrompues en assurant un traitement aux professeurs. Ses lettres du mois de novembre 1493 érigent 4 chaires, et assignent à chacune d'elles 100 livres à prendre sur les deniers communs de la ville de Nantes (²). Quelque temps après, il consentit à transférer cette dépense au compte de la recette des Domaines de Bretagne (³). C'est le même roi qui, au mois d'avril 1493, accorda aux régents de la faculté de médecine la permission de prendre les cadavres des suppliciés et des noyés pour étudier l'anatomie (⁴).

(¹) Bibl. de Nantes, 8427.
(²) *Mandements royaux,* vol. I, p. 20.
(³) *Histoire de Nantes,* de Travers, t. II, p. 222.
(⁴) *Procès-verbal de 1669.* (Arch. du greffe du Tribunal de Nantes.)

Les troubles causés par les guerres de religion, en relâchant tous les ressorts de l'autorité temporelle et de l'autorité spirituelle, auraient dû nuire à l'importance de notre premier corps enseignant ; il n'en fut rien, au contraire, il semble que le XVIe siècle fut l'époque de sa grande influence dans la cité. Dans tous les principaux événements du temps, il a le pas sur les autres corps constitués, même sur l'évêché. S'agit-il d'orthodoxie ? les attestations de catholicité de l'Université sont les seules valables (1). Si un gouverneur ou un prince se présente pour faire son entrée solennelle, c'est le recteur entouré de ses docteurs régents qui porte la parole et lui souhaite la bienvenue (2). En politique, l'Université prétendait avoir aussi voix au chapitre, et, quand elle entendit parler en 1576 d'un édit de paix avec les Protestants, elle envoya des députés à la barre du Parlement avec mission de protester contre l'enregistrement de certains articles (3). Pendant la rébellion du duc de Mercœur, elle résista avec tant de fermeté et afficha si haut son attachement à Henri IV, que les chefs de la compagnie se firent emprisonner (4).

Le recteur Choimet prétend, dans sa déclaration de 1792, que l'Université possédait, dans la paroisse Saint-Similien, des terrains considérables provenant de sa première dotation, qui lui auraient été enlevés sans indemnité par le duc de Mercœur, pour la punir de ses opinions royalistes (5). Cette assertion est appuyée sur des données si mal déterminées qu'il est permis de la tenir pour suspecte.

---

(1) *Hist. de Nantes,* de Travers, t. II, 499.
(2) *Ibidem,* p. 390.
(3) *Ibidem,* p. 467.
(4) *Mémoire de 1764.* (Arch. dép., D.)
(5) *Histoire de Nantes,* t. III, p. 76, 77.

Ni les registres de la chancellerie ducale, qui font mention de la rente constituée par François II, ni le dénombrement de temporel produit en 1554, ne font allusion à cette propriété immobilière. L'indemnité à payer pour cette prétendue confiscation n'a pas pu être demandée par le Roi, aux Etats de 1593, comme le dit Choimet, puisque la pacification n'a eu lieu qu'en 1598. L'abbé Travers, qui a compulsé les registres de l'Université, et qui nous en donne fréquemment des extraits dans son histoire, est bien plus digne de foi quand il nous parle de cette époque. Le duc de Mercœur, suivant ce dernier, n'aurait pas fait main basse sur les domaines de l'Université, mais il aurait détourné au profit des grands travaux de fortification de la ville neuve du Marchix, les 60,000 livres votées par les Etats de Vannes à l'intention des professeurs. Il n'aurait obtenu cette somme importante qu'en simulant un projet de rassembler les régents dispersés.

En déclarant que les étudiants de l'Université de Nantes seraient non moins favorisés que ceux des Universités de Paris et d'Angers, le duc François II avait ouvert la porte à bien des revendications qui se firent jour peu à peu, et obtinrent, par l'usage, force de loi. Voici, d'après Rebuffé, les privilèges qu'on reconnaissait aux collèges et aux écoliers de son temps.

Si une maison voisine d'un collège est nécessaire à son agrandissement, on peut obliger le propriétaire à la céder.

Il n'est pas permis aux corps d'état qui font grand bruit de demeurer près des collèges, et quand ils y sont établis, on peut les faire chasser.

On ne peut retenir les livres d'un écolier pour se payer de sa pension ou de ses dettes, ni saisir ses biens et ses vivres.

Il n'est pas permis à des archers ou à des sergents de venir dans un collège arrêter un écolier, ou une autre personne, si ce n'est un écolier rebelle à ses maîtres.

Les valets d'un écolier jouissent aussi du privilège de scholarité.

Les écoliers jouissent de tous les privilèges accordés aux habitants de la ville où ils étudient, mais ils ne participent pas aux charges.

Les écoliers ont trois sortes de juges, le conservateur apostolique, le conservateur royal et leurs docteurs régents.

Un écolier peut recevoir des legs, tester du vivant de son père, il ne rapporte pas ses livres au partage de famille, il agit en justice tant en matière civile que criminelle.

Un étudiant qui prend une cure, peut obtenir une dispense de résidence pour 7 ans.

Les Universités de Paris et d'Angers avaient le pouvoir exclusif d'instituer des messagers auxquels les étudiants et leurs familles remettaient de l'argent, des lettres, des paquets ; l'Université de Nantes s'empressa de revendiquer ce monopole et de l'exploiter. Il était de son intérêt de se mettre en relation avec les principales villes de Bretagne et de France, afin d'attirer à elle les étudiants, en leur offrant les moyens de correspondre avec leurs parents. Elle eut ses courriers pour Rennes, Vannes, Quimper, Angers, Paris, Poitiers, la Rochelle. Chaque messager de son choix recevait une commission qu'il payait souvent très cher, et signait un marché qui réglait le tarif de ses gages et l'itinéraire de sa marche. Chaque Université ayant ses courriers, il arrivait que les uns faisaient concurrence aux autres ; de là des réclamations et des procès qui aboutissaient à une réglementation excessive. Ainsi le messager

Raguideau, qui faisait le service, en 1603, de Nantes à Paris, ne pouvait pas tenir bureau en passant à Angers ; il lui était enjoint de passer seulement sans séjourner (1). En 1669, le privilège des messageries rapportait 486 livres, sans compter le produit de la poste de Rennes, pour laquelle nos régents plaidaient (2); mais il faut observer que la majeure partie de ce profit était absorbée par les frais de procédures et de consultations que nécessitait sa conservation. Vers 1650, l'Université menacée par je ne sais quel traitant, avait été obligée de se pourvoir au Conseil, et le Roi lui avait adressé un arrêt du 23 mars 1653, revêtu de lettres patentes, qui la maintenait dans le droit exclusif d'instituer des messagers jurés dans la province de Bretagne « par respect pour les concessions faites » par les ducs et les Rois de France (3). » Toutes ces faveurs ne s'obtenaient pas sans bourse délier.

En 1673, quand l'Etat s'empara du privilège des postes, nos docteurs régents surent encore se préserver de la confiscation ; il n'en fut pas de même sous le règne de Louis XV. Le vent de l'opinion qui poussait nos gouvernants à la centralisation était tel, qu'il fallut alors transiger avec les fermiers du fisc. L'Université céda son monopole, en 1732, moyennant une rente de 300 livres (4).

Les finances de la corporation n'ont jamais été assez prospères pour qu'elle eût la possibilité de faire construire ou d'acquérir un immeuble. Ses réunions avaient lieu tantôt dans la chapelle Saint-Cosme et Saint-Damien, à la collégiale, tantôt dans l'une des salles des Cordeliers,

---

(1) *Privilèges de l'Université*, p. 40.
(2) *Procès-verbal de 1669.*
(3) *Déclaration du recteur de 1792.* (Arch. dép., Q.)
(4) *Ibidem.*

après la messe du dimanche, et les exercices publics se faisaient chez les Carmes (¹). Chaque Faculté avait ses recettes particulières et ne versait à la caisse commune que des contingents très modiques. Sous Henri II, la recette des Domaines n'acquittait sans doute plus la rente de 540 livres créée par Charles VIII, car elle ne figure pas dans la déclaration produite devant le sénéchal de Nantes par le procureur général Patrice Feuillet. Ce document n'accuse en charge que 50 livres de rentes hypothécaires sur les seigneurs de Chavagne, de Larchats et de la Guerche (²). Dans l'année 1644-1645, le bedeau préposé à la recette générale encaissa 253 livres qui se décomposent ainsi :

Une doctorande...............................	3 liv.
Rentes foncières constituées et hypothécaires.	250
	253 liv.

Dans d'autres comptes de la même époque, on voit figurer des cotisations d'entrée. Les dépenses sont instructives : elles consistent en gratifications distribuées au célébrant et aux choristes de la messe de rentrée, en frais de services funèbres commandés pour les collègues décédés, en jetons de présence accordés aux assistants et en frais de pain bénit (³). En 1669, la situation financière était bien meilleure ; le Recteur annonçait au commissaire du Roi 458 livres de rentes constituées et 486 livres de casuel provenant des messageries. Le XVIIIe siècle fut fatal à l'Université : c'est l'époque où elle perdit ses franchises d'impôt sur les subsistances, où le privilège des postes fut

---

(¹) *Hist. de Nantes,* par Travers, t. II, p. 192.
(²) *Registre des déclarations de biens non sujets aux décimes,* 1554. (Arch. dép., B.)
(³) Arch. dép., D.

racheté, et où les Facultés de droit furent transférées à Rennes. Affaiblis par ces infortunes successives, ses revenus ne dépassaient pas 537 livres quand la Révolution l'obligea à déposer son bilan (¹).

Si nous voulons connaître ce qu'étaient les ressorts de la vie intérieure du corps universitaire, les rapports de chaque Faculté avec l'assemblée générale des agrégés, le personnel, les usages, les règlements de l'association, il ne faut pas chercher ces renseignements dans la bulle de Pie II, ni dans les lettres d'institution du duc François II. L'organisation de notre Université est tout entière dans le recueil qui fut préparé par ses docteurs et arrêté dans la séance du 30 octobre 1461. La promulgation n'eut lieu que l'année suivante (11 octobre 1462), lorsque le pape et le duc, fondateurs, eurent donné leur approbation à la rédaction des statuts (²). Dans une étude aussi rapide que celle-ci, je dois me borner à citer les dispositions principales.

Le premier dignitaire était l'évêque, chancelier né de l'Université, qu'on nommait aussi le conservateur des privilèges apostoliques; il désignait en son absence un vice-chancelier pour signer les actes soumis à son approbation. Après lui, venait le Recteur, officier renouvelable tous les quatre mois, qu'on prenait à tour de rôle dans chacune des cinq Facultés. Dans le principe, il ne devait être ni marié, ni religieux. Le jour de son installation, il prêtait serment à son prédécesseur; et l'investiture de sa

---

(¹) Arch. dép., Q.
(²) *Statuta inclytæ universitatis Nannetensis*, man. in-4º goth. 96 ff. (Bibl. de Nantes, 8426.) Ces statuts ont été imprimés à Nantes, chez la veuve Dorion, en 1630 et en 1651, puis, chez Lemonnier, en 1653, avec diverses pièces annexes. La dernière édition est dans la bibliothèque de M. Boismen, notre éminent architecte diocésain.

dignité lui était conférée par la remise de la robe, du sceau et des statuts de la corporation. Le titre de Recteur était le plus envié, aussi chaque élection amenait avec elle des compétitions ardentes. On voyait des Facultés qui, pour ramener plus souvent leur tour, grossissaient le nombre de leurs votants en multipliant les agrégations d'une façon abusive. Après avoir accordé voix délibérative aux bacheliers et aux licenciés, il fallut les écarter des assemblées pour rétablir la paix.

Le doyen était aussi un dignitaire électif, ainsi que le procureur général. Ce dernier était chargé de la défense active de tous les intérêts temporels de la corporation. On lui adjoignait un greffier qui enregistrait soigneusement toutes les décisions prises dans les séances particulières ou générales. Le célibat était de rigueur pour être suppôt ou affilié à un titre quelconque ; les suppôts mariés n'ont été tolérés qu'après 1581 (1).

Si nous en jugeons par les extraits fournis par l'abbé Travers, les questions d'étiquette, de cérémonial, de préséance et de vêtement tenaient une grande place dans les préoccupations de notre Université bretonne. Le 24 mai 1551, il fut décidé qu'on achèterait pour le Recteur une chape ou robe de satin rouge cramoisi avec le chaperon doublé de taffetas bleu, et pour le syndic une chape de tabis rouge ou camelot de soie rouge avec capuchon doublé de taffetas. Ordre fut donné aussi aux suppôts de toutes les Facultés de se procurer des chapes de taffetas ou de damas rouge avec capuchons doublés de bleu. Le premier bedeau, les bedeaux et le scribe avaient également un costume qu'on détermine avec précision (2).

---

(1) *Hist. de Nantes*, de Travers, t. II, 521.
(2) *Hist. de Nantes*, t. II, p. 326.

Tout cet appareil n'était pas inutile, car les démonstrations extérieures étaient autrefois l'accompagnement obligé des moindres événements de la vie civile ou religieuse. Nos pères aimaient les bannières, les insignes, les défilés par les rues ; et l'Université tenait à faire grande figure dans chaque manifestation, de même qu'elle exigeait un rang très honorable parmi les assistants. Le Chapitre de la cathédrale ayant refusé de lui céder le pas à la procession du Sacre, en 1563, nos régents restèrent chez eux plutôt que de marcher après les chanoines. L'installation des docteurs et des licenciés se faisait toujours en grande pompe. Hervé Jacob et Yves Busnel admis à la *doctorande,* en 1494, invitèrent l'Evêque, les deux Chapitres et toutes les personnes de distinction à leur faire cortège. Ils partirent de l'église des Carmes, en habits de docteur, précédés des trompettes, entourés de régents et de suppôts de tous degrés et montèrent ainsi toute la Grande Rue jusqu'à Notre-Dame. Là, le vice-chancelier leur donna le bonnet rond et les installa dans la chaire doctorale, où ils prirent possession de leur titre, en ouvrant et en fermant un livre (1).

Le jour de la Saint-Yves, fête patronale de l'Université, il y avait messe solennelle et grande procession depuis Saint-Pierre jusqu'à Saint-Nicolas. Le défilé se rendait à la chapelle de Saint-Yves de la Boucherie et revenait de là à la collégiale de Notre-Dame où l'office se célébrait dans le principe (2). Yves du Quirisec ayant établi une fondation, la messe fut chantée à la cathédrale après 1492.

L'ouverture des cours avait lieu le lendemain de la

---

(1) *Hist. de Nantes,* par Travers, t. II, p. 230.
(2) *Ibidem,* p. 216.

Saint-Clair, le 11 octobre, et les vacances commençaient au 15 août (¹).

Il y a peu de chose à dire sur les rapports de notre Université avec le pouvoir royal. Bien que celui-ci ait revendiqué dans l'ordonnance de Blois de 1579 le droit d'envoyer des commissaires-inspecteurs pour surveiller l'exécution des statuts, il n'en est pas moins vrai que la corporation a vécu dans la plus grande indépendance depuis son origine jusqu'à la fin. La tutelle de la puissance civile était purement nominale. On voit bien, lors de l'enregistrement des lettres de Charles IX au Parlement, que les conseillers de la Cour annoncent qu'il sera procédé à une réformation, mais la conséquence de cette résolution n'apparaît nulle part. Sous Louis XIV, la visite faite en 1669, par le sénéchal, n'a modifié aucunement les habitudes de la corporation, et ses successeurs n'ont pas touché davantage à sa constitution. On n'a jamais vu sous l'ancien régime de Conseil supérieur dicter des programmes de leçons et des méthodes d'enseignement. Le Parlement est la seule autorité qui ait vécu en relations étroites avec l'Université : par son droit d'homologation, il avait connaissance de toutes les résolutions importantes, et par son droit de juridiction souveraine, il réglait les compétitions ou les conflits, et éteignait les rivalités.

(¹) *Privilèges de l'Université*, p. 33.

CHAPITRE I.

—

LA FACULTÉ DES ARTS.

Après les développements auxquels je me suis livré, au chapitre des collèges de Nantes, il me reste peu de détails à ajouter ici pour faire connaître ce qu'était la Faculté des Arts. En citant les professeurs qui occupèrent les chaires des collèges de Saint-Jean et de Saint-Clément, j'ai, par là même, indiqué les docteurs qui furent chargés de distribuer son enseignement. Le cercle de connaissances, que nous désignons aujourd'hui sous le nom d'*humanités,* composait tout le programme des *arts libéraux :* il débutait par le latin et le grec, se continuait par la rhétorique et la géographie, et se terminait par l'histoire naturelle et la logique. Aucune de ces matières ne pouvait être enseignée ailleurs que dans les collèges reconnus par l'Université ; il n'y avait pas d'exception même pour les couvents les mieux famés. Ainsi, les Dominicains de Nantes ayant essayé de faire un cours de philosophie, reçurent, en 1686, l'ordre de cesser leur entreprise [1].

---

[1] Arch. de la mairie, BB 54.

L'évêque, lui-même, en fondant un séminaire, n'avait pas le pouvoir de fonder une chaire de philosophie, sans que la Faculté des Arts s'y opposât. Il envoya ses séminaristes aux cours de l'Oratoire, jusqu'au jour où, rompant toutes les entraves, les lettres patentes du Roi lui rendirent sa liberté d'action (1).

A l'égard des étudiants, les statuts de l'Université contenaient des dispositions non moins formelles; on exigeait d'eux, à leur arrivée, le serment de respect et de soumission avec la promesse d'assister aux processions. Tout récipiendaire payait un devoir de 5 sous au receveur, de 10 sous au procureur et de 10 sous aux bedeaux. Les externes acquittaient un réal environ par an. Quiconque se présentait au baccalauréat, attestait qu'il avait étudié au moins une année les livres ordinaires de logique et trois des sciences naturelles. Il payait à son préparateur un demi écu pour droit de régence.

Pour être admis à l'épreuve de la licence, il était nécessaire d'avoir 18 ans accomplis, d'être d'une taille convenable et de répondre préalablement aux interrogations des maîtres de la Faculté, dans deux séances publiques. On s'y préparait en étudiant dans les cours ordinaires les catégories de Porphyre et d'Aristote, les deux premiers livres et les deux derniers, les quatre premiers livres des Topiques et des Sommaires. En philosophie, les questions s'étendaient sur les huit livres des sciences naturelles, sur les trois du Ciel, les deux de la Création, les trois de l'Astronomie, les trois qui traitent de l'Ame, sur les chapitres des Sens, de la Sensation, de la Mémoire, du Souvenir, du Sommeil, etc. La métaphysique comprenait six livres, et la philosophie morale, six livres des Ethiques,

---

(1) *Lettres patentes de* 1724. (Arch. départ., G 290.)

le traité de la sphère et une partie d'Euclide (¹). Si le candidat à la licence était vainqueur, il revêtait pour insigne le manteau court à capuchon, et ne prenait le bonnet rond que le jour où il devenait docteur. La qualité de licencié était indispensable pour enseigner en seconde, et les docteurs seuls pouvaient prétendre aux chaires de rhétorique, de philosophie et aux positions de principal ou de préfet des études. Un régent ne prenait pas possession de sa chaire sans avoir subi de nouvelles épreuves, et l'usage voulait qu'il fût présenté par le procureur général. C'est ainsi qu'il entrait au collège Saint-Jean ou au collège Saint-Clément. Il ne jouissait de tous les privilèges concédés aux suppôts de l'Université que le jour où les agrégés, réunis en assemblée, accueillaient sa demande d'incorporation (²).

Après avoir été longtemps répartie entre les maîtres de deux établissements, l'autorité de la Faculté des Arts se trouva concentrée tout entière sur la tête des prêtres de l'Oratoire, quand ceux-ci devinrent les gouverneurs de l'unique collège de Saint-Clément. On a vu comment ils s'emparèrent peu à peu de la position qu'ils ambitionnaient et quelle habileté ils déployèrent contre la défiance de leurs adversaires. On avait voulu limiter leurs voix délibératives, et il arriva que la Faculté tomba complètement entre leurs mains, tant et si bien que les règlements n'existaient plus pour eux. Ils devenaient suppôts de l'Université au XVIIIᵉ siècle, sans prendre aucun degré. La robe et le collet leur suffisaient pour être

---

(¹) *Statuts de l'Université de 1462*, p. 72.

(²) Les frais des actes publics étaient très modiques, cependant la Faculté retirait encore 444 livres, en 1789, des écus de collège et de la délivrance des lettres de maître ès-arts. (*Déclarations* de 1790. Arch. départ., Q.)

de plein droit bacheliers, licenciés, maîtres et docteurs.
« C'est un abus, disent leurs adversaires, contre lequel on
» réclame le secours du Ministère public. Le seul titre
» d'Oratorien suffit pour les autoriser à prendre ces
» qualités ; l'Université n'a point d'autre garant de leur
» capacité que leur soutane et leur bonnet (1). »

C'est le penchant commun de tous ceux qui exercent une puissance quelconque de tendre à l'omnipotence et à la domination exclusive de leurs inférieurs : les Oratoriens ne surent pas résister à cet entraînement et cherchèrent à amoindrir leurs rivaux lorsqu'ils furent en possession définitive du collège Saint-Clément. Il est bien constaté qu'après avoir présenté, en 1654, 17 candidats pour être immatriculés, comme maîtres ès arts, sur les registres de la Faculté, ils s'abstinrent ensuite de toute autre présentation, pour avoir la prépondérance dans les délibérations. Ils avaient eu soin, en 1669, de déclarer, devant le commissaire enquêteur, qu'ils exerçaient seuls la Faculté des Arts, ils renouvelèrent, en 1704, dans une assemblée générale de l'Université, cette affirmation. L'assistance protesta, en déclarant qu'on pouvait recevoir d'autres maîtres ès arts, et soutint que l'examen de l'acte d'incorporation des Pères de l'Oratoire ne justifierait pas leurs prétentions. Lorsqu'on ouvrit le coffre des archives déposé dans la bibliothèque des Oratoriens, le concordat avait disparu, ainsi que le registre de l'année 1625 (2). L'acte se retrouva cinquante ans plus tard, et prouva qu'ils gardaient trop sévèrement l'entrée de la Faculté des Arts.

On a vu comment la Congrégation se défendit contre

---

(1) *Mémoire de* 1766.
(2) *Mémoire de* 1768.

les partisans de la liberté d'enseignement qui voulaient entamer le monopole de son collège; elle ne lutta pas avec moins d'opiniâtreté contre les rivaux envieux de son influence et de ses privilèges. Le Parlement lui prêta son appui en prononçant trois arrêts en sa faveur, mais l'Université ne voulut pas donner complètement la main aux Oratoriens.

Il y avait alors à Nantes plusieurs maîtres ès arts, autorisés à enseigner les belles-lettres, qui se plaignaient de partager les fatigues de l'enseignement public sans être admis à participer aux privilèges et immunités accordés aux suppôts de l'Université. Le 31 juillet 1765, ils présentèrent une requête, dans laquelle ils demandaient à être incorporés à l'Université, en vertu des droits que leur conférait leur qualité de maître ès arts. Les membres des facultés prirent leur temps, nommèrent des commissaires rapporteurs, vérifièrent les titres et statuts, et conclurent, après examen, que l'Université pouvait immatriculer dans la Faculté des Arts d'autres maîtres que les régents de l'Oratoire; mais elle ne publia sa décision qu'après avoir réglé les conditions de l'admission des nouveaux maîtres, car on voulait ménager scrupuleusement la susceptibilité et les droits des Oratoriens. L'Université leur conserva les honneurs, les préséances et tous les profits; elle arrêta que le décanat dans la Faculté des Arts appartiendrait toujours à un Oratorien, que les maîtres admis ne dépasseraient jamais le nombre de dix, et prit en quelque sorte l'engagement de choisir de préférence ceux des maîtres qui auraient déjà obtenu d'eux l'approbation d'enseigner.

Il est fâcheux que la congrégation de l'Oratoire ne se soit pas contentée des concessions honorables qui lui étaient faites; elle aurait épargné à ses amis et à ses

membres la tristesse de voir sa conduite dénoncée devant une Cour du royaume comme une suite d'intrigues, et sa réputation ébranlée par des insinuations malveillantes. Au lieu de continuer paisiblement sa mission, elle voulut protester contre les délibérations de l'Université, du mois d'août et du mois de novembre 1765, et forma opposition, lorsque le recteur voulut faire homologuer la résolution nouvelle par le Parlement de Bretagne, prétendant que le collège de Saint-Clément et ses directeurs étaient seuls fondés à composer la Faculté des Arts exclusivement à tous autres. L'Université, en 1768, répliqua que la grâce qu'elle avait bien voulu faire à l'Oratoire en l'incorporant dans la Faculté des Arts, ne lui avait pas donné le droit exclusif qu'elle revendiquait, et, pour mieux le démontrer, elle passa en revue toute l'histoire de la Faculté des Arts, dans un long mémoire rempli de traits acérés qui devaient plaire aux contemporains de Voltaire. En cette occasion, elle affirme encore son attachement au gallicanisme. « Rien
» n'est plus éloigné, dit-elle, des mœurs et de l'esprit
» des Universités du royaume que ce qui peut tendre à y
» faire dominer les ordres et les congrégations tant régu-
» lières que séculières. Il est de l'avantage de l'Eglise, de
» l'Etat et des Universités qu'il règne une liberté entière
» dans les délibérations, et que l'on soit attentif à la conser-
» vation des anciennes maximes du royaume. »

Du Parlement l'affaire fut portée au Conseil du Roi, qui rendit un arrêt dont je n'ai pu retrouver le texte. Quoi qu'il en soit, l'esprit qui régnait dans cette compagnie est est assez connu pour qu'on se persuade qu'elle inclina du côté des doctrines de l'Université et enregistra les résolutions prises à l'égard des maîtres ès arts.

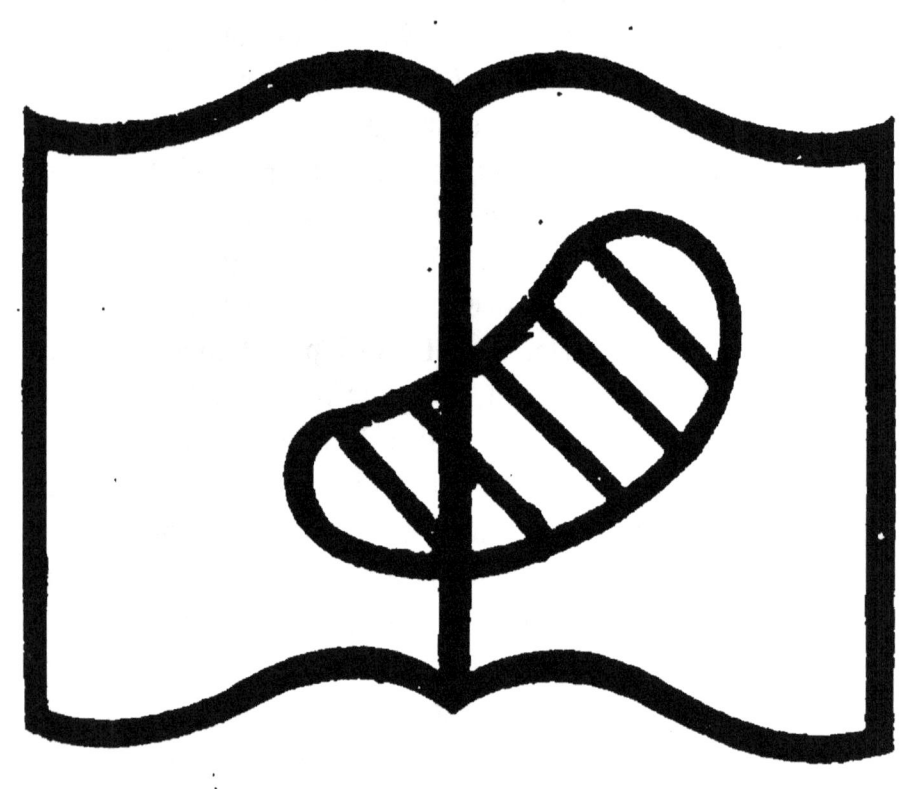

CHAPITRE II.

FACULTÉS DE DROIT CIVIL ET DE DROIT CANON.

Il y a bien longtemps que la connaissance du Droit conduit aux honneurs et aux carrières lucratives ; la société du Moyen-Age, plus qu'aucune autre, a eu besoin d'avocats, de procureurs, de juges, de sénéchaux, de prévôts, d'alloués, car jamais les intérêts n'ont été plus divisés, les conflits d'autorité plus fréquents, les compétitions plus ardentes, les classes plus empressées à défendre leurs privilèges. Il n'est donc pas surprenant qu'en plein XV° siècle l'évêque de Nantes soit parvenu à réunir autour de lui 41 canonistes et 27 légistes le jour qu'il inaugura les cours de l'Université, tandis que les trois autres Facultés ensemble ne comptaient pas plus de cinq représentants. La jeunesse d'alors courait aux leçons des professeurs de Droit, comme les jeunes gens d'aujourd'hui. La multiplicité des tribunaux ecclésiastiques et séculiers, qui se partageaient autrefois les justiciables, offrait de nombreuses positions aux aspirants des Ecoles de Droit, et ceux qui s'adonnaient à l'étude du Droit canon n'étaient pas moins favorisés que les autres.

De même que le Roi avait ses *cas royaux*, l'Eglise avait elle aussi ses *cas divins*. La Société lui reconnaissait le droit d'appeler à sa barre certains criminels qu'elle frappait d'excommunication, avant de les livrer à la justice civile. On sait que l'infâme Gilles de Retz fut interrogé par l'évêque de Nantes et le vicaire de l'Inquisition, avant d'être traduit devant les commissaires du duc de Bretagne. Pour ces assises extraordinaires, comme pour les tribunaux permanents des officialités, le clergé avait besoin de jurisconsultes capables d'appliquer le Droit canon, c'est-à-dire les décisions contenues dans les anciens canons de l'église et dans les décrétales de divers papes. Dans la crainte de manquer d'hommes éclairés, on envoyait des clercs jusqu'en Italie aux fameuses écoles de Pavie et de Sienne. La connaissance du Droit canon n'était pas moins nécessaire aux juges des juridictions civiles qu'aux juges des officialités ; les questions mixtes qui se présentaient à leur barre n'étaient pas rares, et la compétence de chaque tribunal était mal définie. Aussi les faveurs du prince allaient-elles de préférence au-devant des magistrats qui étaient doublement docteurs, *doctores in utroque jure.*

On désignait le docteur en Droit canon par le titre de *doctor in decretis,* et le docteur en Droit civil par celui de *doctor in legibus.*

A l'origine, la faculté de Droit canon fut entièrement distincte de la faculté de Droit civil : l'une et l'autre avaient leurs statuts particuliers et leurs professeurs différents ; tous les actes en font foi. On sait les noms des deux premiers régents qui commencèrent les cours : ce sont Yves Rolland et Pierre Méhaud (¹). On connaît également les maîtres qui, sous le règne de la duchesse Anne,

---

(¹) Yvo Rollandi pro facultate decretorum, Petrus Mehaud utriusque juris doctor pro facultate legum. (*Concordat de 1469.* Arch. dép., G 144.)

furent chargés de réorganiser l'Université et de rassembler les écoliers qui s'étaient dispersés pendant l'invasion de la Bretagne par l'armée de Charles VIII.

La subvention accordée par le Roi (400 livres) n'étant pas suffisante pour attirer à Nantes des hommes de mérite, la municipalité envoya à Angers une députation qu'elle chargea de conclure un traité avec l'une des célébrités de cette ville. L'abbé Jacques Clatte consentit à se déplacer (1494) à la condition que la Ville lui compterait 60 livres par trimestre, qu'elle lui fournirait un logement pour lui et ses pensionnaires, et qu'il aurait la liberté de choisir deux corégents, l'un en Droit civil, l'autre en Droit canon, qui toucheraient chacun 25 livres tournois par trimestre. L'installation de ces professeurs eut lieu rue Saint-Gildas, dans la maison de l'Huis de Fer, qu'on avait prise à loyer.

Il paraît que Jacques Clatte, à peine investi des fonctions de vice-chancelier, manifesta une grande ambition, car nous le trouvons, quelques années après, pourvu de nombreux bénéfices ecclésiastiques. Outre les trois cures de Saffré, de Pont-Saint-Martin et des Moûtiers, qui réunies lui valaient 440 livres, il possédait une prébende de chanoine à Guérande, soit 80 livres, la charge de chefcier à la collégiale de Nantes, soit 120 livres, la charge d'official de l'évêché, soit 240 livres, et siégeait comme conseiller de la reine Anne. Aussi, la municipalité comptait bien saisir la première occasion pour se délier de ses engagements et lui dire qu'elle le jugeait suffisamment rémunéré de ses services. Quand il vint réclamer ses honoraires, en 1498, le miseur ou receveur de la ville lui répondit en lui faisant l'addition de toutes les sommes qu'il recevait de différentes mains (1).

(1) Arch. de la mairie de Nantes, GG.

Quatre ans auparavant, la municipalité avait obtenu que la dotation de 400 livres, assignée par le Roi sur les fonds de la ville, fût transformée en dépense d'intérêt général et mise au compte de la recette des Domaines (¹). Le loyer de l'Ecole de Droit, sise rue Saint-Gildas, fut seul laissé à sa charge. On connaît les noms des professeurs qui enseignèrent là, pendant le XVIe siècle : Jean du Boschet, chanoine, grand vicaire du diocèse et conseiller au Parlement, en 1504, professait le cours de Droit canon, pendant que son contemporain Jean Moysen, aussi chanoine, enseignait le Droit civil (²). Guillaume Cochetel, licencié, représentait la faculté de Droit canon, et Mathieu André, docteur régent, celle de Droit civil, en 1554 (³); puis je citerai, en 1576, Antoine Clavier et Jean de Francheville, tous deux docteurs régents, qui, préoccupés des moyens d'attirer les étudiants autour de leur chaire et de stimuler leur ardeur, proposaient qu'on réservât un certain nombre de bénéfices ecclésiastiques pour ceux qui auraient conquis leurs grades. Le plus célèbre de cette époque fut le président du Parlement de la Ligue, Carpentier, magistrat inébranlable sur les principes, qui ne connaissait pas la flatterie. Quand il inaugura ses leçons, le 15 octobre 1593, il prit pour texte de son discours ces paroles de l'empereur Théodose : « Il convient que le législateur donne l'exemple de l'obéissance aux lois. » *Eum enim qui leges facit, pari majestate legibus obtemperare convenit,* et les commenta en présence du duc de Mercœur. La harangue qu'il prononça dans la séance où les décisions du Concile de Trente furent apportées, pour

(¹) *Hist. de Nantes,* de Travers, t. II, p. 230.
(²) Ibidem, p. 258.
(³) *Déclarations des bénéfices non sujets aux décimes,* en 1554. (Arch. dép., B.)

être enregistrées, sont à noter, parce qu'elles peignent bien les opinions qui avaient cours parmi les ligueurs de Nantes, en 1593. On est tout surpris de l'entendre dire, lui, le champion de l'orthodoxie, que le pape n'est pas le souverain des souverains, et que l'église gallicane, par ses privilèges, ne relève, au point de vue spirituel, que du Concile général. « Et nous pouvons dire avec toute
» modestie à la Tiare romaine, dit-il, que nous ne recon-
» naissons personne ès choses temporelles (1). »

« La forteresse de la liberté gallicane est l'appellation
» comme d'abus fondée sur la constitution des Saints Dé-
» crets (2). »

Le commencement du XVIIe siècle fut une époque de prospérité relative pour les facultés de Droit de Nantes, de 1582 à 1669 ; elles délivrèrent 162 diplômes à des bacheliers, à des licenciés et à des docteurs. Les professeurs, au nombre de 4, se partageaient une dotation de 460 livres. On ignore l'année dans laquelle ils quittèrent les salles de la rue Saint-Gildas ; on sait seulement qu'en 1669, ils en étaient réduits à mendier un asile près des marguilliers de la paroisse Saint-Denis. Les cours se faisaient alors par deux professeurs seulement, dans la chapelle Saint-Gildas, en présence de 22 écoliers originaires de la Bretagne, de l'Anjou et du Poitou (3).

L'édit de 1679, par lequel Louis XIV exige que le Droit français, contenu dans les ordonnances royales et les coutumes, soit enseigné publiquement aux futurs avocats, aurait pu rendre un peu de vie à la faculté de Droit, si le Roi avait pris en même temps des mesures pour faire vivre le professeur nouveau.

(1) *Hist. de Nantes*, Travers, t. III, p. 77.
(2) Ibidem, t. III, p. 75.
(3) *Procès-verbal de visite de 1669.* (Arch. du greffe de Nantes.)

« Et afin de ne rien omettre, dit-il, de ce qui peut
» servir à la parfaite instruction de ceux qui entreront
» dans les charges de judicature, nous voulons que le
» Droit français soit enseigné publiquement, et à cet
» effet, nous nommerons des professeurs qui expliqueront
» les principes de jurisprudence française (1). »

Dès 1681, l'avocat Douteau accepta d'occuper la chaire nouvelle, et son cours se continua pendant 17 ans, bien que le Roi eût négligé de lui assurer un traitement. En 1698, son grand âge lui fournissant un prétexte pour se retirer, il s'empressa de résigner ses fonctions (2). Personne ne s'étant présenté pour le remplacer, la chaire demeura vacante pendant près de 25 ans. L'enseignement du Droit ne fut repris que le 18 novembre 1722, par le sieur Bizeul, docteur agrégé en l'Université de Nantes, qui, pour ses honoraires, était autorisé à prélever sur chaque étudiant une taxe de 6 livres d'inscription dont le produit, bon an mal an, valait environ 300 livres. Pour l'encourager, les Etats de Bretagne lui accordèrent, en 1724, une gratification de 1,000 livres à laquelle il ajoutait les revenus de son grade d'agrégé, soit 225 livres. Le sieur Bizeul s'étant plaint d'être moins bien traité que ses collègues, l'Intendant fit une enquête de laquelle il ressortit que chaque chaire de professeur de Droit civil ou canonique rapportait 1,862 livres, et que les émoluments du sieur Bizeul ne dépassaient pas 516 livres.

Les querelles intérieures qui agitèrent l'existence de la faculté de Droit sont peu intéressantes ; elles ne mériteraient pas d'être signalées, si elles ne nous apprenaient quels rapports existaient entre les professeurs et les élèves.

---

(1) Arch. de la mairie, série GG.
(2) Ibidem.

Dans la contestation qui s'éleva en 1723, à propos de la présidence des thèses, le Conseil du Roi intervint par un arrêt, du 12 mai 1723, qui fixe le droit de présidence à 9 livres, sans compter les droits des professeurs qui tous ensemble n'auront pas plus de 80 livres (¹). Par le même arrêt, il est enjoint aux professeurs de ne pas s'ingérer dans les répétitions de Droit, mais de laisser aux étudiants la liberté de choisir parmi les agrégés ; il est également défendu de prélever des taxes abusives et de dispenser aucun étudiant de l'examen sur le Droit français.

Depuis que la Faculté était sortie des salles primitives de la rue Saint-Gildas, elle n'était pas parvenue à trouver un local convenable pour ses leçons (²). En 1732, ses exercices, même les plus solennels, se passaient dans une salle obscure et malsaine qu'elle louait au couvent des Carmes. « Il conviendrait à la province de Bretagne, disait le sub- » délégué Vedier, de faire les frais d'une construction » pour cette école. » Malgré toutes leurs requêtes à la Ville et aux Etats, les professeurs n'obtenaient pas autre chose que des promesses. Ces lenteurs aboutirent au démembrement de l'Université de Nantes. Pendant qu'on hésitait à voter les fonds nécessaires à une meilleure installation et qu'on étudiait les plans des édifices, les conseillers du Parlement de Rennes négociaient en Cour pour que les Ecoles de Droit fussent transférées auprès d'eux. Leurs remontrances furent si habilement présentées qu'en octobre 1735, le Roi ratifia le déplacement qu'on lui demandait, « attendu que les habitants de Nantes, dit-il, » s'attachent beaucoup plus au commerce qu'à l'étude » souvent trop stérile des lois et de la jurisprudence. »

(¹) Arch. d'Ille-et-Vilaine, F 95.
(²) Ibidem, C 23.

PIÈCES JUSTIFICATIVES.

DÉCLARATION DU ROI

pour la translation de la Faculté de Droit de la ville de Nantes en celle de Rennes, donnée à Versailles le 1er octobre 1735, registrée au Parlement le 12 octobre 1735.

Louis, par la grâce de Dieu, roy de France et de Navarre; à tous ceux qui ces présentes lettres verront, salut. — La résidence que les anciens ducs de Bretagne faisaient ordinairement dans la ville de Nantes, avait donné lieu d'y faire l'établissement d'une Université, mais, comme depuis la réunion de ce païs à notre couronne, les Rois, nos prédécesseurs, ont jugé à propos d'y ériger un Parlement pour le bien de la justice et pour l'avantage des peuples de la même province, la ville de Rennes où le siège en a été fixé, s'est accrue considérablement par le grand nombre d'habitants que cet établissement y a attirez; et c'est ce qui a donné lieu aux officiers du dit Parlement de nous représenter que l'expérience et les changements qui sont arrivez dans la suite des temps, ont fait connaître que la ville de Rennes, étant située presque dans le centre de la province, et les pères pouvant y envoyer plus facilement leurs enfants pour y faire leurs études, l'Université y serait placée beaucoup plus convenablement que dans la ville de Nantes qui est à l'une des extrémités de la dite province, et si éloignée de l'autre qu'elle ne peut lui être d'une grande utilité ; mais que, si ce changement paraissoit susceptible d'une trop grande difficulté, il seroit d'une extrême conséquence pour pouvoir former avec plus de soin dans la science des loix et des coutumes, les sujets qui sont destinez à rendre la justice au Parlement de Bretagne, ou à servir le public dans la profession d'avocat ; que Sa Majesté voulût bien au moins transférer à Rennes la Faculté de Droit qui est établie à Nantes ; que, d'un côté, une ville où la résidence du Parlement rassemble en grande partie ce qu'il y a de plus éclairé dans la province, pourroit fournir plus aisément qu'aucune autre des professeurs et des maîtres, capables de bien instruire la jeunesse ; que, d'un autre côté, les officiers dont le Parlement est composé, et tous ceux que leur profession attache au service de la justice, seroient bien plus en état de veiller par eux-mêmes, non seulement sur les études, mais aussi sur la conduite et les mœurs de leurs enfants, au lieu qu'à présent ils sont obligés de les éloigner d'eux pour les envoyer étudier et prendre des degrez dans la Faculté de Droit de Nantes, où se trouvant livrez à eux-mêmes dans un âge peu avancé, ils ne font souvent que des études très imparfaites, et sont d'ailleurs exposez à toutes les occasions de dissipation et de dérèglement qu'une ville aussi peuplée que celle de Nantes, et où il aborde un aussi grand nombre d'étrangers peut leur présenter.

Qu'ainsi le moyen le plus propre à former de dignes sujets pour la science ou pour les mœurs qui puissent nous servir utilement soit dans notre Parlement de Bretagne, soit dans les tribunaux inférieurs de la même province, seroit de faire en sorte qu'ils fussent élevez dans l'étude de la jurisprudence, sous les yeux de cette Compagnie, ce qui contribueroit aussi à rendre les études plus célèbres et à exciter une plus grande émulation soit entre les étudiants, soit entre ceux qui les instruisent ; qu'enfin la ville de Nantes dont les habitants s'attachent beaucoup plus au commerce qui y fait tous les jours de nouveaux progrès qu'à l'étude souvent trop stérile des loix et de la jurisprudence, ne souffriroit presque aucun préjudice par la translation de la Faculté de Droit dans la ville de Rennes ; et que ce préjudice seroit d'ailleurs si peu sensible qu'il ne mériteroit pas d'entrer en comparaison avec le grand avantage que le public trouvera dans un changement si favorable. Toutes ces considérations nous ayant paru également dignes de notre attention, nous avons jugé à propos d'y avoir égard, et nous nous y portons d'autant plus volontiers que les mêmes raisons de convenance et d'utilité publique nous ont déjà engagés à établir une Faculté de Droit dans la ville de Pau, où notre Parlement de Navarre est établi, et dans celle de Dijon, où notre Parlement de Bourgogne a sa séance. — A ces causes et autres à ce nous mouvans, de l'avis de notre Conseil, et de notre certaine science, pleine puissance et autorité royale, nous avons, par ces présentes signées de notre main, dit, déclaré, et ordonné, disons, déclarons et ordonnons, voulons et nous plaît ce qui suit :

Art. 1. — La Faculté de Droit, cy-devant établie dans la ville de Nantes, sera et demeurera transférée, comme nous la transférons par ces présentes, dans la ville de Rennes, pour y vaquer à l'instruction des étudiants, aux examens et aux thèses nécessaires pour l'obtention des degrez, ainsi qu'elle le faisoit cy-devant dans la ville de Nantes, sans aucun changement ni innovation, quant à présent, ni dans le nombre des professeurs, ni dans celui des docteurs agrégez, ni dans les règles qui y ont été observées par le passé ; et ce jusqu'à ce qu'autrement par nous il en ait été ordonné.

II. — Les écoles de la dite Faculté, ensemble les lieux destinés aux examens, thèses et autres actes académiques, seront placés dans l'endroit de la ville de Rennes qui sera jugé le plus convenable pour la commodité publique, et en cas qu'il survienne quelque difficulté à cet égard, il y sera par nous pourvu ainsi qu'il appartiendra.

III. — L'ouverture des écoles de la dite Faculté transférée à Rennes se fera le second janvier prochain, auquel temps les étudiants seront tenus de s'inscrire, en la manière accoutumée, sur les registres de la dite Faculté, et de prendre les leçons des professeurs, selon ce qui est prescrit par les édits et déclarations qui concernent l'étude du Droit, sans que le défaut du trimestre, qui a commencé le premier du présent mois, puisse leur être opposé ; notre intention étant que l'année prochaine, 1736, soit réputée une année entière académique, quoiqu'elle ne soit composée que de trois trimestres, et qu'il en soit usé par rapport à eux comme s'ils avoient commencé de continuer leurs études pendant le dernier trimestre de la présente année.

IV. — Voulons que la dite Faculté transférée à Rennes, ses membres et suppôts, jouissent des mêmes droits, honneurs, privilèges ou prérogatives qui ont été accordez à l'Université de Nantes, notamment de ceux dont la dite Faculté de Droit étoit en possession pendant qu'elle étoit établie à Nantes, nous réservant au surplus d'expliquer plus amplement nos intentions au sujet de la dite Faculté ; et de pourvoir, par tels règlements qu'il appartiendra, à ce qui concerne le nombre des professeurs ou des docteurs agrégez, l'ordre et la discipline qui y seront observez à l'avenir. — Si donnons en mandement à nos amez et féaux les gens tenant notre Cour de Parlement de Bretagne, que ces présentes ils aient à faire lire, publier et enregistrer, même en temps de vacation, et le contenu en icelles entretenir, garder et observer selon leur forme et teneur ; car tel est notre plaisir. En témoin de quoy nous avons fait mettre notre séel à ces dites présentes. — Donné à Versailles, le 1ᵉʳ jour d'octobre, l'an de grâce 1735, et de notre règne le 21ᵉ. — Signé, Louis. Et plus bas : par le roy, Philippeaux.

CHAPITRE III.

—

FACULTÉ DE THÉOLOGIE.

La théologie, contrairement à ce que l'on serait tenté de croire, n'était pas la science qui attirait le plus d'étudiants sur les bancs de notre Université. A la séance d'inauguration, cette Faculté ne comptait qu'un représentant. Les sujets qui prenaient leurs grades de théologie au Moyen-Age vivaient dans les cloîtres ; ils se recrutaient principalement dans l'ordre des Carmes et dans celui des Dominicains. Le clergé séculier d'alors se consacrait entièrement à l'administration des sacrements et laissait aux religieux le soin d'étudier la doctrine et d'instruire le peuple du haut de la chaire.

Le duc François II, qui avait une préférence marquée pour les Carmes, institua une fondation de 560 livres de rente au profit du couvent de Nantes pour subvenir à la pension des écoliers qu'ils recevraient (¹). Il n'y avait pas de dotation de même nature pour les Dominicains, et

---

(¹) *Livre des déclarations de biens de main-morte* non sujets aux décimes, de 1554, f° 60. (Arch. dép., B.)

cependant, ces religieux avaient une école de théologie fréquentée par de nombreux auditeurs au XVIe siècle (1). François Lespervier, seigneur de la Bouvardière, voulant les encourager à entretenir des étudiants à Paris, leur légua, avant 1554, une île en Loire, valant environ 120 livres de rente (2).

Parmi les usages adoptés dans cette Faculté, je n'en vois qu'un qui soit à signaler : elle devait un sermon au clergé à toutes les fêtes principales de l'année ; elle le faisait prêcher par un de ses suppôts, docteur, licencié ou simplement bachelier, selon l'ordre du tableau. Chaque récipiendaire, avant d'être admis à son grade, était aussi tenu de composer un sermon, mais il lui était permis de le faire prononcer par un gradué de sa classe (3).

La décadence que l'abbé Travers nous signale dans les cours de théologie, à la date de 1551, ne fit que s'accentuer pendant les troubles du protestantisme (4) et mit le comble à l'ignorance qu'on déplorait dans le clergé séculier au commencement du XVIIe siècle. « Comme il
» n'y avait pas de séminaires, dit le recteur de Casson,
» Vincent du Pas, on allait à l'école, et l'on se formait
» en mangeant son lard. Un prêtre voisin, dont l'érudi-
» tion était fort bornée, apprenait à lire à Mathurin ou à
» Barthélemy, ensuite quelque bout de latin, lui expli-
» quait la Bible et le rituel, avec les rubriques du missel.
» Cette explication de la Bible était, même dans les Uni-
» versités, la meilleure et la plus grande partie de la
» théologie. Quand Mathurin avait quelques notions con-

---

(1) *Livre des déclarations de biens de main-morte* non sujets aux décimes, de 1554, fo 101. (Arch. dép., B.)

(2) Ibidem, fo 99.

(3) *Hist. de Nantes*, de Travers, t. II, p. 121.

(4) Ibidem, p. 327.

» fuses, et que l'âge était venu, on le présentait au prélat
» qui n'en demandait pas si long qu'aujourd'hui : Mathu-
» rin était admis ; on le promovait aux Ordres par inters-
» tices. C'est à cette observation d'interstices que l'Eglise
» s'attachait le plus scrupuleusement. Enfin, moyennant
» quelques voyages à la ville épiscopale, Mathurin deve-
» nait prêtre (1). »

Le rétablissement des cours de théologie à Nantes, d'une façon régulière, est dû aux prêtres de l'Oratoire. Une requête de Michel Arminot, préfet de l'Oratoire et procureur général de l'Université, nous apprend (2) qu'en 1652, la plupart des élèves des cours de philosophie, après avoir soutenu leurs thèses avec succès, s'étaient voués au service de Dieu dans l'état ecclésiastique. Ces jeunes clercs étaient venus avec plusieurs prêtres de la ville, au nombre de plus de cent, le presser de trouver un moyen de faire enseigner la théologie, afin de pouvoir étudier les connaissances nécessaires à l'exercice de leurs fonctions sacerdotales, alléguant qu'il n'existait pas un seul cours de théologie dans toute la Bretagne. Ainsi, ceux qui n'avaient pas assez de ressources pour se transporter au loin, étaient presque condamnés à l'ignorance.

La municipalité, ayant été saisie de ces doléances, en 1653, autorisa le préfet du collège à ouvrir deux classes de théologie et prit à sa charge le traitement des deux professeurs. L'Oratoire devint donc une école sacerdotale : avant de recevoir les saints Ordres, les clercs passaient aussi leur retraite préparatoire dans cette maison religieuse. A la date ci-dessus, les Oratoriens n'avaient aucun pied dans la Faculté de théologie ; leur incorporation ne

---

(1) *Reg. de Casson,* 1764.
(2) *Hist. de Nantes,* par Travers, t. III, p. 352.

fut prononcée que le 9 février 1654. Voici les termes dont se sert le prévôt, juge conservateur des privilèges de l'Université, à cette occasion :

« Avons ordonné et ordonnons que les escoliers présents et à venir étudiants en théologie, sous les prêtres de l'Oratoire de cette ville, seront immatriculés sur le livre du recteur de l'Université, en la forme prescrite par les ordonnances royaux et statuts.....

» En outre, que l'Université et Faculté de théologie recepvront gratuitement pour docteurs de théologie deux prêtres de l'Oratoire à la foys, à la charge néantmoins qu'ils n'y seront admis qu'après avoir fait chaincun une année de lectures publiques en théologie etc..... et à condition qu'il n'y aura plus grand nombre que de deux régentants actuellement en la dicte Université, etc. (1). »

Lorsque le commissaire du Roi vint s'enquérir, en 1669, de l'état des études dans l'Université de Nantes, la Faculté de théologie ne lui répondit pas avec toute la franchise que comporte la vérité historique. Il est vrai qu'il s'agissait alors, non pas de faire un mémoire en règle pour instruire la postérité, mais surtout de se défendre contre les projets de réorganisation qu'on prêtait alors au pouvoir civil.

Suivant la déposition des membres interrogés, les exercices de la Faculté et l'enseignement théologique n'auraient subi aucune interruption depuis l'origine de l'Université. Nous savons ce qu'il faut penser de cette allégation. « Quoiqu'il n'y ait aucune chèze fondée, ni » maison bâtie, néanmoins, les professeurs n'ont pas » cessé d'enseigner, tant pour l'honneur de la Faculté

(¹) *Minutes* de 1654. (Greffe du Tribunal de Nantes.)

» que pour le bien du public, et pour cet effect, se sont
» servis des maisons des couvents des révérends pères
» Dominicains, Carmes et Cordeliers alternativement (1). »

De ces cours étaient sortis un grand nombre de religieux, et même plusieurs ecclésiastiques séculiers, qui avaient poussé leurs études jusqu'au doctorat. Pour confirmer leur déposition, les représentants de la Faculté produisirent 53 thèses de théologie, soutenues depuis 1632 jusqu'en 1668. Ils affirmèrent, de plus, qu'ils suivaient dans les examens les mêmes formes que les maîtres de l'Université de Paris. Quiconque aspirait au bonnet de docteur à Nantes, était examiné par quatre docteurs, pendant l'espace de quatre heures et plus. Il fallait que le candidat fît sa *tentative* et son *premier principe* avant d'être bachelier formé ; qu'il fît sa *majeure* et sa *mineure* ordinaire, un grand acte de sorbonique sans président, ses licences, ses vesperises, l'acte de docteur et le dernier principe. Telle était la série des épreuves, suivant le texte du procès-verbal que nous invoquons.

En 1669, le collège de l'Oratoire ne renfermait pas moins de 110 écoliers de théologie, et dans les années qui suivirent, le nombre des élèves ne diminua pas sensiblement. Le Séminaire, dont l'Evêché projetait depuis longtemps la création, exigeait des ressources qui n'arrivaient que lentement. La tenue et la maison de Malvoisine, achetées en 1642, par l'évêque Gabriel de Beauvau, pour cette destination, restèrent vacantes pendant plus de 20 ans (2). Après avoir affermé cette propriété, l'Evêché

(1) *Minutes de* 1669. (Greffe du Tribunal de Nantes.)
(2) Le Séminaire occupait la partie Ouest du Lycée actuel. Il existait aussi un petit Séminaire des écoliers pauvres, dirigé, en 1687, par l'abbé Fouré, dont j'ignore l'emplacement. Il est cité dans la liasse de Rezé (série G.)

l'utilisa, en 1647, en y plaçant des prêtres qui instruisaient les aspirants aux Ordres sacrés pendant les trois mois règlementaires de retraite que les ordonnances épiscopales du même prélat prescrivaient (¹). Peu à peu les constructions s'augmentèrent, grâce aux subventions votées par l'assemblée diocésaine du clergé, et, en 1670, elles parurent assez importantes pour être occupées par l'établissement projeté. En accordant son autorisation par lettres patentes d'avril 1670, Louis XIV stipula que la nouvelle fondation n'aurait pas plus de 6,000 livres de revenu (²).

L'année précédente, l'abbé René Levêque, ancien séminariste de Saint-Sulpice, était venu s'établir, avec sa communauté naissante de prêtres réguliers, au faubourg de Saint-Clément, à proximité de la tenue de Malvoisine, pour fonder une pépinière de missionnaires (³). Cette heureuse rencontre prépara la fusion des deux maisons. M. Leblanc de la Baume, alors évêque, saisissant une occasion qui lui paraissait favorable, remit la direction de son Séminaire aux prêtres de la communauté de Saint-Clément, par décret du 14 mai 1673. L'approbation du chapitre de Saint Pierre était alors nécessaire pour valider un acte de cette nature. Les chanoines, consultés, répondirent, le 23 juin 1673, que le nombre des directeurs du Séminaire serait limité à 4 prêtres, et que le supérieur serait présenté à l'évêque par la communauté. Les lettres par lesquelles Louis XIV confirme l'accord ci-dessus sont du mois de janvier 1674.

(¹) Arch. dép., G 96.
(²) Arch. dép., G.
(³) Les lettres patentes de cette maison sont de juillet 1671. (Arch. dép., G, liasse de Saint-Clément, fabrique.)

L'évêque Gilles de Beauvau n'était pas homme à laisser péricliter l'autorité épiscopale entre ses mains ; il estima que son prédécesseur avait abandonné trop facilement ses droits sur la conduite du Séminaire et attaqua l'acte d'union. Par ses négociations, il amena la communauté de Saint-Clément à une transaction dans laquelle elle reconnaît que les Séminaires et ceux qui les dirigent doivent être entièrement dépendants des évêques et que le chef du diocèse est seul capable de juger du mérite du supérieur et des professeurs. En retour, l'évêque promit de maintenir les mêmes directeurs en fonctions.

Lorsque les révoltes du Jansénisme se manifestèrent à Nantes, l'évêque sentit qu'il avait encore été trop confiant et que ces derniers liens, quoique légers, l'empêchaient de maintenir l'orthodoxie dans l'enseignement de la théologie. La procédure qu'il entama en 1714, pour obtenir l'annulation du concordat et la soumission des deux maisons à la juridiction épiscopale, fut interminable. Il eut d'abord une grande déception quand il tenta d'ouvrir un cours public de théologie dans son Séminaire, en avril 1716, car il se croyait en droit de faire cette innovation. Le prélat avait déclaré le jour de l'ouverture qu'il ne conférerait aucun titre à ceux qui étudieraient dans la classe de théologie de l'Oratoire et ne suivraient pas les leçons du Séminaire. Cette injonction fut un coup mortel pour la Faculté de théologie : de 150, le nombre des élèves tomba à 20 en deux mois. La municipalité, qui soutenait le collège de ses subventions et qui était fière de sa prospérité, s'alarma des mesures prises par l'Evêché. Dans sa séance du 14 juin suivant, le Conseil de Ville se plaignit hautement de l'interdit lancé contre l'Oratoire, sans que les maîtres eussent été blâmés, et annonça que le bureau de Ville, « *duquel la patrie et le public doivent attendre le remède* », présenterait un *placet* au Régent, afin qu'il défendît aux directeurs du Séminaire d'enseigner la théologie aux externes, et à l'abbé de la Blottière d'expliquer les auteurs de philosophie aux séminaristes (¹). Le Parlement, saisi de la même plainte, se tourna contre l'évêque et lui défendit par arrêt de continuer ses innovations.

M. Lavergne de Tressan, successeur de M. Gilles de Beauvau, ne se laissa pas intimider par cette injonction abusive ; il interjeta appel au Roi et obtint un arrêt du Conseil du 6 octobre 1722, qui lui rendait toute sa liberté d'action. Les cours de théologie confiés aux abbés Quesson et Girardeau commencèrent de suite, alors la Faculté comprit qu'il était de son intérêt d'agréger, au plus tôt, cette nouvelle école, et voici les propositions d'accord que ses députés portèrent à l'Evêché le 30 janvier 1723.

Les titulaires des cours du Séminaire ne seront pas membres d'une congrégation régulière ou séculière soumise à un général.

L'Evêque aura seul le choix des deux professeurs de l'école de théologie, mais dans sa nomination il prendra de préférence les docteurs en théologie de Nantes, et à leur défaut, il s'adressera aux Universités fameuses.

Les professeurs ne seront pas plus de deux et ils se feront agréger après leur installation, en payant les taxes ordinaires. Ils prendront leurs degrés dans le délai d'un an à l'Université de Nantes.

L'Oratoire continuera ses leçons de théologie (²).

Ce concordat ne fut pas homologué à la chancellerie sans

(¹) Arch. de la mairie, GG.

(²) L'Oratoire ne tira aucun avantage de cette clause, les élèves le quittèrent peu à peu pour aller au Séminaire. En 1765, les classes de théologie étaient fermées. (Arch. d'Ille-et-Vilaine, C 1315.)

changement. Dans les lettres patentes expédiées à la date d'avril 1724, on voit que le Roi approuve l'incorporation de l'école de théologie fondée par l'évêque, mais il réduit les exigences de l'Université. L'évêque pourra choisir ses professeurs partout où bon lui semblera, parmi les docteurs, les licenciés ou les bacheliers, comme parmi les membres d'une congrégation séculière autorisée, et s'il va les chercher dans les rangs de l'Université de Paris, ils ne seront pas tenus de subir de nouveaux examens à Nantes (¹). Les mêmes lettres permettent à l'autorité épiscopale de continuer le cours de philosophie, fondé au petit Séminaire par l'abbé de la Blottière, dispensent les séminaristes de suivre les classes de l'Oratoire et ordonnent aux examinateurs de la Faculté des Arts de les admettre aux épreuves sans difficulté.

La séparation de la communauté de Saint-Clément et du Séminaire, demandée par M. Gilles de Beauvau, était toujours attendue; elle ne fut prononcée au Conseil d'État que le 1ᵉʳ septembre 1727. Alors M. Turpin de Crissé, évêque de Nantes, entra en pourparlers avec les Sulpiciens et réussit à traiter avec eux le 21 avril 1728. Depuis cette époque, le Séminaire du diocèse est constamment resté sous la direction de la congrégation de Saint-Sulpice (²).

En 1678, des prêtres irlandais, chassés de leur pays, étaient venus fonder à Nantes, dans l'ancien logis de la Touche, une communauté qui prospérait et qui visait, elle aussi, à former elle-même ses sujets, sans être obligée de les envoyer aux cours de l'Université. Louis XV, sur leurs instances, érigea la maison en Séminaire, en 1765.

(¹) Arch. de la Loire-Inférieure, G 290.
(²) Arch. de la Loire-Inférieure, G 281.

Ses lettres patentes disposent que la philosophie et la théologie pourront être enseignées par des professeurs de nation irlandaise, de plus, que les étudiants pourront prendre des grades dans l'Université.

Appelée à délibérer sur cette nouvelle création, l'Université, assemblée en séance générale, le 20 mai 1766, consentit à s'agréger les écoles du Séminaire irlandais en ayant soin, toutefois, de rédiger les conditions qui règleraient leurs rapports. L'acte se trouvera plus loin, aux pièces justificatives ; je me contente d'insérer ici quelques réflexions à propos de l'article VII, qui oblige les professeurs à enseigner les quatre propositions du clergé de France de 1682.

Au temps où la Bretagne était province d'obédience, c'est-à-dire à l'époque où elle était un duché soumis à l'autorité directe du Saint Siège, l'article VII aurait soulevé des protestations; mais depuis l'annexion à la France, les ordonnances royales et les arrêts du Parlement avaient bien changé le cours de l'opinion. Au XVIIIe siècle, le gallicanisme avait pénétré partout. Il n'y a pas lieu de s'étonner que les quatre propositions admises dans l'assemblée du clergé de 1682 et condamnées de nos jours se trouvent recommandées dans ce programme officiel, comme un point fondamental de l'enseignement théologique. Les maximes qu'elles contiennent n'ont pas été, comme on le croit trop généralement, le résultat d'une erreur passagère, ou l'*ultimatum* d'un roi orgueilleux: on les aperçoit, aux diverses époques de notre histoire, au fond de toutes les déclarations publiques des rois et du clergé de France. Les Jésuites eux-mêmes ont affirmé, à plusieurs reprises, qu'ils se ralliaient aux principes du Gallicanisme (¹).

(¹) *Minutes de l'officialité de Nantes, de 1762.* (Arch. du Trib. de Nantes.)

Ce qui serait aujourd'hui un danger pour l'unité du monde catholique ne troublait en rien les règles de l'orthodoxie dans l'ancienne société. L'attachement de nos rois au Saint Siège était si éprouvé, que l'opinion ne s'alarmait jamais de les voir édifier une *Église gallicane*.

L'Église de France, étant d'ailleurs un corps politique et une puissance territoriale considérable, devait nécessairement se faire l'auxiliaire de la royauté, dont elle était l'un des principaux soutiens, comme premier ordre de l'État. Et d'autre part, la Papauté, entraînée par la coutume et les lois du temps dans le courant des affaires temporelles, rencontrait souvent des antagonistes qui étaient plutôt des adversaires politiques que religieux.

Le pape était alors un roi, et les évêques des princes.

Quand le clergé de France proclamait les libertés de l'Église gallicane, il plaidait surtout pour défendre les prérogatives du pouvoir civil, et non pour se mettre en dissidence avec le pontife de l'Église universelle. Cette appréciation est si vraie, que le jour où l'Église de France a perdu ses droits politiques et a été dépouillée de ses biens, elle n'a cessé de se rapprocher de plus en plus de la Papauté.

PIÈCES JUSTIFICATIVES.

CONDITIONS DE L'AGRÉGATION
DU SÉMINAIRE DES IRLANDAIS A L'UNIVERSITÉ DE NANTES, EN 1766.

Art. I. — Ladite école, tant de philosophie que de théologie, ne sera que pour les seuls ecclésiastiques venus d'Irlande et des autres îles Britanniques en France, pour y faire leurs études et demeurans dans ladite communauté, sans qu'aucuns externes, de quelque pays, nom ou qualité qu'ils soient, même Irlandais, puissent prendre des leçons dans ladite école.

Art. II. — Les deux professeurs de philosophie de ladite école se feront recevoir maîtres ès arts, en subissant les examens ordinaires, avant de commencer leurs leçons, et ils présenteront leurs lettres de maître ès arts et leur mandement de professeurs à la Faculté des Arts, que le doyen fera assembler à cet effet, indiquant auxdits professeurs le jour et l'heure de ladite assemblée.

Art. III. — Les professeurs de théologie, qui ne pourront pas être plus de deux à la fois, seront au moins bacheliers en théologie, avant de commencer le cours de leurs leçons. Ils seront tenus, en outre, de prendre le bonnet de docteur en théologie dans ladite Université, au moins dans l'espace de trois années, en soutenant les thèses et autres actes que les bacheliers ordinaires sont obligés de soutenir, sans que leurs qualités de professeurs puissent les en exempter, et ils présenteront à la Faculté de théologie le mandement qu'ils auront eu de leur supérieur pour professer suivant l'usage des autres professeurs de théologie.

Art. IV. — Les dits professeurs de philosophie et de théologie commenceront leurs cours de leçons à l'ouverture des écoles de l'Université, et ils ne les finiront pas avant la clôture des cours académiques de ladite Université. Lesdits professeurs donneront aux syndics des Facultés de philosophie et de théologie, à l'ouverture des écoles, les noms de leurs écoliers.

Art. V. — Lesdits professeurs de théologie et de philosophie auront soin de faire soutenir, chaque année, au moins à quelqu'un de leurs écoliers, des actes et thèses publiques, en leur maison et communauté, et ils seront tenus de faire examiner et sindiquer leurs thèses, encore bien qu'elles ne seroient pas destinées à l'impression; sçavoir: les thèses de philosophie par le sindic de la Faculté des Arts, et les thèses de théologie, par le sindic de la Faculté de théologie, suivant l'usage et l'arrêt de la Cour du 22 août 1759. Et les professeurs, avant de faire soutenir, se présenteront devant le recteur de l'Université, pour qu'il leur prescrive les jour et heure convenables des thèses, afin que ledit sieur recteur y assiste, si bon lui semble, conformément audit arrêt. Lesdits actes et thèses, s'ils sont imprimés, le seront par l'imprimeur de l'Université.

Art. VI. — A chaque *prima mensis* d'août, lesdits professeurs de théologie, suivant l'usage de ses autres professeurs, se présenteront à la Faculté de théologie, pour lui indiquer les traités qu'ils se proposeront de donner à leurs écoliers dans le cours de l'année suivante, et la Faculté veillera à ce qu'ils enseignent à leurs dits écoliers les traités et matières les plus utiles et les plus convenables, et pour ce qui est de la philosophie, les professeurs enseigneront à leurs écoliers les différentes parties de la philosophie, suivant l'usage, dans le cours de deux années.

Art. VII. — Lesdits professeurs en théologie enseigneront à leurs écoliers les quatre propositions du Clergé de France de

1682 et les leur feront soutenir dans les thèses, suivant que les matières le demanderont, et ceux de leurs écoliers qui voudront prendre des grades en la Faculté de théologie, seront obligés de soutenir leurs actes pour lesdits grades dans la salle ordinaire de la Faculté.

Art. VIII. — Les écoliers qui, après leur cours de philosophie, voudront se faire recevoir maîtres ès arts, se présenteront à la Faculté des Arts pour être examinés, comme le sont les autres étudiants en philosophie; après quoi ils assisteront à l'inauguration solennelle de la Magdeleine, pour y recevoir le bonnet de maître ès arts, suivant l'usage.

Art. IX. — En quelque nombre que soient les docteurs irlandais, anglais ou écossais en la Faculté de théologie, il n'y aura jamais que les deux professeurs en théologie et exerçant actuellement et reçus docteurs, comme il est dit cy-dessus, à avoir voix et suffrage dans les assemblées et actes, tant de la Faculté que de l'Université, sans qu'ils puissent être suppléés; et quant aux assemblées de l'Université, qui seront seulement de cérémonies publiques, les autres docteurs pourront y assister sans pouvoir délibérer, ayant été reçus gratis.

Art. X. — Le recteur et les députés de l'Université feront, quand l'Université le jugera à propos, la visite dans lesdites écoles des prêtres irlandais, pour veiller à l'exécution des présentes conditions et au maintien des bonnes études.

Art. XI. — Les gradués et docteurs irlandais se conformeront, au surplus, à tous les règlements de l'Université et des Facultés cy-devant faits à leur égard, en ce qui ne se trouvera point de contraire aux présentes conditions, notamment au sujet du décanat et rectorat (1).

(¹) Arch. départ. de la Loire-Inférieure, D.

CHAPITRE IV.

LA FACULTÉ DE MÉDECINE.

D'après le procès-verbal de la séance d'inauguration que j'ai plusieurs fois cité, on ne comptait pas plus de quatre médecins à Nantes en 1461 [1]. Il ne faut pas s'en étonner. La faveur dont jouissaient les empiriques et les chirurgiens barbiers d'une part, de l'autre les frais considérables qu'entraînait la longueur des études universitaires, détournaient bien des aspirants de la carrière de médecin. Dans le cours des recherches que j'ai faites pour mon *Histoire des hôpitaux de Nantes*, j'ai eu l'occasion de constater ce fait bien singulier : c'est que dans la plupart des cas, même en temps d'épidémie, les soins d'un chirurgien illettré étaient souvent préférés à ceux d'un médecin. On se croyait plus en sécurité entre les mains d'un homme dont l'expérience s'était formée dans la fréquentation assidue des malades, que sous la direction d'un savant qui dédaignait d'appliquer lui-même ses formules. Le duc de Bretagne François II, appréciant

[1] *Hist. de Nantes* de Travers, t. II, p. 120.

autant les services de l'un que ceux de l'autre, voulait avoir à sa suite un médecin et un chirurgien. C'est lui qui retint à Nantes le médecin Savaton, pour soigner les pestiférés de 1488, et obligea la Ville à lui payer des gages (¹). Il tenait la médecine en si haute estime, qu'il ne voulait pas tolérer l'ignorance parmi ceux qui l'exerçaient. Les lettres d'institution de l'Université portent la trace de sa sollicitude à cet égard.

« Art. XVIII. Item voulons et ordonnons que doresna-
» vant nul ne aucune personne soit receu en nostre pays
» et duché à exercer pratique de médecine, jusques
» tout premier se soit présenté à l'examen des régens de
» la Faculté de médecine en ladite Université de Nantes
» ou qu'il ait esté aprouvé en autre Université fameuse et
» que deuement il en aparoisse (²). »

On sait combien ces défenses sont vaines et illusoires. Nos rois ne se sont pas lassés de les renouveler dans leurs ordonnances, néanmoins la médecine occulte a toujours été en vogue ; nous en sommes encore les témoins. Toutefois, le principe de la nécessité du contrôle était bon à proclamer, pour mettre le savoir en honneur et lui garder la place que l'ignorance usurpait trop souvent avec impudence.

Les renseignements qui nous sont parvenus sur les débuts de la Faculté de médecine sont presque nuls ; j'en suis réduit à paraphraser quelques passages des lettres ducales déjà citées et les statuts de l'Université. Pouvons-nous croire que François II n'ait pas assuré l'enseigne-

---

(¹) *Hist. des hôpitaux de Nantes*, p. 366.

(²) *Lettres de François II.* — La Faculté fut plus sévère : elle exigea que tout étranger, même gradué, fît ses preuves devant les régents de Nantes. (*Statuts de 1462, cap. XXIII.*)

ment de la médecine par tous les moyens dont il disposait, quand nous savons avec quel soin il présida à l'installation des Facultés.

« Nous avons ja faict préparer et construire les escolles,
» y faict venir et congréger plusieurs vénérables docteurs
» et autres clercs licentiez et graduez ès-sciences devant
» dictes, lesquels sont à présent lisans et exerçans conti-
» nuellement en ladite Université où a grant multitude
» d'estudians (1). »

Quelle était la dotation de chaque chaire de la Faculté ? Je n'ai pu le découvrir. Il est à présumer que les médecins jouissaient, comme les autres professeurs, des rentes que le duc avait constituées à l'Université (2).

Sous le règne de Charles VIII, il y a de l'apparence que les études étaient en bonne voie, puisque le Roi accorda aux médecins la permission de prendre « des cadavres de gens exécutez à mort ou noyez pour fere anatomie (3). » L'Université n'avait pas attendu cette année 1493 pour reconnaître l'utilité des dissections; on voit dans les statuts rédigés en 1461, que deux maîtres de la Faculté étaient chargés de procurer des cadavres aux professeurs pour leurs démonstrations anatomiques (4); ces deux documents sont à noter, pour prouver que le médecin du XVe siècle n'était pas exclusivement un homme de spéculation pure, comme l'ont pensé plusieurs auteurs.

Sur le point capital du programme des études, adopté

---

(1) *Lettres de François II.*
(2) Arch. de la Loire-Inférieure, série Q, *Déclaration de 1790.*
(3) *Procès-verbal de 1669.* (Arch. du Tribunal de Nantes.)
(4) *Insuper eligentur duo magistri vel licentiati qui.... procurabunt habere corpus humanum mortuum pro anatomia dum oportunitas aderit.* (*Statuts de la Faculté de médecine,* XIII.)

par les professeurs, les statuts de la Faculté sont très laconiques ; en revanche ils renferment des détails nombreux sur le cérémonial de la promotion au doctorat. Les questions de forme et d'appareil, on le sait, primaient souvent toutes les autres chez nos aïeux, et ici encore leur préférence s'est bien accusée, surtout dans le chapitre XII que je vais traduire :

« Le maître chargé de conférer les insignes du doctorat et le titre de régent fera l'éloge de la médecine et de la maîtrise. Il donnera au candidat le bonnet rond, le baiser, le livre et les autres objets en lui disant : Je te fais maître-docteur en médecine de par l'autorité apostolique qui m'a été conférée et je te donne le bonnet qui est l'insigne du docteur, afin qu'en vertu de cette collation de grade, tu puisses lire, discuter, interpréter, agir et remplir enfin tous les devoirs de docteur. Au nom du Père, du Fils et du Saint-Esprit. Ainsi soit-il.

» Ceci dit, le nouveau professeur fera à son tour l'éloge de la science ; il commencera à lire et discutera avec l'un des docteurs ou des licenciés présents. Puis les bedeaux annonceront les jours et heures de ses leçons ; ils inviteront les assistants à se rendre au dîner du récipiendaire et celui-ci remerciera. Enfin, le recteur, les maîtres, les étudiants et l'assistance accompagneront le nouveau docteur à la cathédrale (1). »

Toutes les réceptions des Facultés se terminaient de cette manière. Le cortège se mettait au pas de procession sur deux rangs et se rendait à l'église pour y entendre une messe d'actions de grâces, suivant l'usage adopté autrefois par les corps constitués.

Avant d'arriver à la dignité suprême de docteur, il y

---

(1) *Livre des statuts de l'Université.*

avait bien des épreuves à subir, même à l'origine. L'aspirant au baccalauréat n'était pas admis à l'examen, s'il n'apportait l'attestation de son assiduité aux cours de l'Université pendant trois années. Celui qui était maître ès arts n'avait que deux années de cours à suivre. Pour être admissible à la licence, il fallait certifier qu'on avait fait deux années d'études depuis son baccalauréat, qu'on avait visité des malades en compagnie d'un médecin de la Faculté, enfin qu'on avait lu les traités d'Hippocrate, de Galien, de Joannicius et d'Isaac (1).

La thèse qui conduisait au grade de docteur était la dernière épreuve, quand le récipiendaire voulait embrasser la carrière de médecin ; mais celui qui aspirait à exercer les fonctions de régent, devait subir une nouvelle épreuve publique, nommée dans la langue des écoles, *une résumpte,* parce que l'orateur y dissertait en résumé sur toutes les parties de l'enseignement.

Je suis obligé de franchir tout le XVIe siècle sans rencontrer le moindre document sur la Faculté de médecine de Nantes, et quand elle réapparaît dans l'histoire, je la trouve en décadence (2). L'Université ayant décidé l'impression de ses statuts, jugea bon d'en envoyer, en 1653, un exemplaire au Parlement, pour en solliciter l'enregistrement. La Cour accéda à la requête, non toutefois sans

---

(1) *Libri de quibus sint : Joannicius, aphorismi Hippocratis, libri prognosticorum Hippocratis, de regimento acutorum ejusdem, techni Galeni, de morbo et accidente, de differentiis febrium, de crisi et criticis diebus, de simplicibus medecinis, de complectionibus, de juvamentis membrorum, de interioribus, de regimine sanitatis, de virtutibus naturalibus, de febribus Isaac, de dietis, de ulceribus, de particularibus ejusdem.* (Statuts de la Faculté, cap. VI.)

(2) En 1554, la Faculté de médecine était représentée par le docteur François Ménardeau. (*Déclarations de bénéfices de* 1554, Arch. dép., B.)

stipuler « que les lectures se feraient en l'Université et autres exercices dignes de vraie Université » (¹).

La fondation du duc François II était alors, sinon renversée, du moins dans un état de langueur tel, qu'on ne la jugeait plus digne de son nom. Après les troubles de la Ligue, les Facultés de droit obtinrent du pouvoir royal quelques émoluments, mais la Faculté de médecine ne reçut jamais aucune compensation pour ce qu'elle avait perdu. Les professeurs, ne pouvant pas donner gratuitement leurs leçons, prélevèrent leurs honoraires sur leurs élèves, en établissant des taxes onéreuses de diplôme et d'examen, dont le total dépassait le tarif réglementaire. Il résulte d'un titre authentique que, pour conquérir tous ses grades à Nantes, il en coûtait deux mille livres, sans parler des frais de repas, qui étaient toujours à la charge de tout récipiendaire.

Si les chaires avaient été mises au concours, on aurait sans doute vu régner plus d'activité au sein de la Faculté ; mais les difficultés que rencontraient les aspirants à l'agrégation n'étaient pas de nature à faciliter le recrutement du personnel. Aux termes des lettres ducales, les docteurs des Universités fameuses n'avaient qu'à produire leurs titres pour être incorporés à l'Université de Nantes ou pour exercer la médecine. Tout au plus leur faisait-on subir une épreuve publique au XVIᵉ siècle. Il en fut bien autrement dans le siècle suivant : un statut, arrêté le 19 novembre 1653, porte qu'aucun médecin étranger, soit licencié, soit docteur, ne pourra être admis dans la Faculté de médecine, sans conquérir de nouveau tous ses grades et subir les épreuves d'usage. La Faculté justifia plus tard cette décision en disant que les diplômes étaient

---

(¹) *Reg. du Parlement de 1653.* (Greffe de la Cour.)

alors délivrés avec trop de complaisance dans certaines académies (¹). Un arrêt du Parlement du 9 novembre 1668 confirma cette mesure rigoureuse, sans même adopter d'exception pour les docteurs de Paris et de Montpellier (²). « Il n'est pas juste, disaient encore les
» médecins de Nantes, que les sujets refluant continuel-
» lement des autres écoles puissent prendre rang et
» s'asseoir au milieu des membres qui ne les ont pas
» créés. » *Chacun chez soi,* tel était l'esprit exclusif qui dominait alors et qui persista au sein de l'Université nantaise.

La Faculté tenait à se faire une réputation d'intégrité et de ponctualité ; aussi, quand le Roi envoya un commissaire enquêteur, en 1669, pour s'informer de l'état des études, elle s'empressa de faire constater qu'elle veillait scrupuleusement à l'application des règlements et des ordonnances. Voici dans quels termes elle fit son panégyrique :

« Nous ont aussi lesdits docteurs de la Faculté de
» médecine dit que le nombre des docteurs de ladite
» Faculté n'est point limité et qu'il en est reçu autant
» qu'il s'en présente de capables. Ils sont à présent au
» nombre d'onze qui s'appellent tous docteurs régents,
» après avoir fait tous les actes requis avant et après le
» doctorat, conformément aux ordonnances royaux et à
» leurs statuts… Ils font des leçons publiques de quel-
» ques traitez particuliers de médecine par députation
» de la Faculté, ne reçoivent aucuns gages, ni esmolu-
» ments du Roy ou d'autre part, n'y ayant aucun fonds
» pour ce subject, mais seullement s'en acquiter pour

(¹) *Mémoires des doct. Blin et Laënnec,* 1783. (Bibl. de Nantes, 7615.)
(²) *Reg. du Parlement.* (Arch. de la Cour de Rennes.)

» l'honneur de la profession. Les R. P. Carmes leur
» prestent pour fere leurs leçons et actes, une salle,
» n'ayant aucune escolle en propre. »

» Nous ont en outre déclaré qu'ils ont été si exacts
» observateurs des ordonnances royaux et de leurs statuts
» qu'ils n'ont jamais receu aucun docteur *per saltum* ou
» *extra muros*, ainsi qu'il se fait abusivement en plusieurs
» autres Universités. »

« Nous ont aussi apparu le nombre de 24 minutes de
» lettres de bacheliers, licenticz et docteurs de ladite
» Faculté de médecine, depuis l'an 1571 jusqu'en 1643.
» De plus, nous ont représenté le nombre de 32 thèses
» imprimées soustenues par différants particuliers (1). »

Au risque d'encourir le reproche d'être trop sévère, la Faculté de médecine de Nantes, quelques années plus tard, augmenta la durée des études pour les aspirants au baccalauréat. En vertu d'un nouveau statut (2), adopté le 6 novembre 1683 et homologué au Parlement le 1er décembre suivant, les aspirants à ce degré devaient produire un diplôme de maître ès arts, un certificat de catholicité, de bonnes vie et mœurs et attester qu'ils avaient étudié à Nantes, ou dans une Université fameuse, pendant quatre ans. On faisait grâce d'une année aux fils de docteurs.

Les leçons publiques dont il est fait mention dans le procès-verbal de 1669 devinrent de plus en plus rares à la fin du règne de Louis XIV, et sous Louis XV elles cessèrent presque complètement. Pour sauver les apparences, la Faculté conservait une salle d'études, elle affichait,

---

(1) Procès-verbal de 1669. (Arch. du Tribunal de Nantes.)
(2) *Livre des statuts de l'Université* (cabinet Thibeaud-Nicollière). Cet exemplaire est le seul qui contienne les statuts supplémentaires du XVIIe siècle.

une fois l'an, au coin des rues, un tableau de ses exercices, et les professeurs continuaient de porter le titre de docteur régent (¹). Au lieu de faire un cours devant quelques rares auditeurs, les régents préféraient emmener les élèves dans leurs visites à l'Hôtel-Dieu ou en ville, et les dirigeaient ainsi dans la pratique de la médecine. Leur but était, non pas de suppléer aux cours, mais seulement d'aider les élèves dans leur instruction médicale, et surtout d'apprécier leur talent : l'école de Nantes était une école pratique. Avant de se faire porter sur ses registres, les étudiants étaient obligés d'aller suivre les cours d'une Faculté en plein exercice et, à leur retour, il leur fallait prouver qu'ils n'avaient pas pris leurs inscriptions dans des lieux différents, ni conquis leurs grades *per saltum,* c'est-à-dire sans les intervalles réglementaires. Des abus criants s'étaient introduits sous Louis XIV dans les meilleures Universités. Les examinateurs étaient si peu rigoureux qu'ils délivraient le bonnet de docteur à des jeunes gens de 16 et 17 ans, aussi les étudiants s'en faisaient-ils un jeu et passaient-ils leur jeunesse à courir de ville en ville. On distinguait déjà, à cette époque, deux classes de médecins : ceux qui n'avaient pas la prétention d'exercer à la ville pouvaient en trente mois obtenir un diplôme sur lequel ils étaient qualifiés médecins *extra muros* ou hors murs, et, moyennant ce brevet de facile conquête, ils avaient droit de vie et de mort sur tous les gens des campagnes.

Louis XIV essaya de combattre le relâchement des études par un édit du mois de mars 1707, en forme de règlement, qui contient les plus sages prescriptions. L'art. XI dispose que les Facultés dont les ressources ne suffisent pas à l'entretien des professeurs s'assembleront pour

---

(¹) Voir le *Mémoire Blin et Laënnec* de 1783 et la réponse *ut supra.*

aviser aux moyens qu'ils estimeront les plus convenables et enverront leur délibération au chancelier, pour y être pourvu. La Faculté de Nantes, qui n'avait pas un sou, s'empressa de réclamer et adressa des remontrances qui ne furent jamais exaucées. Les articles essentiels de l'édit ordonnent les examens de la manière suivante :

Art. IX. — Nul ne pourra être admis à aucun degré èsdites Facultés s'il n'a étudié trois ans entiers et si, pendant ledit temps, il n'a assisté assidûment aux leçons et écrit ce qui aura été dicté par les professeurs.

Art. X. — Ceux qui étudieront à l'avenir dans les Facultés de médecine seront tenus de s'inscrire de leur main, quatre fois par an, dans deux registres qui seront tenus pour cet effet.

Art. XIV. — Ceux qui voudront prendre des degrés, seront tenus de subir, à la fin de chacune des trois années d'étude, un examen de deux heures au moins, et, dans le troisième desdits examens, ils répondront sur toutes les leçons qu'ils auront prises pendant le cours entier de leurs études, et, s'ils sont trouvés capables dans lesdits trois examens, ils soutiendront publiquement un acte, pendant trois heures au moins, après lequel ils seront reçus bacheliers. Voulons que, trois mois après, ils subissent un dernier examen sur la matière médicinale, après lequel ils soutiendront un second acte public pendant quatre heures au moins, pour être admis ensuite au degré de licencié.... outre lesquels actes, ceux qui voudront être reçus docteurs seront obligés d'en soutenir un troisième pendant cinq heures au moins, sur toute la partie de la médecine, lequel acte ils pourront soutenir dès qu'ils seront reçus licenciés, sans être tenus d'observer aucun interstice, à moins qu'il n'y en ait d'établi entre lesdits degrés par les statuts des Facultés où ils se feront recevoir docteurs.

Art. XV. — N'entendons déroger aux usages des Facultés où les aspirants aux degrés sont tenus de subir un plus grand nombre d'examens ou autres actes probatoires (1).

L'ordonnance royale n'eut pas les effets qu'on en attendait. Si elle suspendit un moment le cours des abus, la trêve ne fut pas longue et les Universités revinrent bientôt à leurs anciennes habitudes de tolérance. Sous Louis XV, la faculté de Montpellier, dont pourtant la réputation était européenne, conférait ses grades et procédait aux admissions sans aucun souci des règlements. Plusieurs docteurs de Nantes, sortis de l'école de Montpellier, assurent dans un mémoire que, pendant leur séjour en cette Faculté, « *ils n'avaient pas vu refuser un seul candidat parmi les milliers qui se présentaient chaque année* (2). »

Malgré ce pernicieux exemple, la Faculté de médecine de Nantes ne consentit jamais à se relâcher de sa rigueur, et, profitant du bénéfice de l'article XV de l'édit, qui laissait aux Universités sévères la liberté de garder leurs règles, à l'imitation des Facultés de Paris et d'Angers, elle maintint la durée de stage qu'elle avait adoptée en 1653 et en 1668 (3).

Son attitude inflexible lui causa bien des désagréments et l'entraîna dans des luttes d'où elle ne sortit pas toujours avec honneur. Elle persistait à ne pas enregistrer les titres pris en dehors d'elle, et assujettissait les aspirants à l'agrégation, comme les autres, à recommencer leurs épreuves, quelles que fussent leurs lettres de recommandation ; elle ne se montrait bienveillante que pour les Nantais. Cette conduite lui valait des critiques amères comme celle-ci :

---

(1) *Recueil des anc. lois françaises,* Jourdans, vol. XX.
(2) *Mémoire Blin et Laënnec* déjà cité.
(3) *Mémoire de 1764.* (Arch. de la Loire-Inférieure, série D.)

« La Faculté de médecine n'a point d'école ouverte ; les docteurs médecins donnent leurs soins à faire subir de nouveaux examens à ceux qui sont reçus dans les Universités étrangères, avant de leur permettre d'exercer à Nantes, et *la meilleure réponse* du candidat est de payer les droits (1).

Sa partialité envers les étrangers était trop évidente pour qu'elle ne lui suscitât pas des ennemis obstinés. Un docteur du nom de Bernard, qui a laissé une certaine réputation de science dans les annales de l'Université de Douai, fut un candidat éconduit de l'Université de Nantes. Comme il avait des amis puissants, il obtint, en 1740, contre ce corps trop exclusif, un arrêt du Conseil du Roi qui lui défendait d'exiger des docteurs aspirant à l'agrégation d'autres épreuves qu'un acte de quatre heures, et d'autres taxes que celle de 150 livres. La Faculté de médecine fut encore plus habile que lui, car elle trouva moyen d'éluder cet arrêt tant qu'elle vécut (2). Voici, d'après une lettre du sous-doyen Bonamy, la série d'épreuves par lesquelles devait passer tout aspirant aux degrés dans la Faculté de médecine de Nantes, à la fin du XVIIIe siècle :

« Pour parvenir à ces degrés, l'usage est que les aspirants commencent par étudier une année, puis ils présentent une requête qui doit être latine. Si l'aspirant est en règle, on lui donne toujours environ un mois après pour subir son premier examen particulier appelé *tentative*, qui roule sur tous les principes de la médecine, la physiologie et la pathologie.

• Quelques jours après cet examen, l'aspirant se pré-

---

(1) *Correspondance du subdélégué*, 1777. (Arch. d'Ille-et-Vilaine, C 87.) La Faculté ne comptait alors qu'un élève.

(2) *Mémoire des docteurs Blin et Laënnec*, ut supra.

sente à la Faculté pour demander la question pour sa thèse au baccalauréat. La Faculté lui nomme un président et lui assigne le jour auquel il doit soutenir.

» Cet acte fait, l'aspirant doit garder un interstice de deux ans avant de faire sa licence, et, dans cet intervalle, il doit faire un autre acte public, qui est la *quodlibétaire,* et subir un examen particulier qui est le *point rigoureux.*

» La *quodlibétaire* est un examen public sur toute la médecine pratique par *quid est? quotuplex, etc.*

» Lorsque le bachelier a intention de faire son *point rigoureux,* ce qu'il fait ordinairement quatre ou cinq mois avant le terme de deux ans d'interstice, il se présente dans la Faculté, assemblée *ad hoc* chez le doyen, et tire deux points, l'un dans *Avicenne* et l'autre dans les *aphorismes d'Hippocrate* et est obligé de rendre ces deux points en vingt-quatre heures.

» Environ trois mois avant que les deux ans d'interstice soient expirés, il se présente à la Faculté pour demander la question pour sa thèse de licence. La Faculté lui nomme son président, lui assigne la question qui est toujours de pratique et le jour qu'il doit faire son acte de licence. L'aspirant étant reçu licencié n'a plus d'acte à faire, ni d'examen à subir, le doctorat étant une pure cérémonie qui se fait à la diligence du licencié. Il se présente au corps de l'Université pour demander jour pour son doctorat.

» Pour cette cérémonie, le président assis à la droite de l'Université assemblée, prononce d'abord un discours à la louange de la médecine, ensuite, observant les cérémonies prescrites par les statuts, donne le bonnet de docteur au licencié, lequel, assis à la droite du président, prononce un discours. Ensuite un docteur de la Faculté discute une question problématique *seu in utramque partem.* Après quoi le nouveau docteur remercie en faisant un compliment au recteur, au juge conservateur, à son président et à chacune des Facultés. Deux ou trois jours après, le nouveau docteur fait en public *sa resumpte* ou acte de régence (1). »

Quiconque prétendait échapper à l'une de ces formalités n'avait qu'une ressource : c'était d'invoquer l'intervention des juges ; alors il soulevait de longs conflits qui mettaient aux prises les plus graves jurisconsultes. Ainsi, quand le sieur Merlet, docteur de Montpellier, voulut s'établir à Nantes, le juge prévôt de la ville lui donna une licence de guérir, pourvu qu'il subît un examen général et une thèse publique. La Faculté, irritée de tant de complaisance, en appela au Parlement qui ordonna l'application du statut de 1653. Quelquefois la Cour s'emparait du différend et désignait des experts spéciaux. Lorsque, par exemple, le docteur Bertrand de Cousaiges (2), auquel l'Université de Nantes refusait l'incorporation, porta plainte à Rennes, le Parlement ordonna que le docteur afficherait sa thèse aux lieux publics de la ville de Rennes, et qu'il discuterait avec tous les contradicteurs, quels qu'ils fussent, en présence d'un docteur fameux, pris en dehors de la Faculté de Nantes.

Le plus célèbre procès que les docteurs nantais aient eu à soutenir est celui que leur intentèrent, en 1783, les docteurs Blin et Laënnec. Ces deux candidats, pourvus de titres qu'ils rapportaient de Montpellier, espéraient, après un certain stage à Nantes, obtenir facilement l'agrégation et gagner même un tour de faveur sur certains rivaux moins méritants qu'eux, jugeaient-ils. Leur impatience ne sut se contenir, quand, au jour de l'épreuve, ils se virent

---

(1) *Lettre du sous-doyen Bonamy à un aspirant*, 1781. (Arch. dép., D.)
(2) Noël du Fail, *Arrêts*, liv. I, chap. LXVII.

ajournés, et leur mécontentement s'exhala en récriminations qui nous sont parvenues imprimées dans un mémoire violent, mais intéressant pour nous, qui, privés de documents, cherchons partout les moyens de recomposer le passé d'une institution éteinte. Cette pièce est accompagnée de la réponse (¹). Les deux adversaires de la faculté, pour se défendre, ont été obligés de citer une foule de faits instructifs, dont nous avons tiré profit pour cette étude. Ainsi nous apprenons, dans ce procès, que deux professeurs faisaient des leçons en 1783, l'un sur la botanique (²), l'autre sur la chimie et les maladies des gens de mer. Le mémoire de la Faculté se plaint amèrement de la concurrence constante du charlatanisme : « Le charlatanisme a régné à Nantes
» de tout temps, dit l'acte, avec impunité, malgré les
» arrêts de la Cour et les réclamations du corps des
» médecins. Il suffit de se dire médecin pour qu'on le croie.
» On voit abonder chaque jour à Nantes des gens de toute
» espèce, gens à brevets, gens sans brevets, médecins aux
» eaux, médecins aux yeux, soufferts, employés, volant,
» empoisonnant avec la plus grande et la plus honteuse
» tolérance. »

Les empiriques n'étaient pas les seuls rivaux désagréables à la Faculté ; les chirurgiens, dont la situation officielle était parfaitement établie, jouissaient à son détriment d'une grande considération. Ceux-ci avaient su gagner, par leur dévouement en temps d'épidémie et leur assiduité au service

---

(¹) Bibliothèque de Nantes, 7615 et 7616.

(²) Par ordonnance de 1726, les capitaines des vaisseaux qui revenaient à Nantes étaient obligés d'apporter de l'étranger, surtout d'Amérique, toutes espèces de plantes pour le jardin des plantes médicinales établi à Nantes. Le docteur régent chargé du cours n'avait pas de traitement ; cependant beaucoup de chaires analogues étaient dotées ailleurs. (*Mémoire de 1764*, Arch. de la Loire-Inférieure, série D.)

des hôpitaux, toutes les préférences du pouvoir. Sous l'influence de ces circonstances, l'ambition s'était glissée parmi les maîtres chirurgiens et l'orgueil en avait fait des gens importants. Ils voulaient eux aussi garder soigneusement l'entrée de leur corporation contre l'invasion de *gens de peu de naissance* et n'ouvrir leurs rangs qu'aux candidats riches et longuement éprouvés ([1]). Des statuts autorisaient la corporation à exiger six années d'études, et l'ensemble des taxes qu'elle percevait sur les aspirants s'élevait à 3,000 livres. Aussi intolérante pour ses propres membres que la Faculté était exclusive, elle ne voulait pas que les maîtres chirurgiens attachés au service de l'Hôtel-Dieu fissent des démonstrations, sous prétexte que leurs leçons portaient atteinte au monopole de la corporation. Telles étaient les mesquineries auxquelles on était descendu, en exagérant l'esprit de corps pourtant si estimable quand il reste généreux et bienveillant. En voyant ces luttes intestines aussi préjudiciables au progrès de l'industrie qu'à l'avancement des études, on pressent que toutes ces petites républiques jalouses et processives courent au devant de leur ruine et que le moment approche où le vœu de la Nation voudra remplacer ces Universités chancelantes par une institution unique, mue par un esprit large, dont le rayonnement s'étendra sur toute la surface de la France.

Voici ce que le dernier recteur de l'Université dit des médecins quand la Nation lui demanda son rapport :

« La faculté de médecine tient habituellement ses séances
» chez son doyen ; pendant quelques années elle a cepen-
» dant occupé une chambre chez les Carmes, à qui elle
» payait une somme annuelle de trente-six livres ; elle n'a
» aucune dotation particulière, elle donne cependant de

([1]) *Délibérations* de 1752 et 1755. (Arch. des hospices, E.)

» temps immémorial un professeur de botanique au jardin
» des apothicaires, des médecins aux hôpitaux et prisons,
» des professeurs spéciaux à ses élèves quand l'occasion
» s'en présente ; elle a depuis 1780 un professeur spécial
» pour les maladies des gens de mer. Ses médecins des
» hôpitaux reçoivent une très modique rétribution. Ses
» professeurs n'ont rien, pas même celui de botanique, qui
» est astreint à beaucoup de dépenses (1). »

On voit que si cette Faculté n'a pas laissé de traces bien profondes dans l'histoire de l'enseignement, elle n'a pas non plus à se reprocher d'avoir imposé de lourdes charges aux finances de la ville, de la province ou du royaume.

---

(1) *Déclaration de 1792.* (Arch. dép., Q.)

QUATRIÈME PARTIE.

L'ENSEIGNEMENT PROFESSIONNEL.

ÉCOLE DE CHIRURGIE

ou

COLLÈGE SAINT-CÒSME.

Il n'y a pas un siècle que la médecine et la chirurgie se donnent la main et s'enseignent dans le même amphithéâtre ; leur union n'est pas antérieure à la suppression des corporations, c'est-à-dire à la révolution de 1789. Sous l'ancien régime, les praticiens qui coupaient les membres, maniaient le rasoir et la lancette, pansaient les plaies, suivaient le traitement des maladies et se consacraient en un mot à la partie manuelle de l'art de guérir, composaient une association qu'on nommait la corporation des barbiers chirurgiens et qu'on assimilait aux corporations des artisans ordinaires. Il n'y avait pas de différence entre leurs apprentis et ceux des gens de métiers : les uns et les autres se formaient dans la boutique, sous l'œil du patron, sans lier aucune relation avec les facultés de l'Université. Les médecins étaient les docteurs suprêmes, les chirurgiens n'étaient que les très humbles exécuteurs de leurs arrêts comme les apothicaires.

Il ne faudrait pas croire que la fusion a été instantanée, qu'un décret seul de l'Assemblée Nationale a suffi pour l'opérer ; elle n'a été possible que parce qu'elle a été préparée de loin par une série de faits que j'indiquerai rapidement. Au XVIIIe siècle, la corporation des chirurgiens semble avoir conscience de ses destinées futures ; elle abandonne la routine pour étendre le cercle de ses études, elle modifie son organisation, appelle dans ses rangs les jeunes gens de la riche bourgeoisie et se met en vue dans chaque occasion favorable.

La dernière rédaction de ses statuts porte que la corporation élira chaque année quatre de ses membres et les chargera d'enseigner les principes de chirurgie, l'ostéologie, les maladies des os, l'anatomie et les opérations sur les cadavres en présence des aspirants. Suivant l'article 27, elle se réservait aussi la liberté de nommer un cinquième démonstrateur pour discourir sur les matières médico-chirurgicales et enseigner la fabrication des instruments de chirurgie, enfin elle promettait à chacun des professeurs la somme de 50 livres. La Ville, informée de ces projets, s'empressa de les favoriser en concédant, le 6 avril 1746, la tour du Connétable, celle-là même qui s'élevait à l'endroit où se trouve aujourd'hui la bibliothèque municipale (1). C'est là que les chirurgiens firent construire leur amphithéâtre et fondèrent cette école publique et gratuite de chirurgie qu'on a nommée le collège Saint-Cosme. Les frais d'installation furent payés au moyen d'un emprunt de 6,000 livres.

En 1762, la Ville avait besoin d'un emplacement pour édifier une halle ; elle n'en trouva pas de plus convenable que le terrain situé derrière l'école de chirurgie, mais il ne pouvait être employé qu'en rasant la tour du Connétable. Les préliminaires de l'entente à conclure avec les chirurgiens ne furent pas longs. Ceux-ci consentirent à transférer leur cours dans la rue Saint-Léonard, en face de l'église de ce nom, au lieu qu'occupait l'ancien *Musæum*

---

(1) *Livre des délibérations de* 1746. (Arch. de la mairie, BB.)

avant 1874, à la condition que les frais de déménagement seraient à la charge de la Municipalité. Une fois établie dans ce dernier local, l'école y demeura jusqu'à la fin de son existence. L'accord conclu avec la Mairie est du 21 février 1766 (1).

On crut un moment que la Corporation avait assumé une entreprise au-dessus de ses forces ; le fonds commun était si minime qu'il était impossible de faire face aux charges qui s'imposaient ; la pension de 100 livres servie aux veuves des confrères décédés, les intérêts de l'emprunt à payer, laissaient peu de ressources au trésorier pour acquitter les honoraires des professeurs. Ceux-ci, après avoir enseigné quelque temps sans rétribution, prirent le parti d'exposer leur situation aux États de la province. L'assemblée prêta l'oreille aux plaintes des maîtres chirurgiens, et encouragea leur zèle en leur allouant une indemnité de 2,000 livres par an qui leur fut comptée à partir de 1760 (2).

Cette somme n'était pas à leur entière disposition, elle fut néanmoins employée à payer les dettes de la Communauté et à décorer la salle des leçons : ce n'était pas là ce qu'attendaient les professeurs. Les mécontents eurent soin d'informer les États de l'application qui avait été faite de leurs fonds et firent condamner la Corporation à rapporter quatre annuités (3). La Corporation eût été bien embarrassée pour trouver 8,000 livres, si l'arrêt avait été maintenu : ses amis intervinrent heureusement à la session de 1766 et obtinrent sa grâce ; mais il fut stipulé que dorénavant les professeurs seraient nommés

---

(1) *Livre des délibérations de 1766.* (Arch. de la mairie, BB.)

(2) *Livre de la session de 1760*, fº 169. (Arch. dép. de la Loire-Inférieure, C.)

(3) *Tenue des États de 1766*, fº 224. (Ibidem.)

au concours. Depuis cette date, le Procureur général fut chargé de prendre connaissance de la distribution des 2,000 livres allouées chaque année et les membres de la Commission intermédiaire s'érigèrent en surveillants des leçons. Ainsi, à la session de 1772, l'indemnité fut votée sous cette réserve qu'il serait enjoint au professeur Guichard de commencer son cours beaucoup plus tôt (1).

Une dépendance moins étroite aurait mieux plu à nos chirurgiens ; ils auraient préféré que les professeurs fussent élus par la Corporation et présentés aux commissaires des Etats devant lesquels ils auraient subi un interrogatoire ; cependant ils acceptèrent les conditions qui leur étaient dictées. Dans une réunion tenue au mois d'août 1765, les maîtres en chirurgie de la ville de Nantes arrêtèrent en commun qu'ils consentaient à n'admettre désormais pour professeurs à leur amphithéâtre que ceux qui auraient passé par l'épreuve du concours, et promirent que la gratification votée ne profiterait pas à d'autres. Comme il y avait nécessité de conserver les bonnes grâces des commissaires des Etats, on les invita à fixer eux-mêmes la forme, le jour et les heures du concours, et à siéger parmi les examinateurs. Ces avances furent bien reçues : la première session d'épreuves, qui eut lieu en 1765, ne dura pas moins de cinq jours ; si les suivantes furent aussi longues, il n'est pas surprenant que l'usage des concours ne se soit pas perpétué jusqu'à la Révolution. En 1787, les maîtres chirurgiens étaient tous admis à enseigner ; ils montaient à tour de rôle dans la chaire de démonstration. A cette époque, les noms les plus connus du collège Saint-Cosme étaient les suivants : Godebert, Bisson, Darbefeuille, Cantin, Eticuvrin et Fabre.

(1) *Tenue de 1772, fo 65.*

Etieuvrin, professeur d'accouchement, élu en 1765, est celui qui fit le plus de bruit. Tout d'abord, il se contentait de faire son cours en présence de quelques étudiants ; il négligeait complètement de former des sages-femmes pour la ville et les campagnes, bien que l'article 78 des statuts de la corporation lui fît un devoir d'étendre ses leçons jusqu'à ces utiles auxiliaires des médecins. Les entreprises de son confrère Godebert le forcèrent à déployer plus de zèle. Ce dernier, bien qu'éliminé de trois concours, ne manquait pas de talent. Pendant que la dame du Coudray, professeur d'accouchement, séjournait à Nantes, il avait suivi assidûment ses démonstrations et avait fini par gagner sa bienveillance. En partant, la dame du Coudray le recommanda à la Ville. Fort de cet appui, Godebert ouvrit un cours spécial d'accouchement pour les sages-femmes de la campagne, et, quand son autorité fut bien établie, il s'enhardit jusqu'à demander à la Ville, en 1777, qu'elle lui livrât une machine de démonstration, nommée *phantôme,* qu'elle avait achetée de la dame du Coudray. Sa pétition représentait qu'il donnait ses leçons tous les jours, soir et matin, pendant trois heures, qu'il attendait de la campagne un grand nombre de sages-femmes, et que le *phantôme* faciliterait beaucoup ses démonstrations.

Dès que la machine lui eût été livrée, son confrère, Etieuvrin, poussé par la jalousie, s'empressa, mais en vain, d'écrire à l'Intendant, en le priant d'intervenir, pour qu'il eût la préférence sur Godebert. Ce dernier resta en possession de l'instrument, car, suivant la réponse du Maire, il devait en tirer meilleur parti qu'Etieuvrin dont les cours étaient trop rares : celui-ci n'enseignait qu'une heure par jour et trois fois la semaine.

Etieuvrin se vengea du refus en faisant placarder, sur tous les murs de la ville, un avis annonçant qu'il ferait, lui aussi, pour les sages-femmes de la campagne, un cours public d'accouchement, les mardis, jeudis et samedis, et de plus un autre cours sur les maladies des femmes grosses, des femmes accouchées et des petits enfants, les lundis, mercredis et vendredis. Cette rivalité n'empêcha pas Godebert de continuer son cours et ne changea rien aux dispositions de ses protecteurs. Toujours préoccupé de l'intérêt général et désireux de perfectionner l'habileté de ses élèves, il sentait ce que son cours avait de défectueux; son vœu était d'avoir un asile spécial, une sorte d'hôpital de la Maternité dans lequel il pourrait faire des démonstrations, non pas sur un *phantôme*, mais sur nature, en un mot, un cours de clinique tel que nous l'entendons aujourd'hui. Les élèves sages-femmes n'étaient pas assez nombreuses à son gré, les campagnes étaient trop généralement livrées à l'ignorance des vieilles matrones. Les libéralités de certains recteurs de paroisses pour quelques femmes dignes d'intérêt étaient des faits isolés sur lesquels on ne pouvait pas compter.

Suivant lui, il n'y avait qu'un remède, c'était de relever la situation des sages-femmes dans les campagnes, en leur accordant quelques exemptions, et d'imposer aux assemblées paroissiales l'obligation de voter des allocations pour celles qui, foulant aux pieds les préjugés, consentiraient à venir s'instruire au cours. Ces idées généreuses et progressives sont exposées dans un *placet* qu'il adressa, en 1781, à la Mairie. La Municipalité y applaudit dans la mesure de ses moyens, en lui accordant, 19 janvier 1782, une allocation de 150 livres, à l'aide de laquelle il loua un petit logement dans la rue Saint-Similien [1]. La

---

[1] *Carton du cours d'accouchement.* — *Délibérations de* 1782. (Arch. de la ville, BB.)

charité privée lui procura du linge, des ustensiles, des aliments pour les pauvres femmes qui venaient y séjourner pendant leurs couches. Le professeur Godebert les gardait huit jours après leur délivrance, et il avait ainsi les moyens de joindre la pratique à la théorie et de donner d'utiles leçons sur les maladies des femmes et des enfants. Cet essai d'hôpital de maternité est le seul dont j'aie trouvé la trace dans les Archives.

Le cadre de ce chapitre comporterait quelques renseignements complémentaires sur l'habileté des professeurs et les principes théoriques de l'enseignement ; je n'ai pu me procurer d'éclaircissements que pour le XVIIe siècle. On sait qu'au Moyen-Age les chirurgiens lisaient très peu. Quand un aspirant se présentait pour être examiné, il n'était admissible qu'après avoir montré qu'il savait forger une lancette ou un rasoir. C'était là, la pierre de touche qui permettait de reconnaître encore au XVIe siècle les aspirants vraiment prédestinés à la maîtrise. Claude Viard, malgré tout son savoir, se vit éliminé uniquement parce qu'il se récusait sur ce point et, sans l'intervention du Parlement auquel il porta plainte, il n'aurait jamais été examiné (1).

Il prétend, dans sa requête à la Cour, que des candidats ne sachant ni lire, ni écrire ont été agréés; l'adresse de main était donc la qualité la plus prisée dans la Corporation. Nous allons voir que, sous Louis XIV, les chirurgiens faisaient plus de cas de la science. Prenons pour exemple le différend qui éclata au sein de la Corporation, en 1656, entre les maîtres jurés et le compagnon Huet, aspirant à la maîtrise (2).

---

(1) *Bulletin de la Soc. Archéol. de Nantes*, 1873.
(2) *Minutes de 1656.* (Arch. du Tribunal de Nantes.)

La scène se passe au couvent des Cordeliers, dans la salle que louaient les chirurgiens pour leurs exercices publics et leurs délibérations. Le candidat est armé d'un arrêt de la Cour, qui oblige les maîtres à lui faire subir ses quatre séances d'examen en présence du lieutenant civil et criminel du Présidial de Nantes et de son greffier, qui va dresser procès-verbal de tous les incidents de l'épreuve, demandes et réponses. De leur côté, les maîtres ont en main un arrêt du Conseil du Roi, qui interdit aux médecins d'envoyer plus de deux délégués à leurs examens; mais ceux-ci ripostent en exhibant un arrêt, tout frais sorti du greffe du Parlement, à la date du 30 août 1656, qui les autorise tous à siéger au bureau; ils s'opposent à ce que les questions et réponses soient écrites, en disant qu'ils sont les juges du mérite de l'aspirant. La Corporation invoque la prééminence de son titre et proteste si énergiquement contre les prétentions de la Faculté, que les médecins vident la place et abandonnent le candidat à la justice du lieutenant et de la Corporation. Alors l'examen commence. Il serait trop long de l'insérer ici; j'en relèverai seulement les traits les plus saillants, pour montrer ce qu'était l'instruction d'un chirurgien au temps de Louis XIV :

Demande. — Combien de choses doivent concourir à la guérison des maladies chirurgicales ?

Réponse. — Deux choses : la première que c'est par la nature, la seconde par l'art et opération.

La réponse n'est valable, car, selon Hippocrate, il en faut quatre : le malade, le chirurgien, les assistants et les choses externes, dit l'examinateur.

Demande. — En combien de manières les maladies sujettes à la chirurgie se guérissent-elles ?

Réponse. — Les maladies sujettes à la chirurgie se guérissent ou par médicament ou par opération.

La réponse n'est pas satisfaisante, dit l'examinateur, car les maladies se guérissent de quatre manières : la première par expérience, sans rechercher ni connaître la cause ; la deuxième par analogisme, recherchant la cause et ne la connaissant pas, mais se servant de similitudes ; la troisième par raison, recherchant et connaissant la cause ; la quatrième par indication, connaissant la cause sans la rechercher.

Demande. — Pourquoi les humeurs se meuvent-elles à certaines heures et en certains temps plus qu'aux autres ?

Réponse. — C'est que les humeurs dominent plus en un temps qu'en l'autre.

La réponse n'est pas satisfaisante, car les raisons, ce sont l'analogie, propriété occulte et forme spécifique des humeurs qui font les maladies, lesquelles de leur propre nature à certains temps et heure, comme la bile se meut de trois jours en trois jours, la mélancolie de quatre jours en quatre jours, le flegme de dix-huit heures en dix-huit heures, avec six heures de faux repos, et le sang se meut toujours uniformément. Par ce moyen, les chirurgiens connaissent de quelles humeurs et matières sont faites les apostèmes.

On voit que, si les chirurgiens s'appliquaient à la partie manuelle de la médecine, ils n'en avaient pas moins un goût très prononcé pour la métaphysique. Voici encore quelques spécimens des questions posées à l'aspirant :

Combien de choses sont nécessaires pour la construction parfaite d'une partie ?

Combien y a-t-il de choses qui entrent dans la composition des choses naturelles ?

Quelles sont les maladies de tout l'œil ?

Quelle différence y a-t-il entre période, paroxysme, exacerbation et crise?

En quoi les plaies des parties similaires diffèrent-elles d'avec les organiques?

Comment la fièvre étique survient-elle au poumon?

Comment traite-t-on une plaie?

Quels sont les préceptes infaillibles et nécessaires que le chirurgien doit connaître?

Les auteurs cités au cours de l'examen sont Hippocrate, Galien, Fabricius, Guydon, de Marque, du Lorans, Riollan et Courtin.

Le domaine de la chirurgie n'était donc pas bien déterminé; il était facile au praticien le moins agressif de faire des sorties sur le terrain de son voisin, le médecin. Il est superflu de faire remarquer la ressemblance qui existe entre les questions oiseuses de cet interrogatoire et les controverses de la scholastique. La méthode expérimentale de Bacon et de Descartes n'a pas encore expulsé des écoles de Nantes les vaines subtilités et les puériles argumentations de l'époque où les professeurs discutaient sur les Nominaux et les Universaux.

COURS D'HYDROGRAPHIE.

Les premiers professeurs qui enseignèrent l'hydrographie à Nantes appartenaient à l'ordre des Jésuites. Comme tous les religieux, les fils de Loyola eurent beaucoup de peine à trouver une maison dans le cœur de la ville; la municipalité, assemblée le 25 septembre 1664, n'ayant consenti à leur établissement à Nantes qu'en leur imposant l'obligation de résider en dehors de l'enceinte. A force d'instances, de démarches et de promesses, les Pères parvinrent à faire lever l'interdiction prononcée contre eux, et aussitôt ils s'établirent (1672), rue de Briord, dans l'hôtel même que les Oratoriens avaient occupé 50 ans auparavant. Les lettres d'autorisation qui leur furent octroyées en décembre 1671, par le roi Louis XIV, amortissaient gratuitement tous les biens-fonds qu'ils pourraient acquérir jusqu'à concurrence de 40,000 livres, et en échange le Roi leur demandait d'ouvrir un cours public et gratuit de mathématiques et d'hydrographie [1]. Cette exemption, quoique réellement avantageuse dans le moment où elle fut accordée, parut légère au bout de quelques années. Les RR. Pères, cependant, attendirent jusqu'en 1684 pour élever une réclamation. Leur requête au Conseil du Roi ne dit pas qu'ils ont été dispensés

---

[1] *Hist. de Nantes*. Travers, t. III, p. 423, 424.

de payer un impôt très onéreux ; elle porte seulement qu'aucun revenu ne leur a été assigné pour entretenir un maître d'hydrographie et que cette charge est devenue trop lourde pour leurs ressources. Louis XIV leur répondit par un arrêt du Conseil, du 30 avril 1684, qui ordonnait aux États de Bretagne de leur servir une rente de 1,000 livres.

L'allocation, adoptée bon gré mal gré et maintenue sans interruption pendant 20 ans, fut refusée en 1715, sous prétexte que la province avait à solder des dépenses plus urgentes. Pendant cette première période, le Père de Lambilly publia une carte du diocèse qui n'est pas sans mérite. Le cours d'hydrographie cessa et ne fut repris qu'en 1728. Les Jésuites croyaient qu'il leur serait aussi facile qu'au début d'obtenir une subvention et qu'il leur suffirait de présenter une requête pour être exaucés. Le Conseil du Roi voulut une enquête à laquelle fut appelé le corps des Marchands, et ceux-ci répondirent, le 30 mars 1729, que les leçons des Jésuites étaient inutiles, parce que le professeur faisait mal son cours. Les Pères se justifièrent en disant que l'enseignement n'était faible que depuis le jour où le maître ne recevait plus rien. *Pas d'argent, pas de Suisses.*

Sans s'arrêter à ces reproches, Louis XV jugea que l'institution était du nombre de celles qu'il faut maintenir dans un État, et, par un arrêt du 23 juillet 1729, il accorda aux Pères une pension de 1,000 livres, non plus sur les Etats, mais sur les deniers d'octroi de la ville de Nantes (1). Ces émoluments leur furent comptés depuis le 1er janvier 1729 jusqu'au 2 août 1762. Le dernier des professeurs qui enseignèrent durant cette période est le seul qui me soit connu ; il se nommait le Père Simon Chardin (2).

(1) Arch. d'Ille-et-Vilaine, C 1250.
(2) Ibidem, B 65.

La dissolution de la compagnie de Jésus ayant été prononcée, le Parlement, par son arrêt du 23 décembre 1761, invita tous les maires à informer la Cour des chaires occupées par les Jésuites et à lui proposer des sujets capables de les remplacer. Cette fois, la suppression de la chaire ne fut pas demandée ; au contraire, la municipalité représenta, dans une assemblée tenue le 5 août 1762, qu'il y aurait les plus grands inconvénients à interrompre les leçons, et elle désigna le sieur Rousseau, à la condition qu'il se pourvoirait de cartes, d'instruments et d'un local convenable. Dès le lendemain, 6 août, les leçons commencèrent et se continuèrent sans que personne élevât de plaintes. Le sieur Rousseau avait des antécédents qui le recommandaient d'une façon particulière : il avait été professeur de physique au collège de l'Oratoire, où pendant deux ans il avait donné des preuves publiques de sa capacité et de son talent en montrant les mathématiques. Au mois de novembre suivant, le Parlement lui envoya son arrêt de confirmation, comme s'il eût été en son pouvoir d'imposer silence à tout opposant, et pourtant il y avait une autorité rivale qui, plus que toute autre, devait être consultée dans la circonstance sur la validité du titre, c'était l'amirauté. Quand le sieur Rousseau envoya ses provisions à la Chancellerie, M. de Grandbourg écrivit que le droit de nommer aux places de professeur d'hydrographie appartenait au duc de Penthièvre, grand amiral de France, gouverneur de Bretagne, et que Son Altesse avait fait choix, depuis plusieurs années, du sieur Lyon pour exercer ces fonctions dans le port de Nantes. Devant ces prétentions rivales, l'Intendant de la province restait spectateur et attendait qu'une décision souveraine intervînt pour autoriser la ville de Nantes à mandater les honoraires du professeur qu'elle avait choisi.

Au mois de juin 1764, le sieur Rousseau n'avait pas encore touché la moindre pension. Il adressait requêtes sur requêtes au Gouverneur et à l'Intendant, disant qu'il n'avait pas cessé d'enseigner avec zèle, qu'il croyait avoir rempli tous ses engagements, et rappelait qu'il avait même composé un ouvrage d'hydrographie dédié au duc d'Aiguillon. Le conflit n'était pas vidé en 1765 ; la municipalité arrêta néanmoins, le 24 août, que la somme de 3,000 livres serait payée à l'hydrographe Rousseau, et l'Intendant ratifia la décision, pensant que le titulaire n'avait rien à craindre de son compétiteur. Il se trompait. Si le sieur Lyon gardait le silence, c'est qu'il attendait le retour de son protecteur et le moment opportun de réclamer. Au mois d'avril 1767, il s'ébranla et obtint, le 22 mai suivant, un arrêt du Parlement qui révoquait l'arrêt approbatif et « défendait à toutes personnes d'exercer » la place de professeur d'hydrographie mathématique au » port de Nantes, » avec ordre au miseur de la ville de payer au sieur Lyon les appointements des années 1762, 1763, 1767, et de continuer à l'avenir.

Au lieu de s'incliner, la municipalité protesta contre la révocation de son candidat, en rédigeant un mémoire rempli de détails instructifs sur la position respective des deux compétiteurs. Suivant son exposé, l'école fondée chez les Jésuites, par le Roi, était absolument distincte de l'office particulier d'hydrographe du port. Ce dernier avait pour honoraires certains droits de réception de capitaines et de pilotes, avec divers émoluments ; sa charge remontait au temps du comte de Toulouse ; elle avait été créée à l'occasion des lettres de provision délivrées, en 1741, au sieur du Tour de Montgaillard, qui avait été installé par le siège de l'amirauté et remplacé ensuite, en 1744, par le sieur Blain du Mary ; puis, en

1762, par le sieur Lyon. Il est vrai que le sieur de Montgaillard avait tenté de se faire reconnaître comme seul hydrographe, mais il n'avait pas été du tout encouragé dans son entreprise par le grand Amiral, puisqu'il avait été forcé de déclarer qu'il renonçait au traitement alloué aux Jésuites. Pour conclure, les officiers municipaux demandaient que l'hydrographe du port et le professeur de la mairie fussent conservés et mis en concurrence, dans l'intérêt de la jeunesse. Malgré toutes ces bonnes raisons, le sieur Rousseau fut révoqué, et son rival eut la direction du cours d'hydrographie qu'il continua jusqu'en avril 1771 (1).

Le sieur Levêque prit sa place le mois suivant : c'était un professeur consciencieux et zélé. Voici ce qu'en dit le procureur du Roi près du siège de l'amirauté : « Zèle, » activité, lumière, honnêteté, il réunit tout ce qui peut » donner à ses leçons la plus grande utilité pour les » élèves de la marine et conséquemment pour l'Etat. » Il réclama pour lui une décharge de l'impôt des vingtièmes et un local pour faire ses cours. L'Intendant de la province répondit qu'il était dans une situation trop avantageuse pour mériter une exemption. En effet, outre ses appointements de 1,000 livres, il percevait des honoraires sur les capitaines, sur les maîtres de navires, aux jours d'examen, et des rétributions sur ses écoliers (2). Sa place, dit la réponse, lui vaut 3,000 livres environ, en comptant ce qu'on lui paie pour les leçons d'orthographe. Si on comparait ses honoraires à ceux des professeurs du Croisic, d'Auray et de Quimper, il était évidemment le plus favorisé. Il est vrai que le sieur

---

(1) *Liasse instruction.* (Arch. de la Loire-Inf., C.)

(2) *Carton hydrographie.* (Arch. de la mairie.)

Levêque était un homme distingué. Il a publié en deux volumes in-4° la traduction d'un livre très savant qui a pour titre : *Examen maritime, théorique et pratique, ou traité de mécanique appliqué à la construction et à la manœuvre des vaisseaux*, par Dom Georges Juan. La ville le remercia en lui offrant une bourse de 40 jetons d'argent aux armes de la ville et du maire.

Sous le règne de Louis XVI, les écoles d'hydrographie furent l'objet d'une attention spéciale de la part du pouvoir central. Monge, examinateur de la marine, parcourait alors les villes de nos côtes, afin de stimuler partout le zèle des municipalités et obtenir des augmentations de ressources pour les professeurs. Il venait des ports de Picardie, de Flandre, de Normandie et de Bretagne quand il se présenta à Nantes. Les réclamations de Levêque (Pierre) lui parurent si justes qu'il s'empressa d'adresser une requête de sa main à la mairie. Par son règlement du 1er janvier 1786, le Roi avait arrêté que les places de professeur d'hydrographie ne seraient données qu'au concours. « Cette sage disposition n'aurait aucun » effet, dit Monge, si le traitement du professeur n'était » pas suffisant pour appeler des concurrents d'un mérite » convenable. »

Dans sa séance du 12 février 1788, la Ville vota 200 livres d'augmentation d'honoraires, 300 livres pour achat d'instruments à donner en prix, et accorda un local au-dessus de la nouvelle halle pour en faire une salle de cours.

L'école d'hydrographie, fondée au Croisic par Jean Bouguer, à la fin du XVIIe siècle, a joui d'une réputation plus étendue que celle de Nantes, bien qu'elle n'ait pas été encouragée par les subventions des Etats. Son fondateur est l'auteur d'un *traité de navigation*, qui a eu

deux éditions en 1699 et en 1706. Pierre Bouguer du Raudrun, son fils et son successeur dans l'enseignement de l'hydrographie, dépassa encore le mérite de son père. Ses travaux, couronnés trois fois, lui valurent le titre d'académicien, en 1731. L'école dirigée par le père et le fils était très appréciée ; elle fournissait à la marine de l'Etat et du commerce une grande quantité de pilotes, de marins et de capitaines de corsaires. Ils avaient une méthode qui leur permettait de former des pilotes en six mois. « A la mort de ces grands maîtres, nous avons
» bien perdu, dit un contemporain ; mais depuis leur
» disparition, les génies ne se sont pas raccourcis, et je
» suis sûr que leur successeur obtiendrait les mêmes
» résultats s'il voulait enseigner de la même manière. »
Le sieur Digard, auquel on donnait ce conseil, prit la suite des leçons, en 1755. Après trois ans d'exercice, il se plaignit à l'Intendant de la modicité du traitement que lui servait la ville du Croisic, et osa solliciter une exemption d'impôt. La municipalité fit alors savoir que son cours ne répondait pas à ce qu'on attendait. Au lieu de s'appliquer à former exclusivement des pilotes, il voulait faire des savants. « Par je ne sais quel entêtement
» géométrique il se croit indispensablement obligé d'ap-
» pliquer ses élèves à des calculs d'algèbre qui emportent
» un temps auquel la fortune des pères ne peut suffire
» (1). »

Le professeur Papin, qui succéda au sieur Digard, en 1775, avait étudié sous la direction de Bouguer (2).

---

(1) Arch. dép., C, *liasse du Croisic*.
(2) Ibidem.

COURS DE DESSIN.

La nécessité de répandre la connaissance du dessin dans les classes ouvrières n'est plus à démontrer depuis longtemps : les générations des derniers siècles reconnaissaient déjà comme nous que l'industrie ne peut pas perfectionner ses produits sans le secours de l'art. Une nation qui cherche sa gloire dans le progrès de ses manufactures n'a qu'un moyen de défier la concurrence : c'est de pousser de bonne heure le fils de l'artisan vers l'école, de le mettre en présence des modèles destinés à façonner sa main et d'élever son idéal en l'initiant aux règles du goût. Cette opinion était celle de la Commission du Commerce, chargée d'examiner la question des écoles de dessin, pendant la session des Etats de Bretagne de 1756. Adoptant les conclusions de son rapport, l'assemblée décida qu'il y avait lieu d'ouvrir deux cours gratuits de dessin, l'un à Nantes, l'autre à Rennes. Les deux maîtres chargés de l'enseignement seront tenus, dit la délibération, de donner quatre jours par semaine et durant trois heures à chaque fois, des leçons publiques de leur art à *tous ceux qui se présenteront*. Ils recevront chacun 500 livres de traitement par an [1]. Le sieur Volaire, désigné pour faire le cours de Nantes, entra en fonctions de suite pendant que son collègue

[1] *Délibérations des Etats*, 1756, f° 183, v°. (Arch. dép., C.)

Gausier prenait possession de la chaire de Rennes. L'un et l'autre furent placés sous l'inspection des membres de la Société des Arts.

A la session de 1758, la ville de Saint-Malo, jalouse de jouir des mêmes avantages que Nantes et Rennes, obtint aussi pour elle la création d'un cours gratuit de dessin. En lui accordant ce privilège, les Etats déclarèrent que les trois maîtres seraient invités à instruire les élèves principalement dans le genre de dessin le plus propre au progrès des arts et métiers [1].

Le sieur Volaire, après avoir professé pendant 14 ans, se vit obligé de cesser ses leçons ; les Etats ayant refusé, à la session de 1772, de voter l'indemnité ordinaire et ajourné à des temps meilleurs la continuation de leur subvention. Il n'en resta pas moins à Nantes et se fit entrepreneur de fêtes publiques. On le voit réclamer de la ville, en 1772, une gratification de 400 livres par cette raison qu'il a organisé les réjouissances de la réception du duc de Duras et que l'illumination a duré six heures de plus qu'on ne le prévoyait.

Un concurrent, le sieur Beaucourt, peintre et dessinateur, croyant à une disgrâce, se flatta de l'espoir de le remplacer et fit des offres de service qui ne furent pas accueillies. Le cours de dessin ne fut rétabli qu'en 1772 au profit du sieur Vattier qui en conserva la direction jusqu'au mois de septembre 1785, date de sa mort, aux mêmes conditions que son prédécesseur. En 1782, il obtint des Etats une allocation spéciale de 150 livres qu'il employait en achat de livres de prix pour les meilleurs élèves, et, en 1786, une autre somme de 150 livres qui était consacrée à l'acquisition de modèles. Sa place excitait

[1] *Délibérations de* 1758, f° 285.

l'envie des autres professeurs. En 1784, le peintre Durand Dorcelly demandait aux États de lui accorder sa survivance, mais l'assemblée décida qu'en cas de vacance, il ne serait pas pourvu au remplacement du sieur Vattier autrement que par la voie du concours. Celui qui l'emporta se nommait Ligeret. La ville de Nantes voulant l'attacher à ses fonctions, lui offrit un logement dont il profita jusqu'au mois de mars 1790, époque où il tomba malade. Le 7 avril suivant, la Commission intermédiaire des États désigna pour le remplacer le sieur Hussard que nous trouvons l'année suivante, (avril 1791) en instance devant le Directoire du département pour être payé d'une somme de 402 livres qui lui était due comme maître de dessin (1).

La ville de Nantes n'a pas manqué de maîtres de dessin dans la seconde moitié du XVIIIe siècle. Outre les noms que je viens de citer, on en rencontre encore d'autres qui méritent d'être signalés. Dans le temps même que les États fondaient les cours gratuits, les frères Nicolas et Clément Gangy sollicitaient de la municipalité la permission d'ouvrir une école de dessin à Nantes, en se qualifiant peintres et dessinateurs de Paris. L'autorisation qu'ils demandaient leur fut accordée le 25 février 1755 (2). L'arrivée du professeur Hénon, dont les gravures sont très connues à Nantes, n'est pas de beaucoup postérieure à cette date. Dans un avis qu'il fit distribuer, il s'intitule élève des Académies royales d'architecture et de peinture de Paris, et se dit breveté depuis le 9 septembre 1756 (3). Son cours ouvert tous les jours, le samedi excepté, depuis 10 heures du

---

(1) *Délibérations et arrêtés du Directoire,* 19 avril 1791, vol. IV, f° 70. (Arch. dép., série L.) Le sieur Hussard enseignait encore sous la Restauration à Nantes.

(2) Archives de la ville, série GG.

(3) *Avis imprimé sans date.* Arch. dép., série G.

matin jusqu'à midi, embrassait l'enseignement de l'architecture, de la figure, du paysage, de l'ornement, de la perspective et du blason, la manière de peindre, la démonstration des nivellements et la levée des plans ; Hénon réservait les autres heures de la journée aux élèves qui désiraient prendre des leçons à domicile.

Nantes possédait bien d'autres professeurs élémentaires. Les personnes dont les souvenirs précis peuvent remonter à 1825 se rappellent parfaitement que les patrons avaient l'habitude, pendant les veillées, de réunir autour d'eux les plus jeunes de leurs apprentis pour leur donner des leçons de trait. Cet usage régnait parmi les tailleurs de pierres, les charpentiers, les menuisiers et bien d'autres corporations au commencement de ce siècle, et tout porte à croire qu'il remontait à une antiquité reculée.

Le patron a toujours eu besoin d'auxiliaires habiles, et l'apprenti n'a jamais été dispensé de produire son chef-d'œuvre quand il a sollicité la maîtrise. Croit-on que les ouvriers qui ont taillé les pierres de nos escaliers en spirale ou de nos voussures, forgé nos balcons de la Fosse et de l'île Feydeau, façonné les charpentes des maisons du Moyen-Age ou orné les meubles Renaissance, ignoraient le dessin ? Ce n'est pas possible. Il suffit de voir ce qui nous reste de la vieille industrie française pour être convaincu que, bien avant l'institution des cours publics, nos artisans s'exerçaient à manier la plume et le crayon. Ceux qui ont construit la cathédrale, le château de Nantes et tant de demeures seigneuriales n'étaient pas de grossiers manœuvres obéissant servilement à un architecte, j'oserai même dire qu'ils n'étaient pas illettrés, car ils ont laissé partout la trace d'intelligences cultivées. Pour exécuter le plan dicté, ces ouvriers étaient obligés de faire au préalable une épure de la forme qu'ils devaient donner à la pierre, de la numéroter pour indiquer sa place, de calculer les dimensions des divers ouvrages et de régler les proportions. Toutes ces opérations exigeaient, outre la science du dessin, la connaissance de la lecture, de l'écriture et du calcul.

Nous voici revenus, sans nous en douter, à notre point de départ, l'école de dessin nous apporte un argument inattendu en faveur de la thèse que nous avons développée dans le premier chapitre de ce livre. A défaut de documents précis, le goût des arts, qui chez nous n'a fait que progresser depuis le XIIe siècle, sous toutes ses formes, serait à lui seul une démonstration irréfutable, par cette raison qu'on ne l'a jamais vu fleurir là où l'ignorance est érigée en système de gouvernement. Notre race a été la même à toutes les époques; elle avait soif de lumière, autrefois autant qu'aujourd'hui, et les classes les plus obscures ont compté parmi elles des hommes éclairés capables de les diriger dans leur rôle social.

ADDITIONS ET CORRECTIONS.

Bourgneuf. — Le régent Morilland était prêtre et il avait un sous-régent nommé Tetrel, en 1646. (*Minutes de l'officialité.*)

Nantes. — Le fondateur des écoles de Petite-Biesse est Gaspard Van den Busche. Par son testament du 3 janvier 1735, il assignait une rente de 250 livres sur des héritages qui ne rapportaient net que 180 livres. Après avoir mis les bâtiments en état et pourvu à l'entretien de la maîtresse, les héritiers se lassèrent de payer et la congédièrent en septembre 1775. (Arch. dép., G 474, f°s 70 à 80.)

Nivillac. — Juvenot, prêtre et régent des petites écoles, était salarié par la ville de la Roche-Bernard, de 1766 à 1769. (Ibid., B 2257.) Son successeur Lemoy fut appointé de 1784 à 1787. (B 2561.)

Nort. — Olivier Picaud, pédagogue et régent de la paroisse, figure comme témoin à une prise de possession de la cure, le 14 avril 1605. (*Insin. eccles.* Evêché.)

TABLE DES MATIÈRES.

Iʳᵉ PARTIE.

	Pages.
Les petites écoles. — Considérations générales	7
CHAPITRE I. — Ancenis. — Mouzeil	20
CHAPITRE II. — Les petites écoles de Nantes	61
CHAPITRE III. — Nort. — Vue	79

IIᵉ PARTIE.

Les collèges du comté Nantais	105
CHAPITRE I. — Collège d'Ancenis	111
CHAPITRE II. — Collège de Châteaubriant	139
CHAPITRE III. — Collèges de Fougeray, de Guérande, du Loroux et de Machecoul	148
CHAPITRE IV. — Collèges de Nantes	153
CHAPITRE V. — Collèges de Saint-Philbert, de Savenay et de Vallet	191

IIIᵉ PARTIE.

L'Université de Nantes	203
La Faculté des arts	224
Les Facultés de droit civil et canon	230
La Faculté de théologie	241
La Faculté de médecine	255

IVᵉ PARTIE.

L'enseignement professionnel	273
L'école de chirurgie ou collège Saint-Cosme	275
Le cours d'hydrographie	285
Le cours de dessin	292

Imp. de Mᵉ Vᵉ C. Mollinet, place du Pilor', 5.

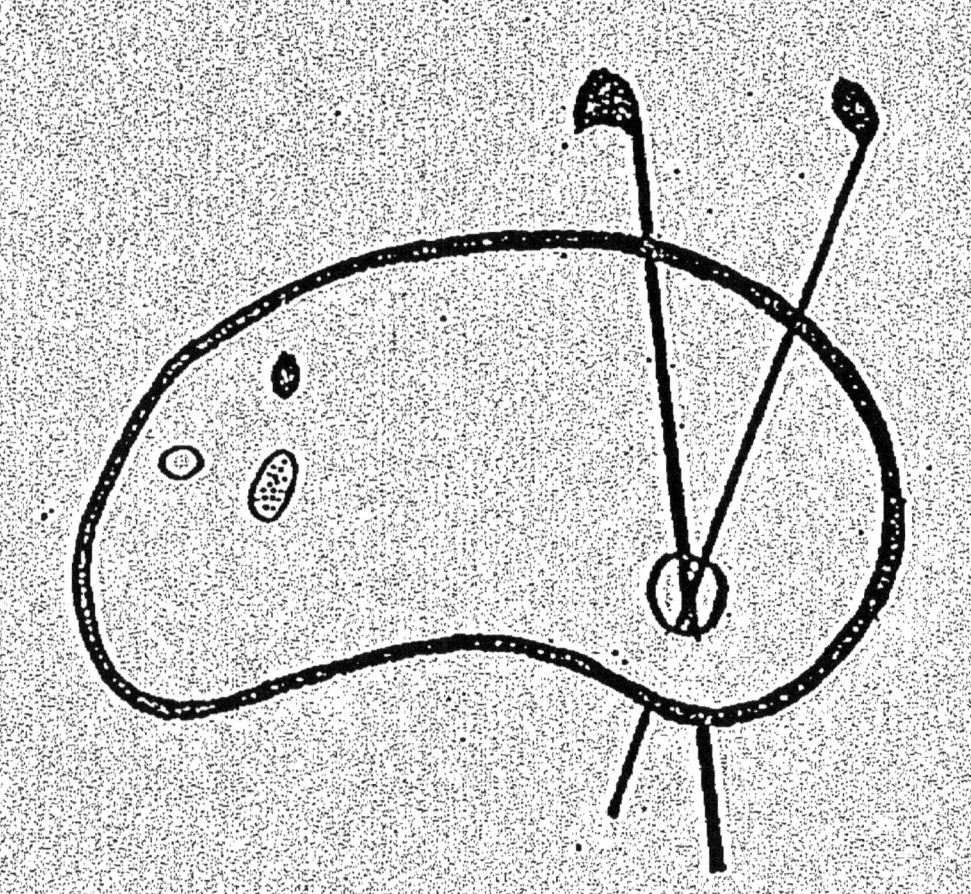

ORIGINAL EN COULEUR
NF Z 43-120-8

www.ingramcontent.com/pod-product-compliance
Lightning Source LLC
Chambersburg PA
CBHW071602170426
43196CB00033B/1586